JIAOSHI ZHIYE DAODE YU ZHUANYE FAZHAN

教师职业道德与专业发展

主编 王 萍

河南大学出版社
HENAN UNIVERSITY PRESS
·郑州·

图书在版编目（CIP）数据

教师职业道德与专业发展 / 王萍主编． -- 郑州：河南大学出版社，2022.4（2025.8 重印）
　　ISBN 978-7-5649-5093-4

Ⅰ．①教… Ⅱ．①王… Ⅲ．①师德-教材②师资培养-教材 Ⅳ．① G451

中国版本图书馆 CIP 数据核字（2022）第 059525 号

责任编辑　薛建立
责任校对　郑　鑫
封面设计　马　龙

出版发行　河南大学出版社
　　　　　地　　址　郑州市郑东新区商务外环中华大厦 2401 号
　　　　　邮　　编　450046
　　　　　电　　话　0371-86059701（营销部）
　　　　　网　　址　hupress.henu.edu.cn
排　　版　河南大学出版社设计排版部
印　　刷　郑州市今日文教印制有限公司
版　　次　2022 年 4 月第 1 版
印　　次　2025 年 8 月第 2 次印刷
开　　本　787 mm×1092 mm　1/16
印　　张　15.75
字　　数　354 千字
定　　价　40.00 元

版权所有·侵权必究
本书如有印装质量问题，请与河南大学出版社营销部联系调换。

目 录

第一章 教师职业道德 / 1

    第一节 教师职业道德的内涵 / 2
    第二节 教师职业道德的内容 / 5
    第三节 教师职业道德的功能 / 17

第二章 教师专业发展 / 23

    第一节 教师专业发展的内涵 / 24
    第二节 教师专业发展的内容 / 35
    第三节 教师专业发展的影响因素 / 46

第三章 教师职业道德与专业发展的逻辑关系 / 59

    第一节 职业道德是专业发展的组成部分 / 60
    第二节 职业道德是专业发展的内生动力 / 61
    第三节 专业发展是职业道德的必然结果 / 66

第四章 爱国守法：教师职业的基本要求 / 76

    第一节 爱国守法的解读 / 77
    第二节 爱国守法与权责限度 / 81
    第三节 爱国守法应如何做 / 94

第五章 爱岗敬业：教师职业的本质要求 / 105

    第一节 爱岗敬业与教育责任伦理 / 106
    第二节 爱岗敬业与玩忽职守 / 108
    第三节 爱岗敬业怎么做 / 111

第六章　关爱学生：教师职业的灵魂　/ 116

　　第一节　关爱学生的解读 /117
　　第二节　关爱学生与学生体验 /122
　　第三节　关爱学生应如何做 /126

第七章　教书育人：教师职业的恪守　/ 134

　　第一节　教书育人的典型 /135
　　第二节　教书育人与成绩至上 /144
　　第三节　教书育人应该如何做 /149

第八章　为人师表：教师职业的内在要求　/ 157

　　第一节　为人师表的解读 /158
　　第二节　为人师表应如何做 /174

第九章　终身学习：教师专业发展的机制　/ 180

　　第一节　终身学习概述 /181
　　第二节　终身学习与职业倦怠 /188
　　第三节　终身学习应如何做 /193

第十章　职业实践：教师专业发展的方法　/ 205

　　第一节　师徒制 /206
　　第二节　课例研究 /213
　　第三节　教学反思 /221

附录　/ 230

后记　/ 246

第一章　教师职业道德

〔本章提要〕

　　我国当前正处于社会转型时期，这一阶段的政治经济、文化传播、价值观念、社会心理等都在发生历史性的变革。少部分教师的不良行为屡见报端，因而导致教师职业道德受到大众质疑，教师的道德形象受到极大损伤。教师职业道德规定了教师行业特殊的道德要求，是调节教师与学生、教师与家长、教师与教师、教师与学校领导以及教师与其他社会团体之间关系的价值取向和行为准则。本章节将引导学生理解教师职业道德的内涵，明确教师职业道德不同层面的内容，思考教师职业道德价值，并认可教师职业道德。

〔学习目标〕

1. 理解教师职业道德的内涵。
2. 明确教师职业道德不同层面的内容。
3. 思考教师职业道德价值，认可教师职业道德。

〔知识导图〕

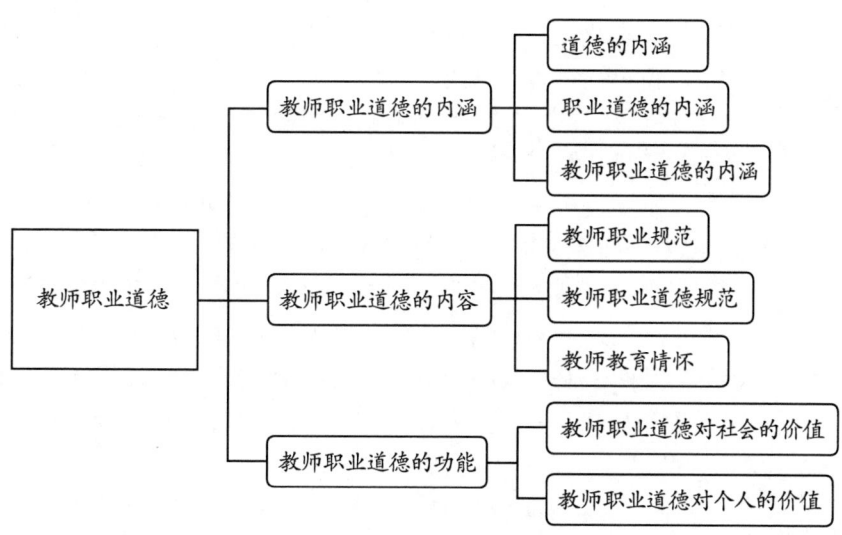

为师之道，重在学养，贵在师德。教师的任务在于"传道、授业、解惑"，优秀教师应是"经师"与"人师"的统一，然而当前屡屡发生的恶性师德事件使师德陷入困境之中，极大地损害了教师形象，"动摇"了社会对教师的信任根基。2014年，习近平总书记在同北京师范大学师生代表座谈时指出："教师的职业特性决定了教师必须是道德高尚的人群。合格的老师首先应该是道德上的合格者，好老师首先应该是以德施教、以德立身的楷模。师者为师亦为范，学高为师，德高为范。"[①] 教师职业具有特殊性和道德性，它影响着我国新一代人的成长，教育事业的发展直接影响了民族和国家的兴旺发达，关系到每个人的切身利益。由此可见，加强教师职业道德建设迫在眉睫。

第一节 教师职业道德的内涵

师德乃为师之道的核心。随着教育改革的深入以及教师教育的持续发展，教师职业道德受到人们的关注，教师职业道德是教师社会功能得以实现的关键。那么，究竟什么是教师职业道德呢？要理解教师职业道德的含义，首先要明确什么是道德和职业道德。

一、道德的内涵

从词源上看，"道"字首次出现在金文里，最初意义是人、物所行走的道路。后来，"道"引申为人的合理行为与思路。孔子讲："志于道，据于德，依于仁，游于艺。""道"引申为人类社会生活中人们行为所必须遵循的规范和原则。"德"字始见于商代甲骨文，最初意义有直立行走的意思。"德"的意义扩大后，一切正直的行为都可称为"德"。"德，得也，得道之谓也。"有德，也就成了对人的一种美称，从而获得了道德的意义。许慎在《说文解字》中写到："德，外得于人，内得于己也。"所谓"外得于人"，就是"以善德施之他人，使众人得其益"。所谓"内得于己"，就是"以善念存诸心中，使身心互得其益"。[②] "道德"在早期文献中的具体表述在汉语中可追溯到先秦思想家老子所著的《道德经》一书。老子说："道生之，德畜之，物形之，势成之。是以万物莫不尊道而贵德。道之尊，德之贵，夫莫之命而常自然。"其中，"道"指自然运行与人世共通的真理，而"德"是指人世的德性、品行、王道。[③] 在当时，道与德是两个概念，并无道德一词。"道德"二字连用始见于荀子的《劝学》中："故学至乎礼而止矣，夫是之谓道德之极。"将"道德"一词赋予了明确

[①] 汪鹏.小学教师职业道德养成路径研究[J].职业教育（中旬刊），2016（01）：22-24.
[②] 李清雁.教师是谁——身份认同与教师道德发展[D].重庆：西南大学，2009.
[③] 徐延福.教师职业道德修养[M].北京：北京师范大学出版社，2015：2.

的意义,认为道德的极致是明礼。在西方古代文化中,"道德"一词起源于拉丁语的 mores,意为风俗和习惯。后来,古罗马思想家西塞罗根据 mores 一词创造了一个形容词 moralis,指社会的道德风俗和人们的道德个性。以后英文的道德 morality 一词则沿袭了这一含义。[①] 在当代,学者傅维利、于颖认为:"道德是人们用舆论与交往压力以及自律等手段维系和调整人与人、人与社会团体之间关系的基本准则。"[②] 金焱、魏传光认为:"道德是社会规则与个人品性的统一体,它是人类在满足其自身生存和发展需要的实践理性的指导和驱动下创造的一种特殊的精神世界、精神生活方式。"[③] 陈大伟的观点是:"道德是由一定社会的经济关系决定的,以善恶标准评价的,依靠人们的内在信念、社会舆论和传统习惯来维系的,调整人与人、人与社会之间的社会意识和行为规范的总称。"

由此可见,道德包含两方面的内容,一是人的主观精神,是内在于人性之中的自然法;二是社会客观精神,是通过教育和社会舆论等对社会成员进行约束。道德是社会意识形态之一,是人们在社会生活的行为准则和规范。道德是人类社会特有的,它贯穿于人类生活的方方面面,只要人与人交往,道德就会存在。

二、职业道德的内涵

职业道德是随着社会分工和社会生产力的发展,出现相对固定、专门的职业时产生的。在原始社会末期,出现了农业、手工业、畜牧业等职业分工,职业道德由此开始萌芽。进入阶级社会以后,职业活动变得更加复杂化,一些特定的职业不但要求从事这些职业的人具备一定的知识与技能,还要求他们有一定的道德观念和品质,由此道德融入各自的职业实践中,便产生了职业道德。

关于职业道德的相关研究,《教育大辞典》将职业道德定义为:"人们在职业生活中应当遵守的、与职业实践有密切关系的比较稳定的道德观念。"《中国大百科全书·社会学》卷将其定义为:"在职业范围内形成的比较稳定的道德观念、行为规范和习俗的总和。"国家颁布的《公民道德建设实施纲要》把其界定为:"是所有从业人员在职业活动中应该遵循的行为准则,涵盖了从业人员与服务对象、职业与职工、职业与职业之间的关系。"恩格斯认为:"实际上,每一个阶级,甚至每一个行业,都各有各的道德。"[④]

职业道德是道德的下位概念,是道德在职业当中的体现。因此,职业道德不仅有道德的一般特性,还有不同职业道德的特殊性。一方面,职业道德具有稳定性和继承性,它是长期以来自然形成的,受到社会的普遍认可,即使在不同社会发展阶

---

① 周中之. 伦理学 [M]. 北京:人民出版社,2004(5).
② 傅维利,于颖. 教师职业道德的独特品性及其价值实现 [J]. 教育研究,2019〔40(11)〕:151-159.
③ 金焱,魏传光. 大学与人生导论 [M]. 广州:暨南大学出版社,2014.
④ 马克思恩格斯选集(第三卷)[M]. 北京:人民出版社,1995:435.

段，同样一种职业因其服务对象、手段等相对稳定，因此职业道德内涵也相对稳定。例如，教师的"为人师表"、士兵的"保家卫国"、商家的"诚信经营"等都有较长的历史传统。另一方面，职业道德内容与职业活动密切相连，不同的职业有不同的职业道德，且职业道德只对从事相关职业的人有一定的约束力。例如，"教书育人"只适用于教育工作者，"救死扶伤"只适用于医生。

三、教师职业道德的内涵

教师职业道德与教师职业的出现和教育活动的发展是直接相联系的，它是一般社会道德在教师职业上的体现，是塑造教师美好德行的基础。为改善当前的师德状况，政府或学校以档案的形式对教师具体的道德行为予以明确的要求和强制性的规范，即通过道德的法律化和制度化来改变当前的道德困境和教师的道德形象。法律的形式是"必须"或"禁止"，触犯法律的后果是刑事处罚，因此道德法律化只能局限于最基本的道德要求，即是一种底线的要求。现在在道德法律化的基础上衍变出另一种形式的道德强制，即道德制度化。它与教育部、教育厅、教育局等教育行政组织相关，以强制的方式使师德成为教师必须遵守的政策规定。制度虽然不是法律，但却有法律的功效，它与法律一样，同样强调"必须"和"禁止"，同样对违反师德的行为进行处罚，只不过用"行政处罚"代替法律的刑事处罚。道德制度化因其强制性和权威性而成为我国教师职业道德建设的重要途径，对我国教师道德发展产生极大的推动作用。①

道德制度化不断发展，便有了教师职业道德。关于教师职业道德内涵的相关研究，虞伟庚、傅建明认为："所谓教师职业道德，是教师在其职业活动中，调节和处理与他人、与社会、与集体关系时所应遵守的基本行为规范和行为准则，以及在此基础上所表现出来的观念意识与行为品质，具体包括教师的道德意识、道德规范、道德范畴、道德修养、道德行为等内容。"②黄晓光把教师职业道德描述为："是指教师从事教育劳动过程中形成的比较稳定的道德观念、行为规范和道德品质的总和。"③陈大伟认为教师职业道德："是教师在其职业生活中，调节和处理与他人、与社会、与集体、与职业工作关系所应遵循的行为规范或行为准则，以及在这些方面所表现出来的观念意识和行为品质。"辛未、姬冰澌在概括相应研究成果基础上将教师职业道德内涵划分为三种类型，一是师德是外在规范与内在品性的结合，二是师德由社会公德教师职业道德组成，三是师德包含职业道德和部分教师个人道德。④

在日常生活和工作中，教师经常会有矛盾和斗争，但教师内在的职业道德的力

---

① 吕寿伟，柴楠.道德，还是伦理？——教师道德时代困境的精神哲学研究[J].南京社会科学，2021（4）：156-163.
② 虞伟庚，傅建明等.综合素质 幼儿教师资格考试[M].2015.
③ 黄晓光.教师职业道德修养 新规范内涵解读与实践导行[M].长春：东北师范大学出版社，2009.
④ 辛未，姬冰澌.师德概念研究述评[J].上海教育科研，2018（09）：38-42.

量是强大的，它能够使教师认识到自己的责任和义务，感受到自己工作的重要社会意义。在面对外部因素干扰的情况下，要用自己完善的意志抵御外界的压力，以极大的工作热情去做好自己的岗位工作。

第二节　教师职业道德的内容

教师职业道德可以分为三个层次：规则层次、原则层次和理想层次。师德规则层次体现了对教师职业伦理行为的底线要求，是每一个教师在教育工作中必须遵守的职业伦理要求。师德原则层次着眼于从理想主义与现实主义相结合的角度对教师职业道德进行定位，它既表达了现实社会特别是教育工作对教师职业伦理行为的基本道德要求，同时又考虑到我国教师现有的道德水平以及如何拉动教师职业道德向更高层次迈进。师德理想层次着眼于从较高层次的理想状态对教师职业道德定位，它代表教师职业道德的发展方向，是社会对教师职业伦理行为的更高要求。[①]

一、教师职业准则

教师要从事教育教学工作，就必须要有最基本的职业道德素养。《新时代中小学教师职业行为十项准则》[②]中对教师行为进行约束，针对主要问题、突出问题划定底线，是教师个人必须达到的基本要求，是教师职业道德的规则层次。它规定了教师职业准则包括以下十个方面。

（一）坚定政治方向

坚持以习近平新时代中国特色社会主义思想为指导，拥护中国共产党的领导，贯彻党的教育方针；不得在教育教学活动中及其他场合有损害党中央权威、违背党的路线方针政策的言行。

（二）自觉爱国守法

忠于祖国，忠于人民，恪守宪法原则，遵守法律法规，依法履行教师职责；不得损害国家利益、社会公共利益，或违背社会公序良俗。

---

① 傅维利，朱宁波.试论我国教师职业道德规范的基本体系和内容[J].中国教育学刊，2003(02)：55-59.
② 中华人民共和国教育部政府门户网.新时代中小学教师职业行为十项准则[EB/OL].http://www.moe.gov.cn/srcsite/A10/s7002/201811/t20181115_354921.html.

（三）传播优秀文化

带头践行社会主义核心价值观，弘扬真善美，传递正能量；不得通过课堂、论坛、讲座、信息网络及其他渠道发表、转发错误观点，或编造散布虚假信息、不良信息。

（四）潜心教书育人

落实立德树人根本任务，遵循教育规律和学生成长规律，因材施教，教学相长；不得违反教学纪律，敷衍教学，或擅自从事影响教育教学本职工作的兼职兼薪行为。

（五）关心爱护学生

严慈相济，诲人不倦，真心关爱学生，严格要求学生，做学生良师益友；不得歧视、侮辱学生，严禁虐待、伤害学生。

（六）加强安全防范

增强安全意识，加强安全教育，保护学生安全，防范事故风险；不得在教育教学活动中遇突发事件、面临危险时，不顾学生安危，擅离职守，自行逃离。

（七）坚持言行雅正

为人师表，以身作则，举止文明，作风正派，自重自爱；不得与学生发生任何不正当关系，严禁任何形式的猥亵、性骚扰行为。

（八）秉持公平诚信

坚持原则，处事公道，光明磊落，为人正直；不得在招生、考试、推优、保送及绩效考核、岗位聘用、职称评聘、评优评奖等工作中徇私舞弊、弄虚作假。

（九）坚守廉洁自律

严于律己，清廉从教；不得索要、收受学生及家长财物或参加由学生及家长付费的宴请、旅游、娱乐休闲等活动，不得向学生推销图书报刊、教辅材料、社会保险或利用家长资源谋取私利。

（十）规范从教行为

勤勉敬业，乐于奉献，自觉抵制不良风气；不得组织、参与有偿补课，或者为校外培训机构和他人介绍生源、提供相关信息。

"杨不管"事件

在安徽长丰县吴店中学发生一起骇人听闻的事件，7（2）班学生杨涛和陈小飞在课堂上发生争执，随后二人在课堂上当着正在上课的老师的面大打出手，而且越打越凶。地理课老师（姓杨）对学生不予制止，其间说了一句："你们有劲的话，下课后到操场上打。"对学生在课堂上打架并没有太在意。在老师没有发话的情况下，坐在旁边的四五个男同学看不下去了，赶紧过去拉架，将抱打在一起的杨涛和陈小飞分开。后来，杨涛趴在自己的课桌上，不一会，杨涛突然头部向后仰起，搭在后排同学的课桌上，同时全身颤抖、口吐白沫、脸部发白。两位同学和陈小飞觉得杨涛越来越不对劲，将他抬起来送到附近的医院，杨老师派学生向班主任和校长汇报，自己继续上课。但是，最终抢救无效，年仅14岁的杨涛就这样永远离开了人世。在杨老师的自述中，有"我认为我已经尽到责任了"的话语。

在杨老师看来，他只需要教好书就尽到自己作为一名教师的责任了。但是，教师职业准则中也有对教师关心爱护学生、加强安全防范等的要求。学生在课堂上打架，教师有责任进行管教，晓之以理、动之以情，将事态向好的方面引导。这些工作与知识教育同样重要，甚至需要花费教师更多的精力。而杨老师在这应该倍加费心的地方却摆出了"事不关己，高高挂起"的样子，这无疑是对责任的抛弃。杨老师面对学生生命如此冷漠的态度，可以说是连最基本的教师执业准则都未履行。

二、教师职业道德规范

教育部颁布的《中小学教师职业道德规范（2008年修订）》[①]把理想主义与现实主义相结合，其基本内容继承了我国的优秀师德传统，并充分反映了新形势下经济、社会和教育发展对中小学教师应有的道德品质和职业行为的基本要求，是教师职业道德的原则层次。它提出教师职业道德的基本要求是以下六个方面。

（一）爱国守法

热爱祖国，热爱人民，拥护中国共产党领导，拥护社会主义。全面贯彻国家教育方针，自觉遵守教育法律法规，依法履行教师职责权利。不得有违背党和国家方针政策的言行。

（二）爱岗敬业

忠诚于人民教育事业，志存高远，勤恳敬业，甘为人梯，乐于奉献。对工作高度负责，认真备课上课，认真批改作业，认真辅导学生。不得敷衍塞责。

---

① 中华人民共和国教育部政府门户网.中小学教师职业道德规范（2008年修订）[EB/OL].http://www.moe.gov.cn/srcsite/A10/s7002/200809/t20080901_145824.html.

（三）关爱学生

关心爱护全体学生，尊重学生人格，平等公正对待学生。对学生严慈相济，做学生良师益友。保护学生安全，关心学生健康，维护学生权益。不讽刺、挖苦、歧视学生，不体罚或者变相体罚学生。

（四）教书育人

遵循教育规律，实施素质教育。循循善诱，诲人不倦，因材施教。培养学生良好品行，激发学生创新精神，促进学生全面发展。不以分数作为评价学生的唯一标准。

（五）为人师表

坚守高尚情操，知荣明耻，严于律己，以身作则。衣着得体，语言规范，举止文明。关心集体，团结协作，尊重同事，尊重家长。作风正派，廉洁奉公。自觉抵制有偿家教，不利用职务之便谋取私利。

（六）终身学习

崇尚科学精神，树立终身学习理念，拓宽知识视野，更新知识结构。潜心钻研业务，勇于探索创新，不断提高专业素养和教育教学水平。

三、教师教育情怀

《现代汉语词典》释"情怀"为"含有某种感情的心境"。[①] 按心理学的解释，心境是以某种感情为主导或者围绕某种感情、具有弥散性和持久性的心理状态。这种心境铺构人们内心的情感基调和心理底色，持续地影响人们待人接物和做事的态度及言行。概言之，情怀是一种执着、挚爱，是人们内心情感态度、信念坚守和理想坚持等一体化融合的精神品性。[②] 它有强烈的感情倾向性，是含有某种情感的高尚心境，比如用家国情怀来表达对国家和民族的赤子深情以及自身的使命担当。

抗疫群英中的理想信念

钟南山，84岁，中国工程院院士，国家卫健委高级别专家组组长，国家呼吸系统疾病临床医学研究中心主任。17年前奋斗在抗击"非典"第一线，为抗击"非典"立下汗马功劳。在他发出新冠肺炎存在"人传人"的情况下，呼吁大家没有特殊情况不要去武汉。然而，1月18日晚，他却义无反顾地第一时间去了武汉。

在这场战"疫"中，3.2万白衣天使逆行而上。他们是白衣天使，也是伟大的英

[①] 中国社会科学院语言研究所词典编辑室.现代汉语词典[Z].北京：商务印书馆，2002：1035.
[②] 韩延伦，刘若谷.教育情怀：教师德性自觉与职业坚守[J].教育研究，2018(05)：83-84.

雄。让我们记住那些牺牲在疫情防控战场上的英雄：南京市中医院副院长徐辉，同济医院医生林正斌，武昌医院院长刘智明，武汉市中心医院医生李文亮，武昌医院护士柳帆，武汉市江夏区第一人民医院医生彭银华，协和武汉红十字会医院医生肖俊，协和江北医院医生夏思思……

"疫情就是命令，防控就是责任。"经中央军委批准，除夕夜，解放军派出3支医疗队共450人分别从上海、重庆、西安三地乘坐军机出发，于当晚23时44分全部抵达武汉机场，25日正式加入到武汉地区指定接诊新型冠状病毒感染的肺炎病例较多的地方医院开展救治工作。参加医疗队的都是政治素质、业务素质、身体素质过硬的医务人员。他们表示，人民军队为人民，人民有难，军人当先。他们是战士，履行"人民军队为人民"责任，展现了人民子弟兵忠于党、忠于人民的政治品格。

他叫张文宏，上海医疗救治专家组组长，复旦大学附属华山医院感染科主任。这位医生成了"网红"，是因为他宣布了一个"硬核决定"："一线全部换党员，没有讨价还价"。面对各地组建驰援武汉抗击疫情工作队的紧急任务，一个个感人的信息纷纷发来："我自愿放弃休假，请战上一线！""国难当头，责无旁贷，报名参加！""我自愿报名，不计报酬，不论生死！"

"沧海横流，方显英雄本色。"从院士、医生、军人到快递小哥、维修工、志愿者，一个个鲜活的英雄人物，一幕幕激昂的战"疫"场景，使"党"、"国家"、"人民"这些高尚的理想信念变得更加立体和丰满，也变得可感、可知、可爱。理想信念不再空洞、苍白，它就是我们身边每个人的职责，是责任，是担当，是奉献，是对党、对国家、对人民的爱。

——冯建军

情怀在日常生活中表现为持续存在的高尚心境和情感。家国一体，家是最小国，国是千万家。新冠疫情中，中国人民同呼吸、共命运，14亿中华儿女所呈现的情怀，展示着"先天下之忧而忧，后天下之乐而乐"的责任担当、"人生自古谁无死，留取丹心照汗青"的奉献精神、"苟利国家生死以，岂因祸福避趋之"的坚贞誓言。家国情怀已经深深铭刻在中国人的心灵中，深深融入中国人的血脉中，成为支撑中华民族生生不息的重要精神力量。

教师教育情怀是教师职业道德的组成部分，同时又高于教师职业道德，是教师职业道德的终极目标和最高要求，体现了教育专业至善至美的最高境界，在教育劳动中激励着教师树立崇高的职业理想，形成积极的情感和高尚的教育行为。教育情怀体现了教师应该努力的方向。

（一）教育情怀的描述

沙利文提出："专业人员无一例外地都是道德行动者，他们的工作取决于公众因其成功而产生的信任。"① 教师作为专业人员，同样是道德行动者。教师作为道德行动者，道德在其专业发展中发挥着至关重要的作用，在某种意义上具有基础性、支配性和普遍性的作用。教师作为专业人员，肩负着教育年轻一代、指引年轻一代发展的责任，在某种意义上教师被赋予了道德权威；教师作为专业人员，终身所做工作是规范、引领他人成人，这是其工作的使命和目的，具有道德性；教师作为专业人员，其工作的方方面面都与道德有关。在某种意义上，教师作为与需要其引领和规范的学生交往的专业人员，其道德"不是从规则和原则的角度而是从人际关系的角度来思考"② 的，这里的道德包括但不限于作为底线的职业道德，更为重要的是作为高标的教育情怀。从这个意义出发，教育情怀可以描述为如下几个方面。

1. 教育情怀是教师对学生成长的迷恋

诺丁斯指出："儿童远比学科内容重要得多。"③ 教师作为专业人员，其教育的对象是学生（或儿童），教育情怀首先表现为教师对待学生的态度、心境，也即教师对学生的接受性或师生之间的教育关系。教育现象学视域中，教育关系是成人与孩子之间的意向性关系，对教师而言，教育关系就是一种"替代父母"的关系，其本质是陪伴、关心与规范引领。教师作为非父母的他人，和学生建立"替代父母"关系的基础是迷恋学生的成长。教师作为学生生命成长中的重要他人，他们的工作对象是学生，工作场所中与学生朝夕相处，工作内容是引领学生成长，能够为了学生成长、把学生成长作为个人的追求、迷恋学生成长，真正的教育才能发生。正是在这个意义上，范梅南提出："教育学是迷恋他人成长的学问。"④

迷恋意味着我－你关系的确立。人作为社会动物，是一种关系性存在。马丁·布伯（1878－1965年）在《我与你》中把人与他者的关系分为两种：我－它关系和我－你关系。我－它关系是指为了自身生存及需要而把周围的在者——其他人以及生灵万物——都当作与"我"相分离的对象，与"我"相对立的客体，通过对"它"的经验而获得关于"它"的知识并为我所用。我－你关系是指"我"与作为"你"的在者相遇，"我"不再是一经验物、利用物的主体，"如果我作为我的'你'而面对人，并向他吐诉原初词'我－你'，此时他不再是物中之一物，不再是由物构成的物"，⑤ "你"是与"我"平等的在者，而"我"通过"你"而成为"我"。基于布伯的观点，教师把学生、把教育感知为"你"，以我－你关系去对待，才是迷恋学生

---

① Sullivan，William，"Preparing professionals as moral agents，" Carnegie Perspectives：http//www.carnegiefoundation，org/perspectives/perspectives/，（2004）.

② Gilligan，C.& Attanucci，J. "Two moral orientations: gender differences and similarities"，Merrill-Palmer Quarterly，34（3）（1988）.

③ Noddings，N. Caring: a feminine approach to ethics and moral educaiton. Berkeley: University of California Press，1984，52.

④ [加] 马克斯·范梅南. 教学机智——教育智慧的意蕴 [M]. 李树英，译. 教育科学出版社，2001：18.

⑤ [德] 马丁·布伯. 我与你 [M]. 陈维钢，译. 北京：商务印书馆，2015：11.

成长的状态，才是教育情怀的体现。

迷恋蕴含着满满的期望和希冀。学生（或儿童）是不断成长发育中的个体，具有极大的可塑性，令教师非常着迷的是不断看到学生的成长：获得新的知识，习得新的生活技能，言行举止更加得体，回答问题时更有自信……对学生成长的迷恋，会让教师相信：学生的身上蕴藏着无限可能！对学生未来的发展充满希望，就像母亲对自己的孩子那样，具有与关怀相连的接受性、关联性和反应性等特征。[①]

迷恋无条件但有限度。现实中，迷恋是有条件的，教师更容易对优秀学生高度关注和迷恋，但拥有教育情怀的教师会迷恋所有学生的成长，无论是什么样的学生，他（或她）都会无条件接受、理解、信任学生，接受学生的过去和现在，接受学生所有的一切。也就是说，教师迷恋学生的成长应该是无条件的。但是，教师迷恋学生成长是有限度的。迷恋从词义上是指对某一事物过度爱好而难以舍弃，教师迷恋学生成长，但不能沉迷于学生成长，要时刻牢记个人的使命：规范引领学生成长。

2. 教育情怀是教师与学生相处的智慧

教育现象学是一门成人与儿童如何相处的学问，[②]而人与人的相处总是具有情境性、即时性、复杂性，教师（成人）与学生（儿童）的相处因学生主体的差异性而更加复杂，因此，教师与学生的相处并不总是融洽、和睦、有教育性的。而教育情怀是教师与学生相处的智慧，意味着有教育情怀的教师要不断提升自己的水平和能力，保持自己对与学生相处情境的好奇心和敏感性，更加机智地、灵活地与学生相处。

与学生相处的智慧意味着对教育情境的敏感。教师日复一日地与学生相处，虽然学生不同，但学校、教室、教学内容等有很多相似的空间或媒介场景，这样会让教师逐渐失去对教育情境的敏感性，而变得麻木。有教育情怀的教师会把每一天都看作新的一天，对每一次与学生相处都充满期待，保持着对教育情境的敏感性，识别并把握教育时机，对学生进行规范和引领。

与学生相处的智慧意味着对教育情境的好奇。敏感和好奇往往密切相连，有对教育情境的敏感，才会有对教育情境的好奇。对教育情境的好奇意味着教师不去想当然，不去按照既有的经验去推测当前的情境和当下的学生，而是在教育情景中，问一问学生的感受和体验，从学生的角度去思考当下场景的意义。有了这种好奇，每一天对教师而言都是新的相遇，与学生、与教育之"你"的相遇。

与学生相处的智慧需要教师具有反思能力。敏感、好奇是拥有与学生相处的智慧的前提，与学生相处的智慧需要教师具有反思能力，这种能力可以让教师不断走

---

① Noddings, N. Care, "justice and equity", In Katz, M., Noddings, N., & Stike, K.A, (eds.) Justice and caring: the search for common ground in education, New York: Teachers College Press, 1999, 7-12.

② 李树英，王萍. 教育现象学——一门成人与儿童如何相处的学问[J]. 江苏教育研究，2008(09)：3-8.

向智慧。面对复杂的教育情境、具体的学生,教师当即做出的反应不一定都是合适的,因为教师不可能抽离出情境之外进行深刻的思考,而要即时反应。但是,如果具有反思能力,经历某类教育情境之后教师会在反思中总结经验教训、思考更优的处理方法、提升自己处理问题的能力,这样才能保证再遇到类似情境时,教师可以沉着冷静地机智应对。

3. 教育情怀是教师献身教育的承诺

梅格纳·安塔尼·利普肯写到:"当我决定从事教学职业时,我多次听到这样一个问题:你为什么想要当教师?我总是这样回答:我喜爱学习,并且我想与其他人分享我的爱好。"① 对于梅格纳·安塔尼·利普肯而言,她是幸运的,她将自己的爱好和职业结合起来,从名校毕业遭遇大家的不理解,但照样坚定地选择做教师。这是有教育情怀的教师,做教师就意味着生活中有了一种召唤——教育的召唤。只有当教师真正感受到教育作为一种召唤而激起活力和深受鼓舞的时候,教师与孩子的生活才可能拥有教育学的意义。② 教师心中会产生更加坚定的献身教育的承诺。

献身教育的承诺是对孩子的教育性回应。教师对学生成长的迷恋会从自身现状到他人现状的兴趣转移。当一个学生(孩子)出现在教师(成人)面前的时候,教师(成人)面对的仿佛是一种恳求,恳求教师做出教育性的回应。学生的柔弱仿佛变成了一种"驾驭"教师(成人)的神奇力量,让教师(成人)感受着学生(孩子)所经历的痛苦,这远远超出了同理心的感受,甚至也超出了怜悯的感觉,并不由自主地想要保护他、帮助他。在某种意义上,面对学生,教师会不由地做出行动的承诺,这种承诺是为了被关心者而做出的,是在对学生的关爱和同情性理解的基础上做出的,是只有拥有教育情怀的教师才能够做到的。

献身教育的承诺是对责任的确认和担当。教师肩负着引领年轻一代发展的教育重任,但"教育的目的非是告知后人存在什么或必会存在什么,而是晓谕他们如何让精神充盈人生,如何与'你'相遇。此即是说,要随时准备为人而转成'你',向他们敞开'你'之世界;不,不只是准备,要反复不断地亲近他们、打动他们"③。简言之,教育应该是对学生精神成长的引领,或者是对学生如何在道德层面与他人相遇的指引。这种引领或指引是教育的核心任务,甚至是难以实现的任务,有情怀的教师才能有献身教育的精神和对责任的确认、担当,才能有对教育的坚守和坚持。

献身教育的承诺没有功利的目的。从历史的角度看,无论国内外,教师职业往往被认为是一个强调服务、强调奉献、报酬低下的职业。献身教育的承诺意味着与功利无关,很多时候甚至是不计成本、不顾后果的承诺。无论这种承诺会带来什么,或不会带来什么,有教育情怀的教师都会做出这种承诺,对他们而言,学生是最重

---

① [美]梅格纳·安塔尼·利普肯.应让谁从教?一位获得国家委员会认证的教师的观点[M].载:玛丽莲.科克伦-斯密斯,等.教师教育研究手册.上海:华东师范大学出版社,2008:541-545.
② 朱晓宏.重新理解教师之爱——基于舍勒的情感现象学视域[J].教育研究,2009(11):53-57.
③ [德]马丁·布伯.我与你[M].陈维钢,译.北京:商务印书馆,2015:41.

要的,学生的成长是最重要的。如范梅南所言:"有什么比了解孩子心目中的一件事情的本来面貌更重要的呢?有什么比了解如何帮助年轻人在道德、审美、社会和职业上实现完全的自立更重要的呢?"①

叶连平是安徽省和县卜陈学校的一名教师,曾获全国道德模范、新中国成立70周年"最美奋斗者"等荣誉。1991年,63岁的叶连平退休了。那天,叶连平捧着教材、参考书,还有两个省下的黑板擦,交到教导处,久久没有走出来,"趴在桌子上哭得不像样",他舍不得那三尺讲台,不愿意离开他的学生。2000年,他下决心在家里办起了"留守儿童之家",平日里辅导孩子们作业,周末集中给孩子们上英语课。这些年里,他从未落下一堂课,从未收过一分钱,年逾九旬,至今仍耕耘在三尺讲台,花光了30余万元积蓄。在村民眼中,叶连平就是村里不灭的"蜡烛",也是照亮孩子们走出村里的希望之光。他情系教育、立德树人,不仅讲授文化课,更用自身言行引领孩子们如何做人。他对自己很抠,一件棉背心穿了快60年还舍不得扔,但对孩子们很大方,几乎把所有钱都花在孩子们身上。他曾说过:"我唯一的希望是我的最后一口气是在三尺讲台上呼出去的。下一辈子,还当老师,我爱它!"

——摘自百度百科

"我无怨无悔,因为选择了教师,我就选择了高尚;选择了教师,我就一辈子和年轻人在一起!我一辈子的生命,是和肩负着的历史使命结伴而行。如果下一辈子还叫我选择职业,我仍然选择教育这片多情的土地,选择我们可爱的学生,选择这永远光辉灿烂、青枝绿叶的教育事业!"

——于漪

"对自己挚爱的事业,要以恋人般的痴情、信徒般的虔诚、革命志士般百折不挠的意志,一以贯之、无怨无悔地紧追不舍。"

——钱梦龙

这几位教师热爱教育事业,能够坚守教育的初心,将自己所有的精力全身心地投入到教育实践中去。他们用实际行动表达了对教育信念的坚守、对教育理想的追求,不计名利得失,只寄情于学生的成长,"捧得一颗心来,不带半根草去",这就是教师的教育情怀。

(二)教育情怀的价值

1. 成就教师的专业发展

教育情怀往往在教师反思个人专业发展原因时出现。换言之,日常教育教学活动

---

① Van Manen, Max. The tact of teaching. New York: State University of New York Press, 1991: 83.

中，教育情怀可能是一个教师不自知的存在，但却是激励教师专业发展的内生动力。

我29岁成为省级名师，36岁成为中原名师，我总觉得我走得有点儿快。细想原因，我觉得支持我发展的重要原因就是教育情怀。我爱每一个孩子，这种爱是发自内心的，不是有某种功利意义的。也许有人会说："那些差生呢？他都这样了你还爱他？"真的爱，是发自内心的看见孩子就觉得爱。无论是什么样的学生，在我眼里都是一样的，我都能发现他们的可爱之处。对于他们的不足，我会努力思考、寻求办法去帮助他们，尽最大的努力为他们提供条件去改变自己。我的各级优质课获奖、论文发表、学历提高，其实都是意外收获的"副产品"。

因为爱孩子，她努力为孩子们提供更好的课堂教学，所以获得国家、省、市级各种优质课比赛的特等奖、一等奖、二等奖等许多荣誉；因为爱孩子，她努力思考、研究，并写成近30篇论文发表；因为爱孩子，她觉得中师毕业的学历太低，知道的太少，所以她通过自考等途径提高了自己的学历。归根到底，因为爱孩子，她才成了省级名师、中原名师，站在了省域内教师专业发展的顶端。优秀教师的成长会有很多原因，但教育情怀是其中一个，并且是最为持久、最为强烈的一个。

2. 促进学生的生命成长

学生在求学过程中能遇到一位好教师、一位有教育情怀的教师，可能会改变个人生命的轨迹，成就不一样的自己。

刚到初中，班主任找我谈话，说让我当班长。我有点儿受宠若惊，以前从来没有老师关注过我，我也从来没有当过班干部，更不用说当班长了。我脱口而出："我不行，我当不了班长。"老师说："谁说你当不了？我说你行你就行！我某某某的学生做什么事情都能做好，将来做什么事也都能做好！"老师的话让我一下子产生了信心，答应了做班长。此后，我尽心尽责地做好每一件事情，虽然有时候事情做得不是太好，但老师一直鼓励我。我逐渐做得越来越好，成绩也有了很大提升。后来上高中、上大学我也一直是班长。

这是一位教师讲述的故事，她说没想到老师会让她做班长，但正是当时老师的鼓励让她产生了极大的自信，克服了许多困难，能力也越来越强。这件事情也让她认识到，教师的鼓励对学生有多么重要。她做了老师之后，把同样的方法用在自己所教的学生身上，同样产生了很好的效果，收获了一个个奇迹。有情怀的教师迷恋学生的成长，会独具慧眼地发现学生的闪光点，对学生寄予厚望；有情怀的教师能够通过自己的行为，让学生感受到教师的期望，从而努力地回馈教师的期望。正如马丁·布伯所言："关系是相互的。切不可因漠视此点而使关系之意义的力量亏蚀消损。"[①]在某种意义上,教育的神奇之处就在于关系的意义的力量,教育情怀是触发神奇的关键点。

3. 回归本真的学校教育

一个有情怀的教师能够影响一批又一批的学生,而一群有情怀的教师聚在一起,又会产生什么样的效果呢?

我们学校的杜校长是全国领航名校长,他是属于找事干的校长。在这样一个团队里,可能因为我们是一群有教育情怀的人,所以大家走到了一起。从2004年我们提出来适合教育后,每一年都在围绕着课堂教学做研究。比如,2009年的主体多元合作探究,2012年的教研规范推进,2013年的学科文化,2015年的学科价值,2016年我们提出课堂再造,2017年教师素养提升,2018年思政课堂的提出;到了2019年,我们开始对深度学习的思考和探索。我们制订了每一个学科基于单元学习的教育行动计划,在实践中探索怎么让我们的课堂教学效果更好,怎样让学生学得更好。我们在开展这些活动的时候,也会请周边的一些学校来参与,但很多老师感觉听不懂。我感觉我们所做的并不是一个名称的变化、一个概念的更新,而是一种追求教育本真的过程,回归教育原点的过程。有了这样一个过程,我可能才会有今天的思考。

这是一位中原名师讲的自己学校的故事。一个有情怀的校长带领着一群有情怀的教师,围绕课堂教学做着一系列的实践探索。虽然很多事情需要在周末、假期进行,虽然比其他学校的老师忙碌,但教师却觉得在这样的环境中有更大的收获,甚至认为学校在做的事情是"追求教育本真的过程"、"回归教育原点的过程"。因为有教育情怀,教师对教育多了一份执着;因为有教育情怀,教师对教育多了一份责任;因为有教育情怀,教师对教育多了一份坚守;因为有教育情怀,教师对教育多了一份研究。而研究是一种尊重事实、实事求是的态度,研究之后才会增加对教育本真的理解和追求,才有回归、坚守教育本真的可能。

(三)教师教育情怀的特性

1. 师范育人性

儿童心理发展的不成熟就决定了必须要受到教师的示范、约束和引导,所以教师的一言一行都会对学生产生影响,教师的一句表扬会让学生备受鼓舞,教师无意伤人的一句话可能会让学生丧失信心。教师将自己的学识、思想以及自身的道德力量作用在学生身上,让学生感悟到一种更高的精神影响,才能在内心真正接受教师

[①] [德]马丁·布伯.我与你[M].陈维钢,译.北京:商务印书馆,2015:11.

的教导，"亲其师，信其道"，从而转化为一种持久的精神力量，促进学生道德品质的形成。

如果教师都"带着生命的激情走进课堂"，在师生关系共同体中"孕育"人性之美、创造生命价值、提升审美情趣、构建丰满的精神世界，学校教育才是有爱的、有生命的、有情怀的，才是养育生命成长的教育。①

2. 个体特色性

教师劳动的复杂性决定了教师的教育情怀不是唯一的，而是千人千面的，有以改革情怀投身于教育改革实践的，如"教育活化石"吕型伟、"情境教育之母"李吉林、"让生命自由呼吸"的李希贵；或者有以无私大爱促成学生的生命成长的，如有"童心母爱"的斯霞、提出"没有爱就没有教育"的霍懋征、"让教育直面生命"的叶澜；还有以上好每一节课为一贯的原则而坚守本心的，如"神奇教师"孙维刚、"不跪着教书"的吴非、"好为人师"的钱理群等。

教师教育情怀个体特色性，展现出教师真实的工作生活，彰显着每个教师内心的教育责任、理想追求及对师德师爱的主体自觉的精神生命力，生活的真实、生命的真实更具有本真教育的意义和价值。

3. 实践生成性

从新手教师到熟手教师再到专家型教师，既是教师专业成长的过程，也是教师的教育情怀发展的过程。在此过程中，会遇到各种困惑和挑战，既会经历快乐、幸福、迷茫和痛苦等各种情感体验，也会经历"我要成为什么样的教师"的再思考和再选择的情感纠结。

教育情怀的实践生成性要求教师要具有反思能力，从不断变化的实际情况中找出教育问题、总结和积累经验、创新和完善教育方式。通过多读书、多思考、多写作，丰富自己的精神世界，始终走在成长之路上。

4. 精神愉悦性

孟子说过："得天下英才而教育之，三乐也。"情感是师生联系的天然纽带，教师对学生需要的敏感关切对学生产生积极的心理观念与体验，能够使师生间产生情感共振。一方面，教师的教育情怀于无形之中启迪学生的心智、净化其心灵，提升学生的幸福感和自信心；另一方面，也展现着教师以教书育人为乐的精神面貌、静待花开的心境以及播种爱心、点亮心灵的审美享受，赋予了教师尊严感与生命感，体现了教师的真挚情感与情意。② 教师的教育情怀促使教师发自内心地把教育当作志业而非仅仅谋生的职业，当作一种积极的生活态度和正确的价值观念而非仅仅安身

---

① 韩延伦，刘若谷. 教育情怀：教师德性自觉与职业坚守 [J]. 教育研究，2018（05）：84.
② 韩延伦，刘若谷. 教育情怀：教师德性自觉与职业坚守 [J]. 教育研究，2008（05）：84-85.

立命维持生计的工具，发自内心地保持对教育的敬重、忠诚与陶醉以及对社会意义的思考、追寻与创造。它时刻引领教师全心全意投入教育事业，坚持教育的育人性与发展性，热情、奉献、担当、无悔，以一名师者的形象、素质、修养与品质去传递影响、培养人才，以一名师者的道德、良知、责任与使命去建设社会、促进发展，安然享受教育带给社会价值的飞跃与升华。①

第三节 教师职业道德的功能

百年大计，教育为本；教育大计，教师为本；教师大计，师德为本。习近平指出："合格的老师首先应是道德上的合格者，好老师首先应该是以德施教、以德立身的楷模。"教师职业道德具有能动作用，对社会、个人和学生都具有十分重要的价值。

一、教师职业道德对社会的价值

（一）有利于维护和提升行业形象

网络的普及，尤其是自媒体时代的来临，使"任何一位教师的任何一次不道德行为，都有可能被视为这一群体的不道德行为"②。自进入现代社会以来，人类便在"理性的癫狂"中开始了个体的精神漂泊。于是，无论是作为整体的教育，还是作为个体的教师无不陷入"理性牢笼"之中，生活日益走向了个体化的自我关注。对少部分教师而言，不是对学生的关心，不是对职业的热爱，而是基于工资、职称、职务、名望等个体利益的"合理化"算计成为其道德行动的最终根据。在此背景之下，虽有政策档案的严格规定，但收受礼金、有偿补课、论文造假等各种违反师德规定的恶性事件依然层出不穷，时时见诸报端。这种基于个体利益的道德蜕变极大地损伤着教师的道德形象，同时也极大地"动摇"着民众对教师道德的信任根基。③ 教师职业道德将发挥导向和引领作用，影响着教师对待教育实践的态度和看法，约束教师的行为。教师应该是道德素养的传播者和职业精神的守护者，在自己遵守教师职业道德的同时，也要促使同行共同遵循，以师者之高尚，努力成为受教育者的标杆，优化教师行业的道德和人格形象。

---

① 肖凤翔，张明雪.教育情怀：现代教师的核心素养[J].河北师范大学学报（教育科学版），2018（05）：97-102.
② 吕寿伟.精神蜕变与公共教育的信任危机[J].现代大学教育，2017（03）：1-6+112.
③ 吕寿伟，柴楠.道德，还是伦理？——教师道德时代困境的精神哲学探究[J].南京社会科学，2021（04）：156-163.

（二）有助于承担社会责任

自古以来知识分子都有"修身齐家治国平天下"的精神追求。在现代社会中，生产力的竞争就是人才的竞争，归根到底就是教育的竞争。教师职业劳动是社会劳动的一部分，劳动生产率同劳动者的受教育程度成正比。教师作为一种特殊的教育资源，在潜移默化中影响和作用于学生。新时代教师承担着教书育人的社会责任，是区别于其他社会职业的独特表现，在传播知识、传播思想和塑造生命、塑造灵魂上对学生施加影响。加强师德师风建设，引导教师以德立身、以德立学、以德施教、以德育德，做有理想信念、有道德情操、有扎实学识、有仁爱之心的好老师，对于促进教师热爱教育事业，立志从教、终身从教，勇于承担社会责任，着力培养德智体美劳全面发展的社会主义建设者和接班人，实现中华民族伟大复兴具有积极价值。

（三）有利于促进社会文明和谐发展

人的道德从来都不是凭空产生的，好的制度能孕育人的善、抑制人的恶、唤醒心灵的力量，对社会发展起正向促进作用。坏的制度极有可能破坏人的善、滋生人的恶，阻碍社会发展甚至使社会倒退。富勒在《法律的道德性》一书中把道德分为"义务的道德"和"向往的道德"。义务的道德是人类最低的规范标准，是使社会有序的基本原则；向往的道德是人类所追求的善、卓越等更高的目标。[①] 教师是人类灵魂的工程师，是撬动整个社会向善的杠杆，他不仅是知识的传授者，更是社会的道德榜样。教师的职业道德形象能够发挥对社会文明的示范作用，让教师在工作岗位上发出"好声音"，发挥向善的力量，使正能量之声传播到社会的每个角落，让整个社会积极追求"向往的道德"，促进社会文明和谐发展。

二、教师职业道德对个人的价值

（一）提升职业幸福感

教师职业道德具有激励功能。对教师职业道德的认同，能够使教师意识到教师职业的崇高与伟大，坚定自己的职业理念和信心，提升教师的精神境界，感受到教师的职业幸福感，从而找到归属感及自我意义，激励教师自觉投身于教育事业当中。没有对教师职业及职业道德的意义追求，就很难深刻理解教师的社会责任和职业使命。

（二）顺利开展工作

师德师风是评价教师队伍素质的第一标准，教师良好的职业道德素养是实现教

---

① 富勒. 法律的道德性[M]. 郑戈, 译. 北京: 商务印书馆, 2005.

育目标的重要前提。教师的价值观既影响显性的也影响隐性的教育内容。在显性教育方面，教师会根据自己的价值观理解、处理每一节课的教学内容，突现一些教育内容，相对忽略另一些内容。在隐性课程方面，教师的敬业精神和教师对课程以外很多问题的看法的不自觉流露也都会对学生产生不同程度的影响，受职业道德影响的教学方式如师生间的互动方式也是教师价值观的体现，也会作为课程影响教育对象。①而教师的职业道德通过自身的调节功能使教师能够合理调节工作中的各种人际关系，保证教育工作顺利进行。例如，对教师职业道德进行评价，促使表现优秀的教师继续保持和发扬良好品行；使表现不好的教师认识到自身的不足，找到自己与优秀教师之间的差距，做出积极的调整，矫正不良品行。同时，外界对于教师职业道德的关注而进行相应的策略研究，能够提高教师职业道德发展水平，避免其丧失从教的内在动力，提高教师队伍素质以顺利实施教育工作。教师职业道德是其他专业素质形成和发展的基础和动力，影响着教师的教学实践和职业生活。

（三）有助于引导教师朝着规范的方向提升自身修养

苏霍姆林斯基说过：“每一个成人都应该记住，只有当他们自己的行为正直而高尚的时候，他所坚持的道德观念才能深入到孩子的心灵中去。”②然而，在现实生活中，少部分教师缺乏职业道德素养，只是把工作当作一种任务去完成，处于应付状态，工作责任感不强。教师职业道德能够使教师在"知情意行"四方面提高自己的修养。所谓"知"，就是不断提高自己的教育责任和使命等意识；所谓"情"，就是要不断加强自己的职业道德情感的涵养，爱其所当爱，恨其所应恨；所谓"意"，是指道德意志力的培养，当道德受到挑战时，意志力是最关键的因素；③所谓"行"，是指在教师职业道德的指导下自觉做出恰当的教育行为。教师职业道德涉及多方面的内容，能够使教师心里有"一杆秤"，明白自己什么该做、什么不该做。在教育教学过程中，教师可以充分发挥主动性和自觉性，用教师职业道德对自己的教学行为进行价值判断，这样的教育是否符合学生身心发展特点，是否能够促进学生身心全面和谐发展，从而约束和调节自己的行为。

（四）教师职业道德有助于促进学生心智成长和道德发展

关注学生的内心世界。教师职业道德可以通过教师的道德示范作用对学生展开隐性的人格教育，促进学生的心智成长和道德发展。④

教育家苏霍姆林斯基在《给教师的建议》中指出，学生的一切，包括生活、智

---

① 檀传宝. 教育劳动的特点与教师专业道德的特性 [J]. 教育科学研究，2007(03)：5-10.
② （苏）苏霍姆林斯基. 关心孩子的成长 [M]. 北京：北京师范大学出版社，1982：40.
③ 檀传宝. 论教师的良心 [J]. 教育理论与实践，2000(10)：29-32.
④ 檀传宝. 教师职业道德 [M]. 北京：北京师范大学出版社，2015.

慧、思想，都取决于教师。[①] 随着社会的进步、民主化进程的加快，学生从老师那里得到尊重与认可的愿望日趋强烈。然而，少部分教师在树立职业形象过程中却差强人意。有的教师不能公平对待学生，比如同样犯错，教师偏袒成绩好的学生而惩罚成绩差的学生，因个人问题而惩罚集体。也有的教师不尊重学生的人格，歧视、讽刺、挖苦学生，过度惩罚甚至打骂学生。

早在春秋战国时期，伟大的教育家孔子就提出了"身教重于言教"，："其身正，不令而行；其身不正，虽令不从。"

本章小结

教师职业道德是教师素质的核心，是教师在教育过程中应当遵循的道德准则和行为规范。教师职业道德具有能动作用，对社会和个人都有十分重要的价值。因此，教师必须要遵守最基本的教师职业准则，严格按照教师职业道德规范的要求，努力达成教育情怀的最终目标。

思考题

1. 教师职业道德的内涵是什么？
2. 教师职业道德的内容有哪些？
3. 教师职业道德的价值是什么？

参考文献

[1] 汪鹏. 小学教师职业道德养成路径研究 [J]. 职业教育（中旬刊），2016（01）：22-24.

[2] 李清雁. 教师是谁——身份认同与教师道德发展 [D]. 重庆：西南大学，2009.

[3] 徐延福. 教师职业道德修养 [M]. 北京：北京师范大学出版社，2015：2.

[4] 周中之. 伦理学 [M]. 北京：人民出版社，2004(5).

[5] 傅维利，于颖. 教师职业道德的独特品性及其价值实现 [J]. 教育研究，2019，40(11)：151-159.

[6] 金焱，魏传光. 大学与人生导论 [M]. 广州：暨南大学出版社，2014.

[7] 马克思恩格斯选集（第三卷）[M]. 北京：人民出版社，1995.

[8] 吕寿伟，柴楠. 道德，还是伦理？——教师道德时代困境的精神哲学研究 [J]. 南京社会科学，2021（4）：156-163.

[9] 虞伟庚，傅建明等. 综合素质：幼儿教师资格考试 [M]. 上海：复旦大学出版社，2015.

---

① （苏）苏霍姆林斯基. 给教师的建议 [M]. 周蕖等，译，武汉：长江文艺出版社，2014.

[10] 黄晓光. 教师职业道德修养 新规范内涵解读与实践导行 [M]. 长春：东北师范大学出版社，2009.

[11] 辛未，姬冰澌. 师德概念研究述评 [J]. 上海教育科研，2018(09)：38-42.

[12] 刘小毛. 午后的阳光 [J]. 广东教育，2005（3）.

[13] 傅维利，朱宁波. 试论我国教师职业道德规范的基本体系和内容 [J]. 中国教育学刊，2003（02）：55-59

[14] 中华人民共和国教育部政府门户网. 新时代中小学教师职业行为十项准则. [EB/OL].http：//www.moe.gov.cn/srcsite/A10/s7002/200809/t20080901_145824.html.

[15] 中国社会科学院语言研究所词典编辑室. 现代汉语词典 [Z]. 北京：商务印书馆，2002：1035.

[16] 韩延伦，刘若谷. 教育情怀：教师德性自觉与职业坚守 [J]. 教育研究，2018（05）：83-84.

[17]Sullivan, William, "Preparing professionals as moral agents," Carnegie Perspectives：http//www.carnegiefoundation, org/perspectives/perspectives/，(2004).

[18]Gilligan, C.& Attanucci, J. "Two moral orientations: gender differences and similarities", Merrill-Palmer Quarterly, 34(3)(1988).

[19]Noddings, N.Caring: a feminine approach to ethics and moral educaiton. Berkeley: University of California Press, 1984, 52.

[20][加] 马克斯·范梅南. 教学机智——教育智慧的意蕴 [M]. 李树英，译. 北京：教育科学出版社，2001：18.

[21][德] 马丁·布伯. 我与你 [M]. 陈维钢，译. 北京：商务印书馆，2015：11.Noddings, N.Care, "justice and equity", In Katz, M., Noddings.

[22]N., &Stike, K.A, (eds.)Justice and caring: the search for common ground in education, New York: Teachers College Press, 1999, 7-12.

[23] 李树英，王萍. 教育现象学——一门成人与儿童如何相处的学问 [J]. 江苏教育研究，2008(09)：3-8.

[24][美] 梅格纳·安塔尼·利普肯. 应让谁从教？一位获得国家委员会认证的教师的观点 [M]. 上海：华东师范大学出版社，2008：541-545.

[25] 朱晓宏. 重新理解教师之爱——基于舍勒的情感现象学视域 [J]. 教育研究，2009(11)：53-57.

[26][德] 马丁·布伯. 我与你 [M]. 陈维钢，译. 北京：商务印书馆，2015：41. Van Manen, Max, The tact of teaching. New York: State University of New York Press, 1991, 83.

[27][德] 马丁·布伯. 我与你 [M]. 陈维钢，译. 北京：商务印书馆，2015：11.

[28] 韩延伦，刘若谷. 教育情怀：教师德性自觉与职业坚守 [J]. 教育研究，2018（05）：83-92.

[29] 肖凤翔，张明雪. 教育情怀：现代教师的核心素养[J]. 河北师范大学学报（教

育科学版），2018（05）：97-102.

[30] 吕寿伟.精神蜕变与公共教育的信任危机[J].现代大学教育，2017（03）：1-6+112.

[31] 吕寿伟，柴楠.道德，还是伦理？——教师道德时代困境的精神哲学探究[J].南京社会科学，2021（04）：156-163.

[32] 富勒.法律的道德性[M].郑戈，译.北京：商务印书馆，2005.

[33] 檀传宝.教育劳动的特点与教师专业道德的特性[J].教育科学研究，2007（3）：5-11.

[34] [苏]苏霍姆林斯基.关心孩子的成长[M].北京：北京师范大学出版社，1982：40.

[35] 檀传宝.论教师的良心[J].教育理论与实践，2000(10)：29-32.

[36] 檀传宝.教师职业道德[M].北京：北京师范大学出版社，2015.

[37] [苏]苏霍姆林斯基.给教师的建议[M].周蕖等，译.武汉：长江文艺出版社，2014.

第二章　教师专业发展

〔本章提要〕

1. 教师专业发展与教师专业化的概念。
2. 教师专业发展的意义。
3. 教师专业素质结构的构成。
4. 教师专业发展影响因素的含义及分类。

〔学习目标〕

1. 掌握教师专业发展的含义。
2. 区分教师专业化与教师专业发展的差异。
3. 掌握教师专业素质结构的构成及内容。
4. 掌握教师专业发展影响因素的分类及各因素的作用。

〔知识导图〕

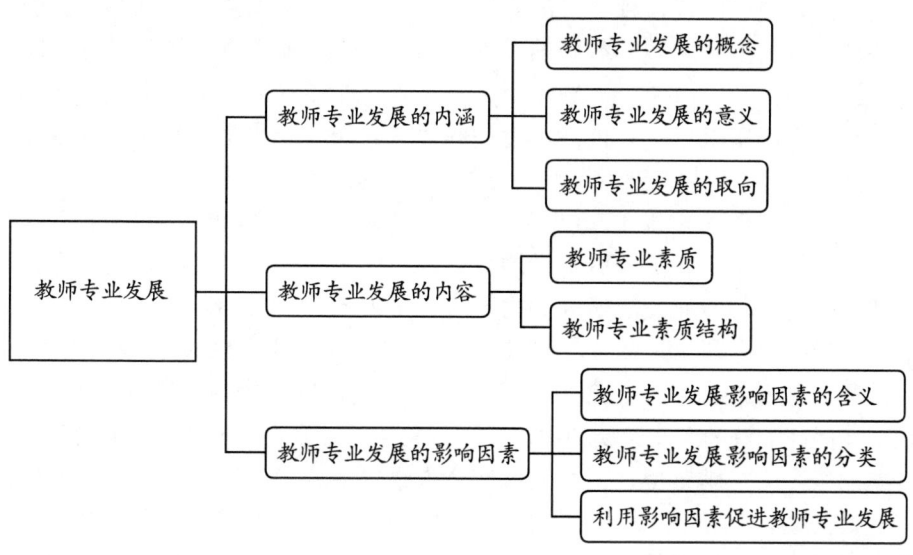

"百年大计，教育为本；教育大计，教师为本。"随着教育教学改革的不断深入，教师在教育发展过程中发挥着越来越重要的作用，教师专业发展也因此成为人们共同关注的课题。教师专业发展是教师专业素质结构内部不断更新、组合与丰富的动态过程，自教师从教之日起，教师专业发展便伴随着他的整个职业生涯。从整体上来看，教师专业发展是一个多层面、多层次的发展过程，厘清教师专业发展的含义与意义，掌握教师专业素质结构与内容，探讨教师专业发展的影响因素，是我们研究教师专业发展的基本内容。

第一节 教师专业发展的内涵

一、教师专业发展的概念

（一）教师专业发展

1. 教师专业发展的含义

时代的发展与社会的变革赋予了教师专业发展（teacher professional development）多方面的意义。从对社会的作用来看，教师专业发展是我国政治、经济、文化、教育与科技发展的要求，为实现更快、更好的社会发展提供必需的高质量的师资保障，凸显时代与社会发展特征对教师提出的客观要求；从对教育的作用来看，教师专业发展明确教师教育的发展方向，加快教师教育法制化进程，助推教师教育理论创新；从对教师个人的作用来看，教师专业发展促进教师专业素养结构不断趋于合理，丰富专业素养内涵，提高教师教学能力专业化水平，提升教师的社会地位。整体而言，教师专业发展是提升教师专业素质的全过程。

教师专业发展的探索始于20世纪60年代的美国，于20世纪70、80年代在欧美得以迅速发展。基于各国对教师发展目标提出的不同要求以及即将到来的教育全球化趋势，当时教师专业发展研究的主要目标是使教师在科学研究与教学过程中能够明确专业理想，提升专业素质，实现可持续成长，从而达到专业自我。进入21世纪后，教师专业发展的目标与衡量专业发展的标准适应了经济全球化的时代特征，各国进一步提高了教师专业素质的要求，并细化了教师素质结构。"21世纪教师专业发展的本质表现为全球语境、国家语境和个人语境多维度教育诉求下，教师外在和内在调整以应对全球化时代发展和生存需要。"[1]在我国，教师专业发展的研究由来已久，新中国成立初期我国教育发展正处于修订与探索阶段，针对教师专业发展的研

---

[1] 谭春梅. 论多维度教育诉求下教师专业发展的构建 [J]. 中国成人教育，2013（05）：110-112.

究在教育改革中发挥着重要的作用。相关研究的重点放在了师范类教育与教师教育的融合上以及如何使教师在实际的教学工作中充分发挥专业特长等方面。纵观我国研究教师专业发展的历程，其主要形成了以下三种不同的理解。

第一种理解认为，教师专业发展是指教师个人专业素质提高的整个职业生涯过程。教师职业生涯是指一名教师从事教师职业的整个过程，按照教师在不同从业时期表现特征的差异，可将教师职业生涯分为几个关键阶段，而在每个职业生涯阶段中，教师专业发展目标与专业素质的提升方式和关注的重点领域均有不同。持有这种观点的代表人物主要有霍伊尔、佩里等人。霍伊尔认为，教师专业发展是指在教学职业生涯的每个阶段中，教师开展良好专业活动所必备的知识和技能的过程（Hoyle，1980）。佩里认为："教师专业发展意味着教师个人在专业生活中的成长，包括信心的增强、技能的提高、对所任教学科知识的不断更新拓宽和深化，以及对自己在课堂上为何这样做的原因意识的强化。"[①] 从积极意义上来说，教师专业发展包含着更多的内容，它意味着教师已经成长为一个超出技能的范围而拥有艺术化的表现，成为一个把工作提升为专业的人，把专业知能转化为权威的人（Perry，1980）。富兰与哈格里夫斯则认为，教师专业发展这一术语既指在职教师通过教育或教师培训而获得的特定方面的发展，也指教师在目标意识、教学技能和与同事合作能力等方面的全面进步（Fullan & Hargreaves，1992）。我国有学者认为，教师专业发展的内涵其一是指教师作为一个发展中的专业人员，要实现专业素质、专业结构不断完善的动态发展过程；其二是指教师作为一个教育教学的专业人员，要经历一个从新手到相对成熟的发展过程，是教师自主发展的过程。[②] 从以上各个学者的观点可以看出，尽管他们对教师职业生涯不同阶段中教师专业素质的理解与诠释不尽相同，但他们始终将教师专业发展的研究聚焦于教师从业的整个过程当中。

第二种理解从教师教育视角出发，将教师专业发展研究聚焦于促进教师专业成长的具体要素或思想动机上。首先，一些学者从教师教育入手，认为教师教育分别从教师职业理想、教育教学技能、专业学科知识等方面为教师开启了职业生涯，为促进职后教师专业发展提供了扎实的学科基础，并为教师继续教育提供专业化认知理论与思路。日本学者佐藤学认为："受技术理性支配的教师教育和教学研究，以为存在着对所有教师普遍有效的程序、技术与原理，认为教师教育的基本任务就是掌握一般化的程序、技术、原理，寻求应用这种程式、技术、原理于各个教室之中的教学实践。"[③] 因此，教师教育的相关内容成为诸多学者开展教师专业发展研究的核心。持有这种观点的学者主要有利特尔、朱宁波等人。利特尔认为，教师专业发展是促进教师专业成长的过程，强调的是这一动作和促进力量。他指出，对于教师专业发展的研究有两种截然不同的路径。其一是教师掌握教学复杂性的过程，这些研究主要关注特定的教学法或所实施的课程革新，同时也探究教师是如何学会教学，

---

① 蒋竞莹. 教师专业化及教师专业发展综述 [J]. 教育探索，2004（04）：104-105.
② 杨天平，申屠江平. 教师专业化发展概论 [M]. 重庆：重庆大学出版社，2012.
③ 佐藤学. 课程与教师 [M]. 钟启泉，译. 北京：教育科学出版社，2003：333.

如何获得知识和专业成熟，以及如何长期保持对工作的投入等；其二是侧重研究影响教师动机和学习机会的组织和职业条件（叶澜、白益民，2001）。朱宁波认为，教师个人在经历职前师资培育阶段、任教阶段和在职进修的整个过程中，都必须持续地学习与研究，不断发展其专业内涵，逐渐达到专业娴熟的境界（朱宁波，2002）。他更强调的是促进教师专业发展的各类有效因素。由此可见，相对第一种理解而言，该观点更多专注于教师专业发展阶段中的具体内容与方式，例如，教师提高教学水平的动机以及在此之上形成的发展目标，教师参与在职培训对教师专业发展起到的影响等内容。因而，这种理解是第一种理解的细化与具体化。

第三种理解集中了上述两种观点的核心内容，既探索教师专业发展整个过程的统一性与完整性，又将教师专业发展的影响因素或某一阶段作为重点来研究，实现了两种观点的有机结合。持有这种观点的学者有威迪恩等人。威迪恩将教师专业发展视为教师专业成长与教师专业成长条件的结合体，即动态过程与静态因素的结合。他将教师专业发展的含义分为五个层次："一是协助教师改进教学技巧的训练；二是学校的整体活动，以促进个人最大成长，营造良好的气氛，提高学习效果；三是一种成人教育，增进教师对其工作和活动的了解，而不仅仅是停留在提高教学成果上；四是利用最新的教学成效的研究改进学校教育的一种手段；五是专业发展本身就是一种目的，协助教师在受尊敬的、受支持的、积极的勤奋中，促进个人的专业成长。"（叶澜、白益民，2001）这五个层次涵盖了与教师专业发展相关的各主要因素。由此可见，第三种理解较为全面地考察教师专业发展的全过程，强调了教师在实现专业发展目标过程中，如何充分发挥主观能动性，如何将自身专业成长与学校发展，甚至是整个教育的未来联系起来。

本书中，我们主要采用第三种理解，将教师专业发展理解为教师根据教师专业标准要求，结合个人实际状态，利用各类促进专业发展的资源，不断更新、提高与发展教师专业素质，使教师成为熟练的专业人员的整个过程。教师专业发展既是教师成长的结果，也是贯穿教师整个职业生涯过程的要求，在教师专业发展过程中，教师能够树立崇高的教育理想，具备良好的身心素质与思想观念，扎实的学科知识与业务素养，即教师应具有良好的师观、师德、师智与师能。

2. 教师专业发展的特点

教师专业发展是教师专业理想逐渐建立、专业素质不断提高、专业自我逐步达成的自觉过程。其主要具有以下几个方面的特点。

（1）主动性

教师专业发展过程凸显教师的主观能动性。一方面，教师谋求个人专业成长的自觉性与主动性是教师专业发展的基础。一般情况下，教师会依据当前的教学能力及专业知识水平及时制定专业发展的目标，并依据发展目标主动提升专业素质。例如，新入职的教师普遍对专业发展寄予较高的期待与渴望，通常具有很高的发展自主意识，充满着将外在影响因素转化为内在发展动力的决心。另一方面，教师的自主意识可以增强教师专业发展的责任感与自信心，使教师积极地、充分地利用各种发展路径与各类资源，不断寻求自我发展的机会，以达到提升专业素质的目标。

（2）持续性

教师专业发展是终身学习理念下，教师不断反思、持续探索与创新的过程，教师只有通过不断地发现与修正自身的不足，不断地取得进步，才能确保知识与能力与时俱进，跟上时代与社会发展的步伐。"教师工作对象的可变性、发展性，以及教育任务和责任的不断复杂化，决定了教师必须不断拓宽专业领域。而作为一个发展中的人，教师在学习型社会和终身学习思想的引导下要形成个人的终身发展规划。"[①]同时，在持续的专业发展过程中，还需要根据教师所处的职业生涯阶段选择与确定适合自身专业发展的目标，并制订相应的计划，有针对性地开展专业发展。

（3）复杂性

教师职业与教师素质结构的复杂性决定了教师专业发展过程是一个多元化的复杂过程，教师在由各类组织与层次构成的专业发展领域中持续地发生着变化。例如，教育教学工作是教师专业发展的核心部分，教学活动不仅是文化、知识、技能的传授，更是师生之间的情感交流，它包含组织教学活动、创设学习情境、观察与训练学生、评价学生学习成果等多种活动形式，教师专业发展既要注重教育知识、技能层面的发展，也要兼顾情感、价值观念、道德素养等各方面的成长。

3. 教师专业发展的原则

（1）连续性原则

教师的专业成长融入了教师专业发展的宏观视野与整体格局，在这一连续的过程中，它统筹教师专业发展规划，整合教师职前与职后的各类教育资源，破除专业素质结构相互割裂与独立的局面，确保教师职业生涯全程均能享受到连贯的、一致的专业发展资源与政策，使教师"进一步完善和追求各项素质、各种行为、诸多绩效、各类成果需要和可能达到的高难标准和理想状态"[②]。因此，教育部门出台与教师专业发展相关的各类政策制度，不断激发教师的自我控制、自我引导和自我成长的价值取向，赋予了教师可持续性的发展能力。

---

① 黎琼锋. 追寻幸福：教师专业发展之路［M］. 桂林：广西师范大学出版社，2017：27.
② 王淑云，黄友安. 教师职业道德、心理健康和专业发展［M］. 北京：首都师范大学出版社，2007：160.

（2）发展性原则

从教师身份转变的角度来看，教师专业发展过程主要包括职前教师培育阶段、新入职教师适应阶段以及职后教师可持续发展阶段，虽然每个专业发展阶段都独具发展的需求与内容，但教师的专业情感、专业技术、专业知识和能力等方面的专业素质结构是有机统一的。职后教师专业发展以教师本人自觉、主动地接受在职教育、更新能力为基础，人们通常称此类在职教育为"在职进修与训练"。然而，"进修"与"训练"二词往往突出"查漏补缺"之意，从而缩小了"教师专业发展"的内涵与外延。为此，我们需要认识到，教师专业发展实际上蕴含着所有教师都必须在职业生涯中实现可持续发展的含义。

（3）系统化原则

为有效达到教师专业发展目标，在教师职业生涯各阶段我们需要构建相互衔接的或各有侧重的一体化教师教育体系，将有利于教师专业发展的各类教育机构和教育平台相互联系起来，并对教师参与职前、职后的师范类教育与非师范类教育进行全盘规划，为已经进入或者即将进入教育领域的教师提供各类教师教育机会与系统化的教育资源。因而，教师专业发展需要构建起系统化的职前教育与在职进修培训相结合的教师教育体系。

（二）教师专业化

在各行各业中，"专业化"一词并不少见，它通常含有两层含义：一是指普通职业群体逐渐符合专业标准成为专门职业并获得相应的专业地位的过程；二是指职业群体的专业性质和发展状态处于某种社会公认的水平。教师专业化（teacher specialization）是一个与教师专业发展含义相近的概念，包含专业性质与专业发展过程双层意义。1966年，国际劳工组织、联合国教科文组织联合提出的《关于教员地位的建议》中指出："教育工作应被视为专门职业（profession）。这种职业是一种要求教员具备经过严格而持续不断的研究才能获得并维持专业知识及专门技能的公共业务；它要求对所辖学生的教育和福利具有个人的及共同的责任感。"[①] 从广义上看，教师专业化与教师专业发展两个含义相近，均指加强教师专业性的过程。从狭义上看，可以从两个视角考察教师专业化的含义，一是从社会学视角出发，主要指教师群体外在的专业性提升，即教师职业群体专业化；二是从教育学视角出发，主要指教师个体内在的专业化提升，即教师个体专业化。教师群体专业化与教师个体职业专业化共同构成了教师专业化，而教师个体专业化发展是教师群体专业化提高的前提和保障。按照这样的理解，教师专业化是指教师个体专业水平提高的过程以及教

---

① [日]筑波大学教育学研究会. 现代教育学基础[M]. 钟启泉，译. 上海：上海教育出版社，1986：443.

师群体为提升教师职业专业地位而进行努力的过程。通过观察，我们发现教师专业化趋向于教师专业发展，教师专业发展促进教师不断实现专业化，两者可以实现相互转化。这是因为，教师专业化以教师教育的专业要求和专业评价标准为依托，还以专业培养制度和考核任用管理制度为内容，而教师教育的目标也与教师专业发展的目标相一致。

教师专业化的含义主要包括以下几个方面：（1）涵盖教师专业性与学科专业性两方面的要求。既包括教师任职的学历标准和要求，也包含教育知识、教育能力和职业技能等学科专业方面的要求；（2）规定教师教育培训机构、教育内容和教育方式等方面的要求；（3）符合教师资格和教师教育机构的认定指导和管理制度；（4）明确教师专业化是一个发展的概念，它既是一种专业存在状态，又是一个不断深化的成长和发展的一个过程。

根据教师专业发展的原则，哈格里夫斯和古德森提出教师专业化的七条原则：（1）教师应对所教内容的价值及其道德内涵与社会目的进行评估；（2）教师在教学过程中不断增强关怀与影响学生的自主判断意识与能力；（3）增进教师在相互帮助、相互支持的合作氛围中与同事协作，并运用共享的专门性技能和知识解决当前专业实践中存在的各种问题；（4）教师工作既不失权威性，又要形成开放与合作的属性；（5）教师的专业化必须承认并包含教学中情感和认知的价值取向；（6）它是教师自主研究与自己专业技能、专业知识和实践行为标准相关的持之以恒的学习探索进程；（7）教师应对更复杂、更高目标具备充分的认识和创建能力，随着教师专业能力的提高，需相应地提高其地位和收入水平。

马景林委员：构建教师专业化发展体系

2019年3月5日下午，全国政协教育界的委员们就2019年政府工作报告进行分组讨论，针对报告中提出的"发展更加公平更有质量的教育"，委员们在备受激励和鼓舞的同时，结合自己的职业特点积极建言献策，并就教育领域问题及自己带来的提案接受了记者采访。

"我这次上会带来了一个关于教师专业化发展方面的提案，如果能够很好地解决教师专业化发展的问题，对于解决很多教育一线出现的问题都是非常有帮助的。"全国政协委员、北京四中校长马景林告诉记者，目前教育界关于教师专业化究竟应该涵盖哪些方面的内容并不清晰，对于教师专业化的未来发展方向更是不太明确，建议应该由相关行政机关和教育研究部门，共同就教师专业化发展的内涵、实现路径等构建一套专业的体系。

马景林在对提案进行调研时发现，目前教师的专业化程度还不够。"古今中外有很多教育的理念，我们一线的老师对于自己的专业化提升也有意识，但是目前确实没有理论支撑。提这个建议就是希望能有一套专业系统的理念来提升教师的专业化水平"，马景林认为，比如在这套体系里可以明确教师专业化将包含哪些内容和学科，明确老师应该拥有什么样的知识和技巧等，"这样一个体系，可以让中小学教师明确该去学习什么，掌握什么样的技巧，这个体系的建设对于基础教育的发展会大有裨益"。

而且，教师专业化的问题解决了，很多一线的教育问题也会随之容易解决。教师专业化程度的提高也会令教师职业更有吸引力，让更多优秀人才进入到这个领域。马景林表示，明确教师专业化发展的核心内容实际上是教师教育理论体系的建立，这个过程一定困难重重，不会一蹴而就，更不会尽善尽美。但是，这件事对于教师职业、对于我们教育工作的发展都是必要的。

——摘自《北京晚报》 作者：左颖

二、教师专业发展的意义

（一）培育教师职业道德与树立专业理想的要求

教师专业发展过程蕴含教师的主动性与创造性，是教师树立立德树人专业理想、培育高尚职业道德的重要途径，也是教师将教育理想信念付诸实施的重要途径。苏霍姆林斯基曾经说过："在劳动过程中进行创造性思考乃是能热爱劳动的源泉之一。创造性研究能使教师不再把教育工作看作是教学的简单重复，看作每天各个班级里千篇一律地讲课和复习，而是看作永远常新的、独一无二的创造性活动。毫无疑问，这些发现和创造精神的发扬，犹如星星之火，能驱散教师当中对工作的冷漠态度和惰性，点燃创造精神的火花。"[①]因此，只有当教师亲自体验到自己是在不断创造教育现象时，他们的这种情感就会成为追求专业发展取之不尽用之不竭的动力之源。

（二）教师职业的必然要求

从人类社会产生之初，就有了教的活动。教师职业从经验化、随意化到专业化，经历了一个发展的过程。[②]教师专业发展过程的相关研究表明，教师接受的职前师范教育对教师专业发展起到重要的作用；然而，一名教师是否成为合格的教师，并不因其取得高等教育学历和教师资格证书来证明，而是通过在职后教育与自我学习过程中专业知识与能力的不断提升实现的，教师职后专业发展中形成的诸多优秀品质与专业能力是在实际的教学实践与不断的反思中获取的。大量调查研究证明，教师专业发展是教师持续社会化和个性化的多阶段的统一过程，教师专业发展的成效并不能简单以教师从教时间的长短来衡量，而更多的是教师敏而好学、潜心揣摩、善于实践、不断完善、勤于反思的结果。因此，教师专业发展既是教师职业对教师提出的必然要求，也是教师专业成长所必需的价值体现。

---

① [苏]苏霍姆林斯基. 和青年校长的谈话[J]. 外国教育资料，1982（2）：49-65.
② 罗蓉，李瑜. 教师专业化发展：理论与实践[M]. 北京：北京师范大学出版社，2012.

(三) 教师生命价值的体现

人的生命价值包含人生价值和人格价值两个层面，人生价值是指个人对他人及社会的价值，人格价值是指人自身的价值。教师专业发展是教师人生价值与人格价值的体现。教师的人生价值是指教师对他人、社会的价值，强调的是教师在职业生涯中对他人和社会做出哪些贡献；教师的人格价值是指教师行为对维系其发展需要、社会地位、理想价值的实现等方面所体现的价值。教师的人生价值和人格价值是统一的，前者体现教师专业发展的工具价值，后者体现的则是本体价值。教师追求人生价值谋求专业发展，是通过不断更新与提高教育技能和知识，使自己努力成为成熟教师的过程，这是教师专业发展的实施要求，也是最基本的要求。教师在专业成长中树立教育理想与信念，将教育职业视为自己的人生追求和提升人生境界的重要途径，正是在这样的价值观引导下，教师在日常教学工作中才能真正做到对学生个体生命的关注，对现实社会的关注，对自我世界观、人生观与价值观的关注，"其目的是使教师的专业发展能够超越世俗功利，成为个体生命完善的仲介"[①]。

追忆"最美奋斗者"斯霞：我为一辈子做小学教师自豪

在南京师范大学附属小学校园里，处处可见一位老师的"身影"：教学楼前有"斯霞广场"，校区西侧有"斯霞纪念馆"，附小也有一个特殊名字——"斯霞小学"。这位斯霞老师，执教68年，在附小45年，把一生都献给小学教育事业。她"童心母爱"的教育理念影响了一代代教师。

斯霞老师生于1910年，17岁从杭州女子师范学校毕业后，就在绍兴第五中学附属小学当了一名教师。"家有二斗粮，莫当孩儿王"，旧社会小学教师地位很低，当时斯霞也有机会到机关单位从事更加"体面"、轻松的工作，但她没有被世俗偏见所动摇，反而觉得和学生们在一起很有乐趣。就这样，一干就是一辈子。

斯霞老师总结和倡导的"字不离词、词不离句、句不离文"的识字教学原则是对汉字教学的重要贡献。当时，小学教育界识字教学分两种流派，有"南斯北霍"之称："南斯"即南京的斯霞老师，"北霍"即北京的霍懋征老师。

1978年，斯霞成为江苏省首批特级教师。同年春天，南京市委组织部任命她为南京市教育局副局长。"我做惯了教师，不会当领导，也当不好领导。"斯霞明确表示，"我不当副局长，也不要给我安排办公室、办公桌，我还在附小上班、上课。"

斯霞老师一生勤奋，做起事来分秒必争。熟悉她的人都说："斯老师就像一个陀螺，从早到晚飞快不停地旋转。"为了节约时间，斯霞老师愣是把家从离学校并不远的成贤街成贤里搬进小学教学楼三楼阁楼上，一间8平方米的教师宿舍，带着孩子们一住就是30多年。

孙光初回忆道，母亲每天5点钟起床。"小时候有一天，我起床后出去找她，发

---

① 宋广文，魏淑华. 论教师专业发展[J]. 教育研究，2005（07）：71-74.

现她在校园小树林里,正对着小树讲课。当天并没有公开课,但她仍然认认真真地预先把课试讲一遍。"正因为斯霞老师对每一节课都这么认真,所以,当教育局组织观摩斯老师公开课时,斯老师才会"平时上课怎么讲,公开课上就怎么讲",从来不预演、不彩排,让参观听课的老师们看到自己教学"原生态"。

1958年,斯霞老师接受小学五年制试验班任务,要用五年的教学时间赶上六年制教学效果。她负责教授语文、算术等主科,制订教学大纲、编教材亲力亲为。而就在这时,早年参加川康公路建设时因环境恶劣染上肺结核的丈夫病危住院了。斯霞老师白天几乎没有什么休息,晚上还要去家访,然后再带着钢板、铁笔、蜡纸去医院照顾丈夫。那一个个深夜,她都是在医院的走廊里刻印教材度过的。"爸爸去世火化后,夜深了,妈妈把弟弟妹妹们劝回学校,自己大哭一场。第二天清早,她手臂上戴着黑纱,又像往常一样走进教室给学生上课去了。"斯霞老师长子孙复初回忆说。

斯霞最爱的是学生,她把学生当成自己的孩子,宿舍的床铺留给学生们休息,家人的衣服也借给学生们穿。她把大部分时间都留给学生。"她尽量压缩做家务时间,每天清早起来生炉子烧一锅饭,饭上蒸一碗菜,这就是我们一家人一天的吃食。吃完一收拾,看书的看书,备课的备课。"孙复初回忆说。

在子女心中,斯霞老师是没有任何私心的人,她把一生都奉献给教育事业,她的五个孩子都是从11岁左右就开始住校读书,一周才回家一次。然而在母亲的言传身教下,他们都依靠自己的勤奋考入名牌大学。斯霞老师一家三代有11人从事教育事业,1991年,他们被授予"全国优秀教育世家"称号。

1985年底,70多岁高龄的斯霞交给学校党支部1000元稿费,作为奖励学生的基金。南师附小由此设立"斯霞奖学金",至今已激励1000多名学生。"斯老师85岁退休后,年龄越大行动越不方便,但她还是坚持每天到学校来看一看。"施玉洁回忆说。

2004年1月,斯霞老师永远离开了她的"孩子们",享年94周岁。她的墓碑下方刻着她最常说的一句话——"我为一辈子做小学教师感到自豪。"她的子女们决定,墓碑下面不写落款:"妈妈不仅属于我们子女,她还属于所有的孩子们。"子女根据她的遗愿,将她的稿费、丧葬费、储蓄等捐赠出来,成立"斯霞奖教基金",用以奖励南京市最优秀教师。"母亲留给我们的是勤奋、善良、友爱、忠厚的家风和师风,我们会一代代传承下去。"孙复初说。

——摘自《新华日报》(有删减) 作者:葛灵丹 蔡姝雯

(四)教师成为研究者的要求

从社会发展的历程上看,教师的角色经历了从长者为师到有文化知识者为师,再到专业教师传授文化知识的演变历程。[1] 当前,教师除了教学的主体或指导者的身

---

[1] 李瑾瑜,柳德玉等. 课程改革与教师角色转换 [M]. 北京:中国人事出版社,2003.

份以外，还扮演着研究者的身份，"教师即研究者"的说法得到了诸多身处专业发展中的教师的公认，成为教师专业发展运动中一个重要观念。"教师即研究者"是指教师专业发展不仅要求教师具有良好的职业道德、学科知识和教育教学能力，还要成为教学与学科知识的研究者，不断对自己的日常工作进行反思与探索。当我们把研究看作教育实践中的一种态度、方式，体现教育的本质意义，将教师的研究意识和主体意识看作教师专业发展的重要支撑时，那么教师的教育实践便内在地包含着研究的意义，教师必然成为开展教育教学与学科研究的主体。事实上，教师职业的研究特性在教师专业发展中得到了充分的体现。当代教育的不断改革，要求教师开展学科研究，及时更新教育观念，成为学生学习的合作者、引导者和参与者，教学过程是师生交往、共同发展的互动过程。① 如果说教师的工作只是一种简单的知识传递过程，"教师的工作就成了匠人的工作，教育就会成为没有灵魂的技术，就不可能成为真正唤醒、生成学生美好精神世界的活动"②；相反，如果教师以教师专业发展丰富的内涵为行动指南，从每个学生的成长出发，教师工作便成为文化融合、精神建构的有机过程，教师也就充满着研究和创造的活力。

三、教师专业发展的取向

（一）理智取向

著名教育家苏霍姆林斯基说过："如果你要想让教师的劳动能够给教师一些乐趣，使天天上课不至于变成一种单调的义务，那你就应当引导每一位教师走上从事一些研究的这条幸福的道路上来。"③ 教师专业发展的理智取向是指教师在接受专业培训或学习的过程中，结合自身实际，主动思考与探求学习的内容，提出自己的新思想与新想法，并形成主张与观点，将专业自主贯穿于学习、培训过程的始终。教师专业发展过程中，教师要秉承终身学习理念，养成持续学习的习惯，真正将自己变成专业发展的主人。教师要将在职培训中所学到的理论知识与方法运用在教学与研究实践当中，做到学以致用，同时，在实践当中也要将观察与感受到的心得体会进一步整合与总结，拓展自己的专业知识，提升自己的专业能力。一般而言，教师会在教学过程中带着问题开展教学活动，通过实践，探索得到答案，而从实践中得到的答案也会在理论中寻找得到，并在一般原理或理论的指导下解决和验证某些现象和问题；还可以根据自己的兴趣和专业方向，开展富有成效的个性化学习。教师要敢于发出自己的声音和感受到发展的自信，用理智与研究的实际行动证明自己的价值。

---

① 李瑾瑜，柳德玉等. 课程改革与教师角色转换[M]. 北京：中国人事出版社，2003.
② Nikolai D. Nikandrov. Teaching methods: tradition and innovation[J]. International review of education, 1990（3）: 251-260.
③ [苏]苏霍姆林斯基. 给教师的建议[M]. 杜殿坤，译. 北京：教育科学出版社，2006: 231.

(二)实践与反思取向

实践与反思取向关注教师专业发展的实践过程,强调反思是一种能动性、有效性和自觉性的存在,是在实践中创造更多价值的基本方式。教师专业发展的实践与反思取向多指教师运用反思促进专业发展的实践,在实践中运用反思挖掘专业价值,以反思促进实践的有效性。对于教师专业发展而言,反思是教师发展的核心动力,是激发智慧与机智的必要过程。"智慧和机智是我们通过教学的实践——不仅仅是教学本身,所获得的。通过过去的经验,结合对这些经验的反思,我们得以体现机智。"[①]我们知道,反思与实践的是教师专业发展的统一过程,因此有人称教师专业发展中的实践为"反思性实践(reflective practice)",而称反思为"实践中的反思(practical reflection)"。"反思性实践"多指教师在完成实践活动后,通过回忆、总结、设想、查阅文献、撰写日志等形式开展一系列的反思活动,以修正、丰富、完善以后的实践过程;"实践中的反思"多指以前期科学研究与充分准备为基础,在实践过程中进行实时思考,随时发现问题,尝试解决问题的整个思维活动过程,它强调反思的实效性与即时性。教师在教育教学过程中对教学情境产生的知觉,对教育问题的捕捉,对教学现场做出的策略,都是促成教师专业发展的直接动力。因此,实践与反思取向要求教师专业发展的最终目的,是促成教师对自己和自己的专业活动进行深入的理解,发现其中的意义,从而达到教师专业发展的真正效果。

(三)适应、认同与合作取向

教师专业发展的适应与创造取向是指在教师专业发展的过程中,以成长环境为依托,运用环境因素促进个人发展和教学能力提高,实现适应成长环境、认同学校文化、开展合作学习的专业发展目标。教师的成长环境主要包括学校物质环境和教师文化环境,前者主要有教师管理制度、评价激励制度等,后者主要有教师共同体等因素。影响教师专业发展的因素可分为内外两个层次,内外影响因素的共同作用、共同合力才能推动教师专业发展稳步前行,教师的自我能动性是其中的核心部分。第一,每位教师一定是处在特定的成长环境中的,复杂的成长环境均对教师专业发展产生重要影响,只有适应所处的成长环境,合理利用环境资源,才能有效实现教师专业发展。第二,学校文化是成长环境中长期积累下来的具有深刻与持久性的影响因素,学校文化一方面为教师职业提供意义上和身份上的认同,使教师忠于教育职责,树立教育理想,勤勉工作;另一方面也会使教师安于现状、不思进取、因循守旧、疲于工作。因此,学校文化对教师专业发展具有多面性,它具有开放性、竞争性、包容性、合作性,对于教师专业发展至关重要。教师只有在认同学校文化的基础上,才能促进教师专业发展。第三,在教师专业发展中,充分考虑成长环境因素与教师发展的实际需求,鼓励和支持教师自由组合,组建各类正式或非正式的学

---

① [加]范梅南. 教育机智——教育智慧的意蕴 [M]. 北京:教育科学出版社,2001:274.

习共同体，形成学习圈。"教师们自由决定教什么和怎样教，并可以用别样的方式表达他们个人对教学的见解。教师对这种认同的回应，则通过承担采取与专业理想相一致的行为这一责任来体现。"① 例如，在教师同行之间搭建教学实践活动圈子，通过切磋、协调和合作，彼此间分享教学经验、互相学习、共同成长，提高并发挥教师在专业发展中的自主性和创造性。实践共同体是指一群人共同关注某一个主题，通过持续不断地互相沟通和交流活动增加他们在此知识领域的知识和技能，而这种群体性的互动学习就是一项社会化的活动。② 这种相互学习的模式可以实现由个体向群体的组合，它为教师发掘、利用和整合现有优势资源提供了条件，便于教师学习与合作，发现自己在专业发展中存在的问题和差距，从而及时更新教育理念和提高专业水平。因此，构建教师学习共同体是当前有效促进教师专业发展的重要方式，它易于教师保持一种积极开放的心态，吸收各种观点与建议。

第二节 教师专业发展的内容

一、教师专业素质

教师专业发展的过程是教师专业成长或者教师内在的专业素质结构不断更新、演进、丰富与完善的过程，从这一点出发，我们可以将教师专业素质理解为教师从事教育专业活动中应该具备的综合的专业品质，这些品质主要包含教育观念、专业情操、专业知识、专业能力、专业态度与动机、自我专业发展所需要的意识与信念等内容。教师专业素质真正反映了教师这一职业不同于其他职业的专业性质，体现了教师的专业发展水平，也体现出师资队伍建设的实际水平。

从专业素质来源观察，教师主要从教师教育和教育实践中获得专业素质，专业素质是在实际的教育活动中得以体现并直接作用于教育实践过程的。教师专业素质是教师从事教育工作的重要条件，具有时代性、针对性与不可替代性等特征。

教师专业素质的时代性与针对性的特征是十分明显的。当前，现代教育变革下教育的发展形态与发展模式较之以往发生较大变化，如我国历经的几次基础教育新课程改革，每一次改革都在一定程度上改变了人们一贯的教育理念、学生的学习方式，有时甚至会从根本上改变教师的教学方式。面对新课程改革，许多教师将一切从"新"开始：重新理解教育，重新理解课程，重新认识学生，重新设计教学，这

---

① 李江源."活得好"的教育——基于教育自由理念的视角[J]. 河北师范大学学报（教育科学版），2013（07）：5-16.

② Wenger, E.. Communities of Practice: Learning, Meaning, and Identity[M]. Cambridge: Cambridge University Press，1998：19.

些"新生事物"对教师专业素质提出了前所未有的新要求与新挑战。著名的课程改革专家富兰曾经说过：教育变革的实施取决于教师的所思和所为，就这么简单，也这么复杂。之所以这么简单，是因为这个道理简单了，无须多言；之所以复杂，是因为教师在教育变革中的适应与改变并不容易。[①] 从教师专业素质结构来看，每项专业品质均代表着独特的专业领域，每个专业领域将有针对性的应对新要求与新挑战。因此，作为新时代的教师，理应抓住教育变革与发展的契机，提高专业发展认识，增强学习能力，有针对性地更新与提高教师专业素质。

教师专业素质的不可替代性主要体现在教师身处教育变革中所扮演的角色和发挥的作用。任何教育改革和发展的设想都离不开教师专业素质的发展，这是人们在长期教育实践活动中得出的经验和教训。以美国为例，20世纪80年代初，美国社会进行了第一次教育改革浪潮，这次改革试图以课程为突破口，提高基础教育的质量，但由于改革忽视了教师的参与和教师专业素质发展问题，使得这次教育改革浪潮以失败告终。于是，在第一次教育改革之后，美国社会改变教育改革策略，把教育改革的中心转向教师专业素质的发展，以便使更多的教师参与其中，使教师专业素质结构随之发生变化，从而使基础教育质量实现提高。之后，美国20世纪80、90年代又掀起了第二次、第三次教育改革浪潮，教师教育成了教育改革的主题，这两次教育改革思想深刻地影响了其他国家对教师教育的关注。由此可见，教育质量的提高与教师专业素质是紧密地、有机地联系在一起的，正是教师专业素质体现出的直接制约教学效率和教学质量，影响课程与教学因素的重要作用，凸显了它不可替代的独特属性。

教师专业素质与教师素质是两个紧密联系的概念。相比而言，教师素质是整体性的概念，是指教师各种素养的集合体，教师专业素质是教师综合素养中的核心内容。教师素质集中体现在促进教师专业发展与提高专业品质上，这与教师专业素质的时代性、针对性与不可替代性特征是一致的，最终以教师质量为表现形式。根据教师专业素质的内涵及其构成，我们认为，教师专业素质结构主要包括"专业精神、专业知识、专业能力、专业伦理、自我专业意识等"[②]。在这里，我们将其归纳为教师的专业知识、专业能力和专业情意三个方面的内容。

二、教师专业素质结构

教师专业素质结构主要指教师专业素质的组成部分及其相互之间的关系。对教师专业素质结构的认识可以让我们了解，教师应该从哪些方面入手加强专业化品质，从哪些方面衡量教师的质量。

---

① 靳玉乐，于泽元. 文化——个人视角下教师对新课程改革的适应性探讨[J]. 西南大学学报（社会科学版），2009（02）：128-133.

② 褚宏启. 学习方式与专业发展 [N]. 中国教育报，2004-5（5）.

（一）专业知识

自 20 世纪 80 年代初开始，教师的专业知识成为教师专业发展研究中的一个焦点话题，在相关的研究中，舒尔曼关于教师专业知识的观点影响较大，他将教师专业知识进行细分，并构建了知识框架。舒尔曼认为，作为一名教师必备的知识至少包括以下七个方面：（1）学科内容知识，指教师从教必备的专业知识；（2）一般教学法知识，指超越具体学科之上的有关课堂组织和管理的一般原理和策略；（3）课程知识，指对作为教师"职业工具"的教材和教学计划的掌握；（4）学科教学法知识（教学的内容知识），指对所教的学科内容和教育学原理有机融合而形成的对具体课题与问题，以及对如何组织、表达和调整以适应学习者的不同兴趣和能力，可以说是学科内容知识与教育专业知识的混合物；（5）有关学生及其特性的知识（关于教育对象的知识）；（6）有关教育脉络（或背景）的知识，包括班级或小组的运转、学区的管理与财政、社区与文化的特征等；（7）有关教育的目的目标、价值、哲学与历史渊源的知识。[①] 舒尔曼认为在这七类专业知识中，学科教学法知识是区分教师与其他学科专家最为关键的知识领域，能够利用这部分知识来确定教学与其他学科不同的知识群，体现学科内容与教育学科之间的整合。

埃尔伯兹指出，教师的专业发展需要掌握广博的专业知识，并将这些知识称为"实践知识"，他认为当教师遇到各种任务和问题的时候，下面这些知识可以引导教师开展正常的工作：（1）学科知识（学科的专业知识）；（2）课程知识（关于学习的经验及课程内容的建构）；（3）教学知识（关于课堂管理、教学常规、学生的需要、能力及兴趣）；（4）教学环境的知识（关于学校及其周围社区的社会结构）；（5）自身的知识（关于他们自身作为教师的优势及弱点）。[②]

根据舒尔曼与埃尔伯兹对专业知识的分类，我们可以看出，教师的专业发展需要多层次、多维度的知识作为支撑，并且随着教育实践的变化，科学合理的知识结构对于教师的教育教学实践活动而言至关重要。当前教师的知识结构既包含科学精神，又包含丰富的人文精神，是一个包括文化知识、本体性知识、条件性知识、实践性知识于一体的多元化复合知识结构。

1. 文化知识

文化知识是指有关人文科学知识和自然科学知识，是教师从事教学活动的基础知识。从教师教学活动的要求与特点来说，虽然教师往往将主要精力用在一两门课程的教授上，但如果没有广博与扎实的基础科学文化知识，他的授课质量必然会受到影响。比如，如果一位教师的语文功底欠佳，可能在教授其他课程中会存在理解和表达上的问题。何况，当学生向老师求教非本课程的问题时，如果教师经常不能

[①] Shulman, L.S. Knowledge and Teaching: Foundations of the New Reform. Cambridge: Harvard Educational Review, 1987, Vol. I: 1-22.

[②] Elbaz F. Teacher Thinking: A Study of Practical Knowledge. London: Croom helm, 1983: 216.

给以圆满回答，那么教师在学生心目中的权威也会受到一定影响。目前，一名合格的教师应掌握的普通文化知识，或者说通识类知识包含哪些内容呢？从时代要求与课程实施的条件以及教师教育实践的实际情况来看，教师需掌握的文化知识主要有：人文类知识，如哲学、社会学、人类学、经济学、政治学、伦理学、历史学、地理学等；科技类知识，如自然科学常识，文理学科的交叉知识；工具类知识，如外语、数学、计算机、应用文写作、文献检索等方面的知识；艺体类知识，如体育、美育、书法、音乐、舞蹈、戏剧、摄影、绘画、文学欣赏、影视评论、健康保健等知识；劳技类知识，如劳动生产知识、现代工农业生产的基本原理等知识。这些知识虽然繁杂而且全面，但并不能以学科专业知识的标准来衡量对这些知识的掌握程度，而只需满足教学的基本需要。

2. 本体性知识

本体性知识是指为完成教学任务，教师必须具备的与自己任教学科相对应的专业理论知识。本体性知识是教师从教的基础知识，当教师系统、完整、精深地掌握自己从教的学科专业知识，能够在本学科知识中开展深入研究，取得一定研究成果时，才能认为这位教师在科学体系中把握了自己任教的学科，在其教学活动中能够较好地处理教材，采用不同教学方法将学科知识呈现在学生面前，展示知识本身的无限性和生命力，在使学生掌握基础知识的基础上，体验科学知识的活力，激发发展学习本学科的兴趣与创造性，在教学中达到真正地实现科学精神和人文精神的统一。"教师的本体性知识能使教师有可能与传授相关学科的教师在教学中取得协调与合作，在组织学生开展的综合性活动中相互配合。"[①]

3. 条件性知识

条件性知识是指与教师教学活动相关的教育学与心理学知识。国内外的研究表明，教育学与心理学专业知识对于教师的教育教学工作以及教师自身的专业发展是不可或缺的。条件性知识包含的内容丰富，主要有教育基本理论、心理学基本理论、德育学、教学论、教育史、教育社会学、教育心理学、教育管理学、教育法学、比较教育、教育改革与实验、现代教育技术知识、教育科学研究等。教师在较为全面地掌握这些知识之后，"具有敏锐感受、准确判断生成和变动过程中可能出现的新情势和新问题的能力；具有把握教育时机、转化教育矛盾和冲突的机智；具有根据对象实际和面临的情境及时做出决策和选择、调节教育行为的魄力；具有使学生积极投入学校生活、热爱学习和创造、愿意与他人进行心灵对话的魅力"[②]。这些条件性知识能够使教师树立先进的教育教学理念，根据实际教学的需要正确选择教育教学的内容和方法，科学地掌握学生的学习心态与动态，高效地完成知识的传递和能力的

---

① 肖川. 教师的幸福人生与专业成长 [M]. 长沙：岳麓书社，2014：68.
② 叶澜. 新世纪教师专业素养初探 [J]. 教育研究与实验，1998（01）：41-47，72.

培养任务,从而实现促进教师和学生的共同发展。

4. 实践性知识

实践性知识是指教师在进行有目的有计划的教学行为中,根据具体的课堂情境产生的知觉、情景知识及其相关的知识,这些知识是教师教学经验的积累。实践性知识不同于文化知识、学科知识等理论知识,它贯穿于知识、态度与技能等几个关键领域,将各知识要素整合成为有机整体,可以说,它是一种融合而成的教育智慧,通过教学活动得以展现。钟启泉教授认为:"真正意义上的教师专业发展不是基于行为主义基础之上的教师能力本位的发展,而是基于认知情境理论的实践智慧的发展。"[1]我们需要以系统的方法和动态的思维方式用实践性知识践行教学行为背后的教师专业发展素质的内容。

(二)专业能力

教师专业能力是指教师运用专业知识实施教学活动与教学反思的能力,主要包括影响教育教学效果的最直接、最基本的能力,教师专业能力的高低决定了教育教学活动的最终效果以及教育目标的实现程度。教师的专业能力可以分为教师的一般能力与专业技能。

1. 教师的一般能力

(1)语言表达能力

语言表达能力可以包括语言表达和非语言表达两类能力,它们是教师进行知识传授与人性陶冶的重要工具。口头语言表达能力是教师开展教学活动的主要能力,语言表达能力的强弱会直接影响教师的主导作用与学生语言和思维的发展走向,从而影响教师的教与学生的学习效果。非语言表达能力是指除语言表达之外其他方式的表达能力,如肢体语言。非语言表达能力可以有效地支持语言表达,提高教学效能。

(2)组织管理能力

教师的组织管理能力多指教师在教学、科研和维系日常事务的工作中需要掌握的统筹管理能力,现代教育视域下要求教师具备较高的组织管理意识与能力。组织管理能力主要体现在教师的教学过程中,例如,当今教学的关键就是让学生建构起自己的学科知识体系和学科研究问题的方式方法。[2]教师不应把学生仅仅作为一个抽

---

[1] 钟启泉."教师专业化"的误区及其批判[J].教育发展研究,2003(21):119-123.
[2] 巩建闽.从"教书"到"教学":转变的不仅仅是理念[J].中国大学教学,2011(12):49-51.

象的、被动的管理对象而采取机械式的管理模式,有效的教学需要将学生组织起来,积极地为他们创设各种有利的学习环境与发展条件,充分发挥每位学生的个性潜能或特长。教师的组织管理能力还体现在能否确立符合实际的活动预期目标,制订周密的教育教学工作计划,充分发挥学生的积极性、主动性与创造性,保证良好教学效果的产生。

(3) 教育研究能力

教师的教育研究能力是指对教育教学开展研究及教育实践的能力。由于教师大多数的研究都是围绕自己的实践工作与教育对象开展的,因此,教师的教育研究能力也是促进高质量的教育和教师专业发展的必要条件。只强调教育传递知识功能的认识使人们逐渐忽视了教师工作中存在的科研价值与创造性特征。教师的教育研究能力的形成首先要从反思自己感受到的教育现象开始,要学会善于从中发现各种问题,并对日常工作保持观察、调研、分析、探索的习惯,从而不断地改进自己的工作方式并形成理性的认识。因此,提高教师职业专业化水平与不断提高教师的教育研究能力是一致的。

(4) 了解学生的能力

当前,时代的发展与社会条件多元化的背景下,学生的道德素养与精神风貌已发生了一定的变化,了解学生成为教师的必修课,能否有效地了解学生成为教育教学能否最优化的重要前提,因此教师需要充分了解学生的状态与能力,这样才能更有效地履行教师的职责。了解学生的能力是指教师对教育对象的个性特征、心理素质、道德行为、学习能力及身体状况等全方位把握的能力。美国哈佛大学心理学教授霍华德·加德纳提出"多元智能理论",认为每个人至少有七种智能,即语言、数理逻辑、音乐、空间、人际交往、身体运动、自我认识等,不同的人形成不同的优势智能和弱势智能的组合,在不同的学习环境中表现出不同的学习效益[1]。因而,教师要清楚地认识到,人才是多样化的,要有多元的评价标准和多元的成才观与之匹配。

(5) 处理教材能力

处理教材的能力主要是指教师在全面熟悉教材内容与结构的基础上,掌握并正确处理教材,将教材内容有效地融入课堂教学的能力。教师全面地了解教材体系,弄清教材的重点、难点和学习目标,在理清教材知识的基础上,根据学生的年龄特点和知识积累情况,选择符合学生思维特点和接受能力的最佳教学方法开展教学,因此有效的教学是建立在科学处理教材基础上的。

---

[1] [美]霍华德·加德纳. 多元智能 [M]. 沈致隆,译. 北京:新华出版社,2004:8.

(6) 课程开发与整合能力

现代教育要求教师不但要具备现代课程意识和课程的开发能力,还要求具有对课程资源的整合能力。教师的课程开发能力主要是指在对课程全面理解的基础上教师对课程资源的开发和利用的能力、对课程的解读和对教材的变通能力、对课程的评价和研究能力。所谓整合,是指通过一个系统内各要素的整体协调、互相渗透,使系统各要素发挥最大效益,课程整合就是使分化了的教学系统中的各要素及其各成分形成有机联系并成为整体的过程。教师的课程开发与整合能力为教师主动与创造性地思考教学活动提供了支持。

(7) 人际交往能力

"交往为教师提供向优秀教师和教育专家学习的机会,学习就是将他们的经验纳入自己经验体系的过程。交往让教师感受到他者给予的期待与鼓励,同时也有与他者比较和竞争的压力,这些将被纳入教师专业发展的动力结构中。"[1]教师的人际交往能力是指,教师不仅必须具有理解学生与学生进行有效交往与沟通的能力,而且还需要能够建立与家长、同事、同行合作与相互支持的关系。现代教师职业是在开放的环境中进行的,要求教师在日常的工作中要处理好多样的关系。例如,现代教学论认为:教学的过程离不开师生之间的交往、互动,是共同发展的过程,师生关系是这个过程中最基本的关系,如果教师和学生之间没有任何交往与互动,就不存在或未发生教学行为。而那些只有教学表现形式而无实质性的互动与交往实属"假性"教学,是一种无效的工具性存在。除了师生关系外,还要处理好与学生家长、与同事同行、与领导、与社会公众等之间的关系,因此,良好的人际交往能力是教师适应环境、做好工作、实现自我价值的需要。

(8) 自我调控能力

教师的自我调控能力是指为确保教育教学工作顺利开展,教师要依据预期的教学目标,将整个教学活动作为调控对象,主动对其不断地进行修正、规划、检查、评价、反馈和调节的能力。教师自我调控能力的作用是针对可能变化的环境,保证教育教学的正常进行,教师主动灵活地应对教学过程中可能出现的各类问题,发掘解决策略,最终实现教学目标。教师自我调控能力主要表现在三个方面:一是教师在教学行动上事先计划与安排;二是自觉地对教学活动进行有意识的反思、评价和反馈;三是对教学活动进行调节、校正,并达到自我控制。

2. 教师的专业技能

教师的专业技能是教师专业发展必备的从事教育教学工作的基本技能和能力,

---

[1] 阳泽,杨润勇. 自组织:教师专业发展的重要机制[J]. 教育研究,2013(10):95-102.

其中教学技能是教师专业技能的中心内容。在心理学中，技能一词可分为狭义上的和广义上的技能。广义的技能是指技能的高级阶段或高级水平，即在掌握初级技能的基础上经过反复练习，使活动方式的基本成分达到自动化的程度；狭义的技能是指技能的初级阶段或初级水平，即在一定的知识基础上按照一定的方式通过反复练习达到"会做"某件事或者"能够"完成某种工作的水平。广义的教学技能即教学技巧（technical skills of teaching），是教学技能的高级阶段，是"教学行为专业性"的重要方面，反映了教师运用已有的专业知识或教学经验完成教学任务的熟练程度和水平。狭义的教学技能主要指教师在教学过程中为顺利完成某种教学任务运用的一定的专业知识和教学经验及技巧。

　　1994年我国国家教委颁布了《高等师范学校学生教师职业技能训练大纲（试行）》，要求师范生在教育学、心理学和教学理论的指导下，以专业学科知识为基础，掌握从事学科教学的基本要求，形成从事学科教育工作的基本技能，这些技能包括以下五个方面：（1）教学设计技能；（2）应用教学媒体技能；（3）课堂教学技能；（4）组织、指导学科课外活动的技能；（5）教学研究技能。国外也针对教师应掌握的基本专业技能进行深入研究。美国在20世纪60、70年代开展过一项有关教师能力的研究，从观察到的1000余项教师专业技能的表现形式中，提炼出下面七条教师必须掌握的基本技能：（1）测评学生行为的能力；（2）进行教学设计的能力；（3）教学演讲的能力；（4）负担行政职责的能力；（5）沟通能力；（6）发展个人技巧；（7）使学生自我发展的能力。[①]澳大利亚的特尼等人通过相关研究把教师教学技巧总结为七大类，这种分类方式在本国曾产生了一定的影响，这七大类教师教学技巧包括如下七个方面。（1）动力技巧。如：加强学生的行为，多样化刺激、入门、鼓励学生参与、接受并支持学生感受，表达温暖热情以及认识并满足学生的需求。（2）讲授及交流技巧。如：解释、戏剧化、阅读，使用试听教学辅助器具，终止、使用沉默，鼓励学生反馈，澄清、表情、速度以及有计划的重复。（3）提问技巧。如：反复集中与指导、引导、高难问题、歧义性与多样性问题以激发学生主动性。（4）小组个人辅导技巧。如：组织小型小组工作，培养独立学习能力，咨询、鼓励合作活动及学生间的相互作用。（5）培养学生思考技能。如：鼓励探索性学习，指导发明，制定概念，使用刺激手法，使用角色和游戏刺激思维，培养学生解决问题的能力，鼓励学生进行评价与判断并培养其批判性思维。（6）评估技巧。如：认识与评价学生进步，确定学习困难，提出补救办法，鼓励自我评估及组织评估讨论。（7）课堂管理与纪律。包括认识专心与不专心行为、监督课堂小组工作，鼓励以任务为目标的行为，给予指导并解决多重问题。[②]

　　总之，教师的专业技能是在教师一般能力的基础上，由于教育教学经验的积累

[①] 孙晨红，张春宏，王睿. 教师专业化发展与教师成长［M］. 哈尔滨：东北林业大学出版社，2016.

[②] 孙晨红，张春宏，王睿. 教师专业化发展与教师成长［M］. 哈尔滨：东北林业大学出版社，2016.

而达到的更高的专业能力，它体现了教师在专业发展过程中，尤其是在开展教学活动过程中，不断进行自我更新，走向专业成熟的内在驱动力的结果。

（三）专业情意

教师的专业情意也称为专业态度，它强调的是教师在工作当中的主观愿望。专业情意具有深刻的含义与较高的精神层次，是教师在对教育事业、教师职业、教学活动、师生关系等方面的认知上，形成的意义深刻的理解和价值取向，也是一种教育信念和奉献精神。一般而言，教师的专业情意包含专业信念、专业情感、专业性向、专业自我、专业情操等几方面的内容。

1. 专业信念

教师的专业信念（professional belief）是指教师通过个人的努力成为一名成熟的教育专业工作者的信心与追求。它为教师提供奋斗目标，是推动教师专业发展的巨大动力。教师在专业信念的驱动下，不仅能致力于提高专业才能及专业服务水平，努力维护专业的荣誉和形象，还能促进教师提高对教师职业的认可度和投入感，培育教师的职业道德，提高教学效能感，树立强烈的职业责任感、事业心，形成坚定的精神追求和奋斗目标。一方面，教师优良的职业道德能够增强个人的专业信念，并可以通过教学活动传递给学生，"教学首先是一种道德和伦理的专业，新的专业精神需要重申以此作为指导原则"[①]。另一方面，在教师塑造专业信念的过程中，教师的教学效能感也随之得以提升。教学效能感是指教师对于自己在职业中能够影响学生学习活动和学习结果的能力的一种主观判断，是解释教师工作动机的关键因素。教学效能感与专业信念之间可以相互促进。一般来说，当教师的效能感较高时，教师在工作时会信心十足、精神饱满、心情愉快、表现出极大的热情，往往取得良好的教育教学效果；相反，当教学效能感较低时，教师在工作中易感到焦虑和恐惧，常常处于烦恼之中，无心教学，以至于不能很好地完成工作。阿什顿（Ashton，1982年）在班杜拉的自我效能感理论的基础上，把教师的教学效能感分为一般教学效能感和个人教学效能感。前者是指教师对教与学的关系，对教育在学生成长中的作用等问题的一般看法与判断；后者是指教师对自己的教学效果的认识与评价。因此，教师的专业信念往往可以通过对教师教学效能感的考察进行观察。

践行为人师表的初心与信念——2019年"全国优秀教师"齐建松

"齐老师很幽默，学生上他的课很轻松，也容易懂。""齐老师上课的时候会想方设法让课堂活跃起来，我和同学们对物理也越来越有兴趣。"在福建省南平市浦城县濠村中学，一说起齐建松老师，师生们你一言我一语，对他赞不绝口。今年，齐建

---

① 尹弘飚，李子建. 论课程改革中的教师改变 [J]. 教育研究，2007（3）：23-29.

松被评为"全国优秀教师"。

2005年，从齐齐哈尔大学毕业的齐建松到福州阳光国际学校任教。"虽然在福州工资比浦城高很多，但总感觉少了点什么。"齐建松说。经过四年的历练，2009年，他放弃了福州优渥的条件，毅然回到家乡，扎根在了偏远的山区中学——濠村中学。

山高路远，教师宿舍漏水漏雨时常停电，交通和生活条件和福州相比天差地别。"刚开始很不适应，也动摇过。"齐建松说。但是，山区孩子对知识的渴望深深触动了他，让他下定决心留下。

乡村中学教师缺乏，跨学科教学、身兼数职是工作常态。物理专业出身的齐建松根据学校安排还要兼任生物、体育等学科。为了让学生听得懂、学得会，自己首先要学懂弄通。为此，他比其他老师花更多的时间去备课、查阅资料、做练习卷，慢慢摸索出各个学科的教学规律和重难点。"在农村教书也可以有所作为，就看你怎么去对待。"齐建松说，农村的孩子可塑性强，不仅要想方设法提高成绩，更要培养孩子的习惯和品质。

"齐老师带的班级，成绩一直位列全县农村中学前列，有时甚至能超过城关部分中学。"濠村中学校长蔡旻璋说，齐老师年轻，有想法，也敢于尝试、敢于创新，他所推行的小组教学、先学后教、"学生讲师团"等方式深受学生喜爱。在农村中学，要实现小组教学，让学生先动起来，充分发挥自主学习的能力并非易事，这就需要老师花更多的时间做充分准备，交流借鉴外面学校的经验做法并结合本校实际慢慢研究摸索。"每次进步一点点，坚持一个学期、一年、两年去做，虽然进步不是一朝一夕可以看见，但只要坚持肯定会有收获。"齐建松说，"学生讲师团"也是自主学习的一种形式，不同层次的学生都可以根据自己的学习情况去讲一道题、一个知识点甚至一节课，学生在备课的过程中自然而然地去理解、去钻研，逐渐成为内化的知识储备，与纯粹做题相比效果不言而喻。"以前我的物理比较弱，参加讲师团活动后，我对物理产生了浓厚的兴趣，成绩也有了很大提升。"一名学生开心地说。

"成绩不是评判学生的唯一标准，更要重视学生品德的培养。"齐建松说。两年多来，濠村中学在齐建松的倡导和组织下设立"诚信考场"，通过设立"诚信奖"，开展诚信征文等系列活动，让学生养成自觉、自律的习惯，促进校风学风的转变。

陪伴学生早读、晚自习，日复一日培养学生学习的意识；在学校资金困难的情况下带着孩子们动手改造校园环境；参加教学技能比武，撰写教学论文，撰写的《师有志生有志》一文反映了偏远山村教师的成长经历，成为年轻教师成长的参考与借鉴；关注困难学生，用爱温暖少年的心，帮助他们走出阴影，迎着阳光自信成长……齐建松在平凡的岗位上坚持、坚守、创新，践行着为人师表的初心与信念。

——摘自《闽北日报》 作者：邱春静 余慧美

2. 专业自我

"自我"是个体将自己各种信息集合于一体的复杂的、多维度的动态的系统，是心理与行为的统一体，也是人和存在环境之间长期相互作用的结果，它不仅影响着人们感受生活情境的方式，而且影响着人们日常行为的方式。教师的专业自我（professional self）是教师个人对从事教育教学工作的体验、感受和认可，在此基础上形成的影响其教育教学活动和效果的心理倾向。教师在追求专业自我时，能够在职业生活中"创造并体现符合自己志趣、能力与个性的独特的教育教学生活方式，以及个体自身在职业生活中形成的知识、观念、价值体现与教学风格"[①]。教师的专业自我主要包括自我意象、工作动机、工作态度、工作满意度、对教学活动的知觉、个人发展取向等。教师专业发展是形成教师专业自我的过程，教师专业自我是推动教师专业发展必不可少的因素。

3. 专业情感

教师的专业情感（professional emotion）是指教师对教育教学工作持有的理智的价值评价与情感体验，是构成教师个性的重要因素，也是教师专业发展的重要内容。我国教师专业发展中，也曾出现过以行政手段和"工程化"的思维方式促进教师专业化的倾向，即偏重专业知识与技能的获取，忽视专业精神、专业情感的培养，"呈现出一种'技术化'驱动'专业化'的现象"[②]。我们知道，一位优秀的教师必须挚爱自己的教育职业、对教学工作抱以极大的热情，才能实施高质量的教学活动；而满意的教学活动也有利于教师形成浓厚的专业情感。只有当教师形成持久而稳定的专业情感后，才标志着成熟的专业情意已经形成。教师在教育教学中的专业情感主要体现在以下三个方面：（1）对学生的责任感；（2）为人师表，不断自我提高；（3）与学生建立良好的信赖关系。

4. 专业性向

教师的专业性向（prefessional aptitude）是指教师在教学工作具有的人格特征与适合教学工作的个性倾向。霍兰德（John Henry Holland，1988）的职业生涯理论把劳动者和职业划分为六种类型：社会型、实际型、学者型、艺术型、事业型、常规型。[③] 他指出，社会型劳动者的个性特征比较适合教师职业，因为这类劳动者倾向于从事为他人服务和教育他人的工作。尽管教师在整个职业生涯中，受到内外部因素的影响，会形成诸多的人格与个性特征，然而作为经常与学生相处的教师应注重培养三个方面的人格特质：（1）宽容。即摆脱教师个人的习惯与偏见，接纳学生各种不同的观念，对每位学生都给予关注并和睦相处。（2）理解。即教师能够对实际的人际关系中出现的各种变化及时做出情绪上的反应，同时教师能在教学情境中换位

---

① 何远疆. 悟人生真谛 修教育正道 中小学教师职业修炼的理论与实践 [M]. 重庆：重庆大学出版社，2015：30.
② 尹弘飚，李子建. 论课程改革中的教师改变 [J]. 教育研究，2007（3）：23-29.
③ 优才教育研究院. 教师的自我生涯规划 [M]. 成都：四川大学出版社，2013：8.

思考，从学生的角度出发，充分体会学生的需求和情感，以便给予学生有效的建议和指导。（3）自信。即教师以自信的心态面对与处理日常教学中的各种问题、挫折与失败，正确引导学生，向其传递积极的信息与正确的价值观念，从而促进学生健康成长。

5. 专业情操

教师的专业情操是指教师在教育教学活动中对教育对象、教育媒介等教育因素进行评价时的情感体验，是教师个性特征的重要构成部分。教师的专业情操包含专业理智感、专业道德感和专业美感。专业理智感是教师在专业知识积累、科学研究过程中运用理性思维对各类教育因素进行判断、分析、评价的情感体验。专业道德感是教师在践行立德树人根本任务、培育教师职业道德、提升教师职业素养过程中以及对他人言行举止、思想观念进行评价时形成的情感体验。专业美感是教师依据自身的审美观念、审美标准、审美需求对自己及他人的教育活动进行评价时产生的情感体验。从整体上看，教师的专业情操直接影响教师本人如何看待教育对象、教学活动和教师职业。当教师拥有高尚的专业情操时，他将享受教书育人过程所带来的乐趣，同时，关注于自身专业发展，以期获得更为丰富的情感体验，"让教师明确教师作为'传道授业者'的责任与爱，注意引导教师对自身的教学经历做正面反思，感受其中的喜悦和成就，激发其来自于自身教育理论进步和教学能力提高的积极情感体验和责任感"[①]。因此，教师专业发展过程中，专业情操也在不断发生着变化，这些变化使教师在处理师生关系、履行教师职责、看待教师职业活动、展现教师美好形象、维护教师职业尊严等方面发挥着重要作用。

第三节 教师专业发展的影响因素

一、教师专业发展影响因素的含义

教师专业发展并非是一个自然成熟的过程，它是教师不断受到外界多种因素互动作用、施加影响的自觉过程，每个影响因素对于教师发展的不同阶段又会产生不同的效果与作用。同时，这些影响因素为适应时代变化与技术的发展，也在不断发生着变化，展示其多因性、多样性和多变性等特征。

一些学者在从事教师职业生涯阶段的研究中，总结出教师专业发展影响因素的相关研究成果。美国约翰霍普金斯大学的费斯勒教授将所有影响因素分为个人环境

---

① 刘旭. 在技术与艺术之间 [M]. 长沙：湖南师范大学出版社，2019：189.

因素与组织环境因素两大方面：一是个人环境因素，包括家庭、积极的关键事件、生活的危机、个人的性情与意向、兴趣或嗜好、生命阶段等；二是组织环境因素，包括学校的规章、管理风格、公共信任、社会期望、专业组织、教师协会等。[①] 美国学者格拉特霍恩(A. Glatthorn)认为，影响教师发展的因素主要有三方面：与教师个人相关的因素；与教师生活、工作相关的因素；与促进教师发展的特殊活动相关的因素。上述三方面因素以一种复杂的方式彼此作用并最终影响教师的发展。[②]

我国学者主要从个人与外在环境两个层面分析影响因素。例如，刘洁分析了影响教师专业发展的基本因素后认为，影响因素主要包括三个方面：一是社会因素，主要有社会地位与职业吸引力、教师管理制度；二是学校因素，包含校长引领、合作性教师文化、民主管理制度；三是个人因素，包括家庭因素、个人专业发展结构（教育信念、知识结构、能力素养、从业动机和态度、专业发展需要与意识）。[③] 胡惠闵认为影响教师专业发展的因素包括个人学习与实践经历、个人素质、专业学习活动质量、学校文化、校外机构与政府的支持等。此外学校物化环境、仪式或周期性活动、行为习惯和传统等学校习俗因素对教师专业发展也会产生较大的影响。[④] 吴捷认为影响教师专业发展的因素包括外在因素和内在因素两类：外在因素主要有社会环境因素、工作环境因素、教育教学实践中的特定事件影响、职后培训因素；内在因素包括职业精神与职业理想、自主意识与自主能力、案例研究。[⑤] 胡定荣针对优秀教师的专业发展做了相关研究，她用内容分析法对36位特级教师进行了分析，从个人背景因素、职业选择和职业成功的因素、成长中的关键事件进行了定量的描述与分析，研究结果表明：（1）个人背景因素中性别、教龄、学段和学科因素对优秀教师成长存在影响，入职学历、家庭经济资源和入职学校类型因素对优秀教师成长不存在影响；（2）优秀教师的成长主要受到后天因素中个人的努力、教学互动、专家引领、师傅指导、同伴互助和领导支持的影响，影响优秀教师成长的个人因素依次为教学研究与反思、专业学习、教改实践和教育理想与信念；（3）公开课、教学中的挫折和冲突等关键事件对优秀教师成长起着重要作用。优秀教师的成长需要政府、学校做出制度安排。[⑥]

通过对已有研究的梳理我们发现，这些研究都试图从不同视角，运用不同方法探究影响教师专业发展的各种因素，尽管他们合理地解释出影响教师专业发展的主

---

① 杨秀梅. 费斯勒与格拉特霍恩的教师发展影响因素论述评[J]. 外国教育研究, 2002（5）：35-38.

② 杨秀梅. 费斯勒与格拉特霍恩的教师发展影响因素论述评[J]. 外国教育研究, 2002（5）：35-38.

③ 刘洁. 试析影响教师专业发展的基本因素[J]. 东北师范大学学报（哲学社会科学版），2004（06）：15-22.

④ 胡惠闵. 教师专业发展中的学校习俗因素[J]. 全球教育展望, 2007（05）：58-61.

⑤ 吴捷. 教师专业成长过程及其影响因素研究[J]. 教育探索, 2004（10）：117-119.

⑥ 胡定荣. 影响优秀教师成长的因素——对特级教师人生经历样本的分析[J]. 教师教育研究, 2006（04）：65-67.

要因素,但是每种影响因素对教师专业发展能够发挥多大的作用力仍存在一定的争议。

二、教师专业发展影响因素的分类

依据不同的分类方法,我们可以将教师专业发展影响因素进行分类。例如,按照教师个人专业发展的主动性与被动性,可将影响因素分为内部因素与外部因素;按照教师接受师范类教育与继续教育的不同阶段,可将影响因素分为职前因素与职后因素;按照教师专业发展的主体意识变化与外在条件的不同,可将影响因素分为主观因素与客观因素。

(一) 内部因素与外部因素

影响教师专业发展的因素可从两个维度进行分析,即教师个人内部因素和外部因素,这两个维度相对独立。

1. 影响教师专业发展的内部因素

(1) 教师的认知能力

教师职业特性要求教师时刻思索如何满足自身的认知需要。我们知道,教育工作是文化知识传承的重要途径,教师通过授业、解惑的过程搭建起文化知识传播的桥梁,传播知识与教师的认知能力成为一个必然的统一体。教师认识到提高业务能力和科学文化素养不仅是自身专业发展的需求,也是对维系学科形象与专业地位的一种回应。为此,教师在这种需要的驱动下,不断拓宽专业知识领域和实践水平,关注前沿的教学发展动向,深入学生的学习生活和日常的教学工作当中,适应教育工作的变化和社会、时代赋予的新要求,不断升级认知途径和方式,在教师将来的职业生涯中将发挥强大的影响作用。教师提升认知能力的方式主要表现为:教师虚心刻苦、学而不厌,不断提高自身的业务水平,关注本专业知识的拓展和应用,关注教改动态和新课程的实施精神,了解学生身心发展特点,逐渐形成适应时代要求、专博相济、充满活力的知识结构,从而实现教师学科知识能力专业化和理论素养专业化。[①]

(2) 教师的教学效能感

正如前文中的论述,教师的教学效能感能够直接反映教师专业化发展水平和所处的发展阶段,教学效能感的提升被教师专业发展赋予了一定的意义。伯登(Burden P. R.)将教师专业发展的四个阶段以教学效能感呈现出的不同特征的形式展示了出来。在20世纪90年代,美国先后成立了诸多促进教师专业发展的学校或机

---

① 敬枫蓉. 高校师德建设的理论与实践 [M]. 成都:电子科技大学出版社,2006:81.

构，如 PDS（Professional Development Schools）专业发展学校、PPS（Professional Practice Schools）专业实践学校、PDC（Professional Development Centers）专业发展中心、PS（Partner Schools）合作学校、CS（Clinical Schools）临床学校等[①]，这些学校或机构将研究目标与实施环境放置于实际的课堂教学活动上，要求课堂过程能直接反映教师的教学效能，并对教学效能感进行量化，使教师进行自我评价，领悟其专业发展过程中的成绩与不足，从而达到自觉主动思考专业发展的目的。

2.影响教师专业发展的外部因素

（1）教育政策保障

师资队伍建设及相关教育政策是影响教师专业发展的外部因素之一，对教师的专业发展起到重大的指导与保障作用。这些政策的颁布为教师发展成长提供了物质与制度保障，赋予教师基本的权利和义务，体现着国家和社会对教师的基本要求。[②] 具体而言，第一，教育政策为教师的基本生活、工作和学习条件提供保障，直接影响教师的生存和发展。我国随着改革开放的不断深化，相继出台了一系列相应的政策法规来保障教师的生活待遇和发展条件，如《中华人民共和国教师法》中就有许多有关维护教师生活和发展经济保障的规定内容，这些内容有利于教师专业发展水平的提高。第二，教育政策对教师专业发展予以规范和引导。教育政策的导向作用在于明确教师专业发展的目标、促进教师思想观念的认同、指导教师教育行为等方面。第三，教育政策激励与促进教师专业发展。教育政策是形成、实施及评价教师专业发展所需要的考核制度、奖惩制度、职务评审和聘任制度的基本依据，合理利用教育政策将对教师专业发展起到巨大的激励和促进作用，最大限度调动教师专业发展的积极性。

教育部：2022年实现"三个课堂"在中小学的常态化按需应用

为促进信息技术与教育教学实践深度融合，创新教育教学模式，促进育人方式转变，教育部日前发布《关于加强"三个课堂"应用的指导意见》，要求到2022年，全面实现"专递课堂"、"名师课堂"、"名校网络课堂"在广大中小学校的常态化按需应用。

（1）"专递课堂"：帮助农村薄弱学校和教学点开齐开足开好国家规定课程

"专递课堂"强调专门性，主要针对农村薄弱学校和教学点缺少师资、开不出开不足开不好国家规定课程的问题，采用网上专门开课或同步上课、利用互联网按照教学进度推送适切的优质教育资源等形式，帮助其开齐开足开好国家规定课程，促进教育公平和均衡发展。

---

① 傅树京. 美国 PDS 政策述评 [J]. 外国教育研究，2003（04）：10-14.
② 赵昌木. 教师专业发展 [M]. 济南：山东人民出版社，2011：100.

(2)"名师课堂":更大范围共享名师资源 促进教师专业发展

"名师课堂"强调共享性,主要针对教师教学能力不强、专业发展水平不高的问题,通过组建网络研修共同体等方式,发挥名师名课示范效应,探索网络环境下教研活动的新形态,以优秀教师带动普通教师水平提升,使名师资源得到更大范围共享,促进教师专业发展。

(3)"名校网络课堂":推动优质教育资源在区域或全国范围内共享

"名校网络课堂"强调开放性,主要针对有效缩小区域、城乡、校际之间教育质量差距的迫切需求,以优质学校为主体,通过网络学校、网络课程等形式,系统性、全方位地推动优质教育资源在区域或全国范围内共享,满足学生对个性化发展和高质量教育的需求。

——摘自《央视网》(有删减) 作者:潘虹旭

(2)教师专业发展制度

教师专业发展制度是政府为促进教师专业发展、提高教育质量而制定的各项标准与制度的体系总和。从整体上来看,教师专业发展制度一般包括教师专业标准、教师资格证书制度、教师教育机构认证制度、教师教育质量评估制度、教师聘任制度和校本培训制度等内容,这些制度的规定旨在明确教师专业发展的具体要求和评价标准,发挥重要的导向作用。例如,美国的卡内基教育暨经济论坛工作小组、霍姆斯小组相继发表了《国家准备着:为21世纪培养教师》、《明天的教师》两个报告,都明确提出以教师专业发展作为教师教育的改革方向,努力提高教师的专业化水平。教师都想建立一套属于自己的教学体系,经常接受与吸收新的观念,参加研讨会和各种相关的会议,以及继续进修与深造。[①] 然而,保障教师能够参加培训与进修,仍需要有相关的政策保证。因此,切实提高教师专业发展需要有配套的教师教育制度予以保障和引导。

(3)学校文化

影响教师专业发展的一个重要外部因素是学校文化,它主要包括教师文化、学校管理和学习氛围三个方面。其中的教师文化是教师专业发展的内在文化影响因素,学校管理和学校氛围是教师专业发展的外在文化影响因素。第一,教师文化着眼于创设相互信任、共同学习、分享资源、共同发展的教师合作发展环境,有效地促进教师之间教学经验与教学智慧的交流与融合,树立专业自信,提升教师的专业水平。第二,学校的管理模式随着教师自身发展的需要与特点进行调整和改革,确保学校的发展与教师专业成长处于同一个环境中,教师可以选择最适合自己发展的道路,实现学校与教师的融合,从而真正地促进学校与教师多边发展。第三,利用开放的

---

① 杨秀玉. 教师发展阶段论综述[J]. 外国教育研究,1999(06):36-41.

学校氛围影响教师形成良好的教学观念，促进其精神风貌达到积极的统一，充分发挥教师的主动性和创造性，使教师能够在工作中实现自我专业发展。"学校氛围作为一种观念形态，是无形、看不见的，但学校成员却能够深切地体验到，并将其表现在日常行为中。对教师来说，学校氛围是影响教师发展成长的外在精神力量。"[①]

（二）职前因素与职后因素

1. 影响教师专业发展的职前因素

教师专业发展的过程可划分为职前阶段与职后阶段，职前阶段主要是指教师入职前已参加高等教育或师范教育的教师教育学习阶段。在这一阶段中，教师的专业教育"必须服从教学工作专业化的要求，为教学工作专业化程度的提高服务"[②]。影响教师专业成长的职前因素主要包含以下三个方面。

（1）教师职业认同

职业认同是指一个人从内心里认为所从事的职业具有一定的价值和意义，并能够从中找到乐趣，它既指一种状态，也指一种过程。教师职业尤其需要在教师头脑中建构起坚实的职业认同，当教师对所从事的教育事业与教师职业产生足够高的职业认同感时，他们才有可能在专业发展中产生持久的内在发展动力。因此，教师个人对于教师职业的理想追求和价值认同，构成教师专业发展的初始点和根本的立足点。

（2）专业知识与能力

教师在入职前累积的专业知识与能力是教师从事教育教学工作的基础，这些知识与能力将直接作用于职后的教学适应过程与教学质量。现代教师的知识与能力结构呈现出"底部宽厚，中部坚挺，顶部开放"的结构特征，即教师需具备雄厚、宽泛的文化知识和学科知识，坚实的专业涵养和任教的基本功，以及开放的心态和主动获知的意识和能力。合理的知识结构及能力结构是教师专业发展的坚实基础。

（3）社会职业认同

社会职业认同是除教师个体的职业认同与教师教育时期培育的教育思想外，社会公众对教师职业的价值认同，它是教师社会地位在经济权益、政治权力和职业声望等方面的综合体现。从更广泛的意义上看，社会职业认同不仅影响教师职前阶段的专业发展，而且直接影响着师资队伍规模与其他社会从业人员的构成结构，进而影响教师群体的整体素质要求以及教师专业发展的主动意识。

---

① 赵昌木. 教师专业发展 [M]. 济南：山东人民出版社，2011：109.
② 唐玉光. 试论教师教育的专业性 [J]. 教育研究，2002（07）：61-65.

2. 影响教师专业发展的职后因素

职后阶段是实现教师专业发展的主要时期,这一阶段影响教师专业发展的因素主要包括教学反思、专业引领和同行互助三个方面。

(1) 教学反思

"反思"是一种高级认知活动,其目标是"从一种不确定、怀疑和困惑的状态过渡到能够掌握问题情境、因发现解决困境材料而获得满足感"[①]。教学反思是指教师在教育教学实践中,根据自身教学行为的表现进行分析和修正,从而提高教育教学效能和技能的过程,教师的反思是提升教师教学经验、丰富教学情感的主要渠道,对于教师专业发展能力的形成起主导作用。教学反思是教师专业发展的核心因素,能否抓好反思时机和机遇、形成良好的反思意识和能力,是教师专业发展能否可持续进行的关键。

(2) 专业引领

专业人士或成熟教师的引领是促进教师尤其是青年教师实现专业发展的重要手段。对于不同类型和处于不同发展阶段的教师而言,专业引领的作用也有所不同。例如,对于新手教师而言,成熟教师的"传帮带"的作用集中于激发他们探索教育教学的主动性和自觉性,将教育教学理论转化为实际的教学行为,及时反思与总结教学的教训与经验,从而更好地把握教学规律。

(3) 同行互助

教师通过与同行之间进行交流与切磋是教师专业发展必要环节。教师的职责尤其是教学活动从本质上看,是一种经验的积累与实践的验证,教师的专业能力来自于工作经验的积累及其升华,它依赖于教师个人自我反思之外同行之间的切磋与互助。事实表明,促进青年教师专业成长十分有效的途径是同事之间形成由不断分享经验、相互欣赏组成的校园文化,在这样的良好氛围中,更容易实现教师的专业发展。

(三) 主观因素与客观因素

1. 影响教师专业发展的主观因素

教师专业发展的主观诉求是促进其专业发展的重要因素。具体而言,影响教师专业发展的主观因素主要包括下列方面。

---

① [瑞典] 胡森等. 教育大百科全书:第8卷(教学、教师教育)[M]. 张斌贤等,译. 重庆:西南大学出版社,2006:30.

(1) 知识观

教师的知识观对教学活动发挥着根本性作用。我们看到，教师在教学活动中根据自身对知识的理解制定出相应的教学策略，也就是说，教师的某种知识假设和知识观念既可以对教学行为与教学方式产生导向作用，又可以在课堂中对学生知识观的形成产生重要的影响，最终影响课堂教学的效率和质量。"教学智慧之所以是必需的，是因为教学实践领域是复杂的"①，教师对知识的理解以及审视知识观念有利于澄清教师潜意识中的知识观念，为形成教师教学智慧，提升教学质量提供思想上的支撑，从而助力教师专业发展。与知识观相对应的是教师对知识的管理，知识管理主要包含获取、储存、分享、创新与应用知识等几个方面，教师的知识管理有助于建立个人专业知识体系，持续性地学习与捕捉专业知识资源，提高工作效率，增强个人竞争力，从而进一步实现教师向更高的专业层次成长。

(2) 教师的专业理想

专业理想是指教师在教育教学实践中形成的自觉履行各种教育教学职责的使命感、责任感、自觉意识和情感体验以及对自身教育教学行为进行调控和评价的能力等。在教育教学活动中，当教师怀着崇高的服务社会的理想和强烈的责任心履行教师的职责，将学生的成长进步、推动社会发展与自己的教育事业融为一体时，教师才能真正领悟教育含义的真谛，把自己视为能够独立判断和正确决策的教育工作者、教学活动的反思者和研究者，才能从内心认真地反思与总结在教育教学活动中的经验与教训。因此，专业理想是教师专业发展的精神支柱，持有专业理想的教师会自觉主动地将反思与研究作为自己的一种生活方式和生存智慧，使之成为教师专业发展的内在需求。

"中国好人榜"入选者、安顺平坝区乡村教师杨德富：
用理想点亮孩子的成长之路

在孩子们眼中，杨德富是老师也是"爸爸"。

"如果没有继续当老师，我恐怕已经死在了绝望里。"23年前的那晚，安顺平坝区乐平镇补陇小学教师杨德富不忍回首。

1996年6月23日这天，学生家长和前去家访的杨德富聊完天已是晚上十点，杨德富摸黑在崎岖的山路上行走，不慎踩滑摔下山崖。被路人送到医院后，清醒时，杨德富因第四胸椎摔伤导致高位截瘫。"要做好永远下不来床的心理准备。"医生把这个残酷的信息传达给杨德富。然而，本来可以申请办理退休手续的杨德富，硬是凭着坚韧的毅力，克服病痛以及行动上的种种不便，拄着双拐，重返三尺讲台，在

---

① 徐继存. 论教学智慧及其养成 [J]. 西北师范大学学报（社会科学版），2001（1）：28–32.

大山深处坚守了30多年,他将理想信念的火种播撒在山里孩子的心田!2019年9月,杨德富入选"中国好人榜"。

回到讲台,强大的信念产生奇迹。

按照政策,时年35岁的杨德富在重伤后可以办理提前退休手续,妻子也希望他退休在家好好调养。"人还在,就是万幸。"妻子雷艳说。为了能够回去上课,杨德富找各种理由和家人"谈判"。回去上课,怎么上?杨德富想了很多:"实在不行就把我的病房当成课堂,我躺着给他们上。"在病床上,杨德富做了很多永远站不起来后怎么继续教书的设想。"我时常幻想乘着一艘小船,到周围都是芦苇的河流,在白鹭轻飞中,故作姿态地写诗。我时常幻想,我健步如飞地踩着铃声走进教室,午间和孩子们踢踢毽子。"杨德富躺在床上嘴里念着这几句诗。或许正是"回去教书"这一强大的信念支撑,杨德富的病情逐渐好转。从只能躺着,到可以坐,再到挂着拐棍,慢慢扶着桌子练习行走。只花了一年时间,他离开了病房!医生们用"奇迹"来形容杨德富的恢复站立。

三尺讲台,播种理想火种。

身体稍稍恢复后,杨德富如愿以偿回到讲台。看着一瘸一拐、手脚相当不灵活的老师在黑板上用力地书写,学生们上课都很认真。从1981年读完师范中专被分配到补陇小学至今,杨德富教过多少学生,有多少学生考上大学,他已记不清楚。"走出大山的,很多都不会再回来了。小学老师就是这样的,把一波波人送走后,来不及兴奋,又回过头接着带下一波。"杨德富真诚地诉说,他守在乡村,就是为了送走更多的孩子,去见世面,干大事。"他就是一粒种子,深深地把爱心、理想植入孩子们的心田。"原补陇小学校长杨忠勇说。虽然能站着上课了,但是病痛也给生活上带来不少尴尬。由于下肢毫无知觉,尿失禁是时常会发生的事,想上厕所时,就必须立刻解决。学校为了照顾杨德富,把他的宿舍和上课教室都安排在了离厕所最近的地方。村里留守儿童多。午间,他就把跟不上学习进度的孩子叫来屋里补习。放学,他会挂着拐棍去田里"捉"一些不爱写作业的学生;半夜,他把高烧的学生送到镇中心医院就诊,自己垫钱给交不起学费的学生交费,用嘴帮被马蜂扎到的学生吸毒液……这些琐事在杨德富的教书生活里,已经是一种常态。虽然孩子们有时很顽皮,杨老师的一点一滴的付出,同学们看在眼里,记在心上。"杨老师就像我的爸爸,还像我的妈妈。"二年级的严学琼在作业本上写下这样的话。

展望未来,还是想在最艰苦的地方。

随着全省脱贫攻坚工作的深入开展,补陇村也在巨变。经地质部门勘查,补陇村被定为地质灾害点。按照国家的政策,村民易地搬迁安置到乐平镇定居,过上了新的生活,补陇小学也被合并到乐平镇中心小学。今年,1个校长、3个老师、7个孩子全部进入镇中心小学,多媒体教室和优美的环境让孩子们有了更好的学习条件。为了适应改变,58岁的杨德富主动学习多媒体课件。"他是我们学校第一批掌握班班通系统的老师,也是同学们最爱戴的一个老师。"乐平镇中心小学副校长郑振云对村里来的这位老师刮目相看,赞叹不已。为了照顾杨德富,学校还是把他的宿舍安排在了离厕所最近的地方。9月6日，记者来到杨德富的宿舍，一张床、几个茶杯、一摞书，干净而简陋。正好是午饭时间，从补陇小学转来的3个孩子自发给杨老师打饭、端水。今年教师节前，平坝区教育局的领导专程来看杨德富。当问到杨老师还有什么需求时，他毫不犹豫地说："我还是想回村里去教书。我已经打听过了，本固村的那个教学点，教室离厕所近，我就去本固村吧。"

杨德富从未放弃心中的理想信念，他源自内心的力量，点亮着孩子们的成长之路。

——摘自《贵州日报》作者：靖晓燕 邓铖洁

（3）成就动机

成就动机是指人们追求卓越、力求成功过程中的一种内驱力，在此可以解释为教师在教育教学工作与专业成长中的动机。该理论最早是由美国哈佛大学心理学教授麦克利兰提出的一种激励理论，他认为，成就动机能够激发教师的成就感与接受挑战的积极性，能够萌发进取精神，对教师的教育教学行为产生重要影响。[①] 拥有较高成就动机的教师主要表现为：在自己不断取得成就时而感到满足，在实际工作中能够及时调整策略以适应不同的任务，在处理各种问题时拥有个人担当，期待他人对自己的成绩给予肯定的评价等。因此，拥有高度内在成就动机的教师能够想方设法利用所有可以利用的资源主动寻求自身专业成长。

2.影响教师专业发展的客观因素

教师专业发展离不开客观因素的影响，客观因素与前文提到的影响教师专业发展的外部因素有较高的一致性，它为教师的专业成长提供依托和条件，教师专业发展只有在良好的客观外部环境中才能得以有效进行。

（1）学校的管理

教师所在学校的领导与管理方式在一定程度上能够影响教师专业发展的效率与质量。第一，学校要给予教师充分的信任。信任是教师专业发展的催化剂，也是教师成长的精神动力，如果学校不能给予教师足够的信任，对教师的发展潜能产生怀疑，将使教师没有足够的信心胜任教育教学工作，打击教师专业发展的积极性，教师只有在与学校之间建立了相互信任的基础上，不断充实提高自己，完善重塑自我，才能使自身专业水平得到不断发展。第二，学校要给予教师一定的奖励与鼓励。教师群体是有知识、有思想、有个性的职业群体，他们拥有较高的自尊心与荣誉感，在繁重的教学工作与生活中，学校要在管理中善于发现每位教师的优点和长处，及时适时地给予赞扬和鼓励，使教师感受到自己的存在感，增强自信心以及对于学校

---

① 冯维. 现代教育心理学 [M]. 重庆：西南大学出版社，2005：219.

的认可度，主动张扬个性，扬长避短，实现自身的专业成长。第三，学校管理中要体现宽容与包容。学校对教师提出较高的标准与严格的要求是利于教师专业发展的，但同时对于教师存在的缺点与不足，也要给予谅解与包容。宽容与包容有时是一种促进教师专业发展的重要方法，最大限度地给教师理解和宽容，留给教师充分反思的机会，改正缺点与错误的空间，能够使其以更积极的态度谋求专业成长。

（2）教师合作形式

教师合作强调教师专业发展的互动性及学校合作文化的建设。20世纪70年代，联合国教科文组织编写的《学会生存——教育世界的今天和明天》指出，现代教师的职责越来越少地传递知识，而越来越多地激励思考；教师必须集中更多的时间和精力从事那些有效果的和有创造性的活动，互相了解、影响、鼓舞。[①] 当前，由于受到客观因素的影响，教师学习合作过程中过于强调统一规格和标准，这种情况是不利于教师专业发展的。针对这种情况，我们需要把过于强调教学规范和标准的教师合作形式转化为以教师专业发展为核心、激发教师教学创新能力与动力的教师合作组织形式，在教师之间形成内在凝聚力和向心力，通过在合作团队中讨论、示范、研究、质疑和评价等方式，推动学校整体教学质量的提高，最大限度地满足教师专业发展的需要。

（3）组织文化

学校的组织文化包含物质文化、精神文化、制度文化、观念文化和行为文化等，是学校组织的整体状况的综合反映。物质文化是教师开展专业活动的物质基础与基本条件，直接影响教师的工作方式和活动形式。例如，教室、图书馆、实验室等基础设施会影响师生间的交往与活动，进而影响教师的专业成长。精神文化是教师的精神状态、精神生活和精神本质的集合，是教师精神本质属性的体现。制度文化包括学校的各类规章制度、行为规范、校规校纪、校园传统等，它们是对教师日常工作行为、职业情感、精神风貌、生活态度等方面的规定。观念文化主要包括思想意识和价值观念以及校风、教风、学风等，它们从不同角度影响着教师各种思想观念的形成。行为文化是指教师在教育教学活动中所形成的促进精神文明及社会发展的教育经验与创造性教学活动。这些学校的组织文化因素共同作用，对教师专业发展产生着直接的影响作用。

三、利用影响因素促进教师专业发展

从上文对影响教师专业发展因素的分类中可以看出，为准确把握并科学地利用各种影响因素促进专业发展，我们需要关注教师所处的专业发展的阶段（如师范教

---

① 李瑾瑜，柳德玉等. 课程改革与教师角色转换 [M]. 北京：中国人事出版社，2003.

育前阶段、师范教育阶段、在职阶段等），不同的影响因素在教师成长的不同阶段所起的作用有所变化，所以，不同阶段中影响因素是如何发挥作用，不同的阶段会遇到哪些挑战，怎样利用各种机遇促进自身的专业发展，而回答这些问题对于教师自身成长而言，颇具现实意义。

在职前师范教育阶段，对受教育者来说，至少面临三个方面的挑战：一是"学艺旁观"。这一挑战是指受教育者进入师范教育前，已经在接受基础教育时期形成了十年以上的学习经历，对什么是教师的"教"和什么是学生的"学"已经形成了独到的直观认识与见解。二是"躬身践行"。这一挑战是指作为有志于从事教师职业的受教育者，不仅要懂得如何"像教师一样思考"，而且要将这类思考付诸行动，真正地像教师一样行动起来。三是"错综复杂"。这一挑战是指教师要做好理解课堂复杂多变的心理准备，而且要求随机应变、及时调整，这是更高层次的学习目标。因此，面对这些挑战，受教育者需要在职前学习阶段完成这些方面的练习，掌握相关的能力与技巧。

在职阶段，教师要善于从实践中捕捉资源，在实践中获得认知，发挥各影响因素对教师专业发展的积极作用。教师的实践性知识是教师专业发展的主要知识基础，它支配着教师日常教育教学行为，成为从事教育教学工作的重要保障。从教师对实践性知识的认识程度划分，此类知识一般可分为三类：一是可言传的知识，二是可意会但不可言传的知识，三是无意识的隐性知识。第一类知识多指教师对相关理论知识的阐释，易于用语言来表达，而后两类知识多来自教师的个人实践经验。因此，"教师的实践智慧主要指教师在教育教学实践中，基于善的教育价值追求，对教育教学工作的规律性把握、创造性驾驭、深刻洞悉、深度思考、敏锐的感悟与反应以及灵活机智应对的综合能力"；"教师通过对具体的教学情境和教学事件的关注和反思，将感性的、表面化的经验提升，就可使其上升为自身的实践智慧"[①]。由此我们可以看出，职后教师专业发展要从教师的实践性知识中练就出实践智慧，使这种智慧在专业成长中发挥基础性的作用。

因此，为合理地、充分地、科学地利用各种影响因素促进教师的专业发展，要求按照教师专业素质结构的内容，在职前、职后阶段中不断培养认知能力与实践智慧，善于抓住利于专业成长的任何资源，自觉反思、体验与感悟教学实践过程，拓展专业发展的空间，切实谋求自身的快速成长。

本章小结

教师专业发展是教师职业生涯中的内在需求，是教师根据专业标准要求，结合个人实际状态，利用各类促进专业发展的影响因素与资源，不断更新、提高与发展教师专业素质，使教师成为熟练的专业人员的整个过程，具有主动性、持续性和复

---

① 赵瑞清，范国睿. 实践智慧与教师专业发展［J］. 教育导刊，2006（07）：7-9.

杂性等特征。教师按照连续性原则、发展性原则和系统化原则，不断实现教师的专业化。教师专业发展能够使教师坚守职业道德，树立专业理想，体现教师的生命价值，它能够促使教师不断开展教学研究，在教学中自觉开展实践与反思，认同教师职业，与同行构建合作学习圈。在教师的专业成长中，需要从专业知识、专业能力与专业情意等三个方面逐步走向成熟，这三个方面共同构成教师专业素质结构的主要内容。影响教师专业发展的因素可以从三个方面进行划分，即内部因素与外部因素、职前因素与职后因素、主观因素与客观因素，为更好地利用各种影响因素促进教师专业发展，教师需要准确把握自身所处的专业发展阶段，根据不同阶段特征，科学合理地利用各类影响因素与资源，为实现专业发展目标而努力。

思考题

1. 教师专业发展应从哪些方面进行考察？
2. 教师应该树立怎样的教育理念？
3. 教师专业发展如何体现教师的生命价值？
4. 教师的专业知识包括哪些方面？
5. 教师应该如何提升教学效能感？
6. 影响教师专业发展的内部因素有哪些？你认为最重要的影响因素是什么？

参考文献

[1] 胡惠闵，王建军. 教师专业发展 [M]. 上海：华东师范大学出版社，2014.
[2] 朱旭东. 教师专业发展理论研究 [M]. 北京：北京师范大学出版社，2011.
[3] 王帅. 教师专业发展：标准、内容与向度 [M]. 北京：科学出版社，2020.
[4] 查晓虎. 教师专业发展：路径与策略 [M]. 合肥：安徽师范大学出版社，2018.
[5] 赵昌木. 教师专业发展 [M]. 济南：山东人民出版社，2011.
[6] 马秀麟. 信息时代教师的专业发展 [M]. 北京：北京师范大学出版社，2017.
[7] 国家教师网. http://teacher.oucnet.cn/.
[8] 上海师范大学教师发展中心. http://fpdc.shnu.edu.cn/.

第三章　教师职业道德与专业发展的逻辑关系

〔本章提要〕

谈论教师职业道德与专业发展的逻辑关系是应有之义。这一章的内容既是对前面两章内容的回顾与升华，也为后面章节的内容做了铺垫。职业道德是专业发展的前提和基础，只有教师的职业道德走在了前面，才可以继续专业发展。本章节将会明确职业道德与专业发展的关系，使学生认识到职业道德对专业发展有促进作用，以及如何利用职业道德促进学生的发展。

〔学习目标〕

1. 通过教育家的故事理解教师职业道德对专业发展的促进作用。
2. 自主建构教师职业道德与专业发展的关系。
3. 树立提升个人道德水平的信念。

〔知识导图〕

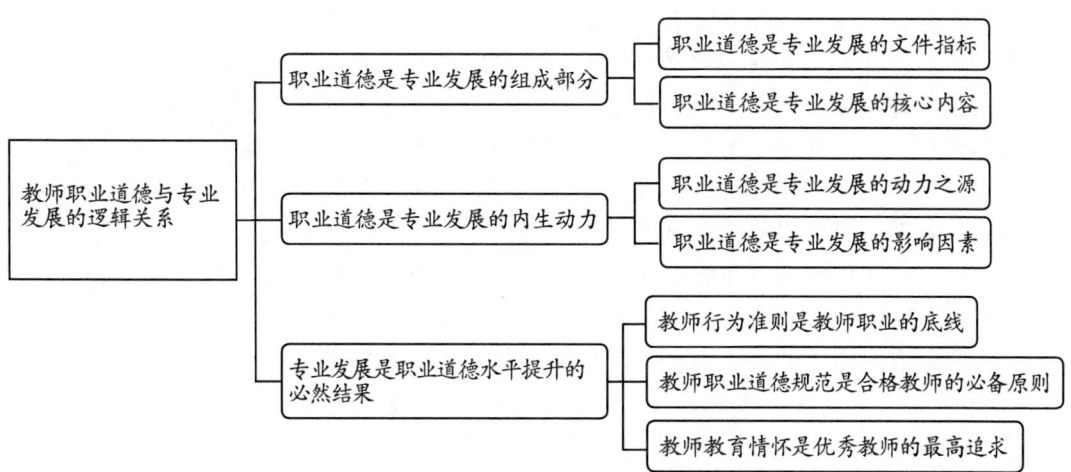

第一节　职业道德是专业发展的组成部分

教师职业道德作为社会道德的重要组成部分,是社会对教师职业在道德方面的具体要求与期待,反映了社会对教师发展的要求。职业道德作为专业发展的组成部分,蕴含了教师的基本教育教学理念、学生观、教师观,体现了教师基本教育教学态度、情感与工作作风,是教师教育教学行为的基本准则和行动指南。正如苏联教育家苏霍姆林斯基所言:教育者的崇高道德品质是教育获得成功的最重要的前提。

教师发展就是一个教师不断习得教师角色和社会期待、由不成熟到成熟的动态过程,它包括知识、技能、师德内容的成长,其中师德的成长是教师发展的灵魂,在整个教师发展中起着指引性、精神性的作用。

职业道德是专业发展不可或缺的组成部分,职业道德既是专业发展的文件指标,又是专业发展的核心内容。

一、职业道德是专业发展的文件指标

《中学教师专业标准(试行)》(以下简称《标准》)是我国中学教师队伍专业化建设的一个重要文件,它明确提出中学教师应具备的基本理念为"师德为先、学生为本、能力为重、终身学习"。其具体内容包括三个维度,分别是"专业理念与师德"、"专业知识"、"专业能力"。其中,"专业理念与师德"是中学教师专业素养的核心组成部分,这一部分从教师对待职业、对待学生、对待教育教学和对待自身发展四个方面确定了"职业理解与认识"、"对学生的态度与行为"、"教育教学的态度和行为"和"个人修养与行为"四个领域的教师职业道德要求。《标准》从四个领域提出的中学教师职业道德规范的内容将师德规范与教师的教育理念、教育情感和教育行为相结合,使师德可以从崇高走向朴素,使师德教育从理想化状态转变为现实要求,将师德养成孕育于教师专业化的过程之中。例如,《标准》中讲到,教师要"尊重中学生独立人格,维护中学生合法权益,平等对待每一位中学生。不讽刺、挖苦、歧视中学生,不体罚或变相体罚中学生",就是将师德规范与教育行为相结合,如果教师歧视、侮辱学生,虐待、伤害学生,按照《中小学教师违反职业道德行为处理办法(2018年修订)》,应对教师违反这一职业道德的行为进行处理。

教师只有具备专业的教育素养、正确的学生观,才能真正做到关心、爱护、尊重、保护学生。《标准》是教师专业发展的依据,而《标准》中对教师职业道德的规定又是专业发展的先行准则,教师职业道德的规范化会促进教师这一职业的专业化。

二、职业道德是专业发展的核心内容

在我国,许多学者对教师发展进行了研究,人们对教师发展的认识已基本达成了共识:在教师职业专业化的背景下,教师发展即教师专业发展,是教师由非专业人员向专业人员的发展,其中心是教师的专业成长,是教师内在的专业结构不断更新、演进和丰富的过程。

然而,由于受传统教育观念的影响,人们在实践中对教师专业发展内涵的理解却存在着不同程度的偏失。传统观念认为,学者即良师,教师只是知识的传递者,只要有知识、有学问就可以做教师。因此在对教师专业的理解上,人们往往以学科的专业性遮蔽了教师职业的专业性,即使认识到了职业的专业性,强调要通过教育类(师范性)课程来实现这种专业性,也往往局限于教育学、心理学公共课,大多忽视了教师专业伦理在教师专业发展中的重要地位。檀传宝等学者在中国高等师范教育体制改革研究报告中提出了教育类课程改革的很好的建议:教育类课程应包括教育基础性课程、教育技能性课程、教育文化类课程及教育实践类课程等不同部分。

其中,教育技能性课程的重要课程之一就是《教师伦理学》。教育不仅要有真理的力量,而且要有人格的力量。教师是人类灵魂的工程师,教师教育的专业性内含着思想性和道德性。

一种职业的专业化发展必须要有职业道德的规范和提升,否则很难实现真正的专业发展。对于一个教师来说,即使拥有良好的专业知识和高超的教学技能,但如果没有赢得家长及社会对其服务质量的高度信任和尊重,没有家长及社会信得过的职业道德及专业情感,仍不能称之为专业教师。由此可见,教师职业道德是教师专业发展的核心内容,教师的职业道德素质的养成可以为教师的专业发展道路提供很好的前提和基础。

第二节 职业道德是专业发展的内生动力

纪录片《教师:生命与使命同行》讲述的是于漪老师的教育经历与思想,令人深受感动。2019年于漪老师又被授予"人民教育家"这一国家荣誉。在深入了解于漪老师之后,我们感叹于她对教育的深度热爱、对学生视若儿女的关切、对教学的痴迷、对教师生命成长的探索。所有故事背后是于漪老师高尚的师德。

于漪的教育经历

于漪经常感慨,自己遇到了太多的好老师,对自己产生了巨大的影响,这些影响有些是一件刻骨铭心的事件,有些则是浸润身心的言传身教。

自打从教那天起，于漪就有明确的使命追求。母校江苏省镇江中学的校训"一切为民族"伴随她终身。"求学为什么？从愚昧走向文明，就要立志为解救苦难的民族于水深火热之中……"当年老师激昂的话语引导着于漪的人生追求："'一切为民族'这五个大字掷地铿锵，镌刻在我心中，成为我铸造师魂的基因。"

她念兹在兹的是民族复兴、国家富强："过去，正是我们民族的奋斗精神与无数先贤的奉献牺牲，才有中国人民站起来的新中国；今天，祖国的繁荣和民族的振兴依然需要我们每一个人全身心地投入与付出。作为中华儿女，我深感自己肩负的历史责任，天下兴亡，匹夫有责。"

崇高的信仰，推动着于漪一步一步攀登上教育的"珠穆朗玛"。生活是信仰的重要源泉。生于1929年的于漪，早年饱受艰辛。"国家被侵略，遭灾难，普通老百姓家同样遭殃，受罪，童年快乐美好的生活被炮火打得烟消云散。社会现实的教育历历在目，难以忘怀。"爱党爱国，为民族振兴而不懈奋斗，早已成为她的精神基因。炮火连天中，于漪辗转求学：先是以优异成绩考入江苏教育学院附属师范学校；一年后因学校调整，再考入省立淮安中学；读了一个学期，淮安中学搬迁，又考入刚刚复校的镇江中学。初中教国文的黄老师，每堂课都全身心投入，走进教材与文中的人同悲同喜，身历其境，自己感动，然后再向学生放射文字波、情感波，他的课堂深深感动了于漪。高中数学毛老师，不但教给了于漪严密的逻辑思维，而且教会了她严谨的做人道理。一次数学期中考，同桌的女同学要于漪帮帮忙，免得再不及格。同学之间讲义气，考试时于漪把一道题的解法写在纸条上递给她时，被毛老师发现了，他一把抓走了纸条。试卷发下来，她俩都是零分。"谁知毛老师还不罢休，把我找去说了一顿。有几句至今我还记得：'你这是帮助同学吗？歪门邪道。她有困难，不懂，你可以跟她一起学，讲给她听，还可来问我。用这种投机取巧不诚实的方法，不是帮她，是害她。你好好想想。'离开办公室时，他又加了一句：'学习和做人一样，老老实实，懂吗？'"这件事于漪刻骨铭心："从此，我做任何事情都要想一想：是否'老老实实'？是否想'投机取巧'？"

上了复旦大学，于漪碰到了许多"大先生"。一年级国文老师是方令孺教授，课堂上旁征博引，信手拈来，"引导我们超越阅读的具体文章，认识世事，了解人情，视野一下子拓宽了"。教世界教育史的曹孚教授，上课时，"手无片纸，口若悬河，各个国家教育的发生、发展、特点、利弊，讲得具体生动、有理有据，似乎他在那些国家办过教育一般"。

这些老师，言传身教，为于漪树立起一个个求学、做人、教书的标杆，激发了她人生使命和教育信仰的形成。没有对民族文化的血肉亲情，就难有"为中华民族而教"的高度自觉的教育信仰。于漪说，"对自己的母语不热爱，很难有浓烈的民族情、爱国情"；"一个中国人，特别是求学的学生，对自己的母语应该有一种血肉亲情"。是的，人生使命、教育信仰，也必须建基于文化自觉之上。古典诗词是走进中国文化世界的重要途径。当年，有一本别人看不上眼的石印本《千家诗》，于漪爱不释手。她说通过读这本诗集，自己领略了家乡山山水水的非凡美丽、祖国大地山川的气象万千。但仅凭古典诗词，尤其是仅凭个人的兴趣爱好读书，是难以系统性地把握中华文化精髓的。走进中华文化深处的那扇门在哪里？

中国作家中，于漪最喜欢鲁迅。偶然间，她听说鲁迅为青年学生开过一张必读书单。她想办法了解到了这张书单，其中列了《唐诗纪事》、《全上古三代秦汉三国六朝文》等12种书。"这是一张很有见地很精到的书目单，教你读书要知门径，全局在胸，轻重得体，领会人物的精神风貌。这张书目单让我领会到读书与做人一样：要识大体，知先后，知人论世，知世论人。"于漪说，这12种书她"并未一一读"，常读一读的是《世说新语》，常翻一翻的是《四库全书简明目录》。这样对中国文学、中华文化就算入"门"了。但这还不够，要让文化与自己的身心打成一片，则"必须专心致志地研读几部大作家的著作，随着他们的人生足迹走一遍，才能真正领会他们的心路历程，领会他们生命的光辉"。为此，于漪先后通读了辛弃疾、杜甫和陶渊明三位大家的著作，"深深进入他们的精神世界"。

同时，为提高思想认识水平，她还读了许多思想哲学方面的书。不但读，她还提倡背一点经典："今天，我们要初步具备中华文化修养，粗知义理，从小应背哪些书呢？我想应该是构成中华文化不朽的原典。"她列了三本书：《论语》、《中庸》、《老子》。不但要读和背，而且要"力行"。她说，读经典要做到把自己的"思想活体"放进去，从而获得生命的力量。这就超越了一般的文学欣赏、文化研究，而进入以文学文化滋养生命、丰富生命、提升生命的境界。教育信仰由此而坚定，而纯粹！

于漪对教育的痴迷

1986年，著名语言学家张志公阅读于漪《学海探珠》手稿，拍案赞叹："于漪教书简直教得着魔了！""着魔了"三个字，道尽了于漪如痴如醉的教育人生。

过了"而立之年"，于漪从历史改行教语文。"b、p、m、f不认识，汉语语法没学过"，语文教学的大门在哪里？"基础教育做的是地底下的工作，打做人的基础，没有什么惊人之笔，但是它关系到国家的千秋万代，关系到学生的青春。一个孩子只有一个青春啊！"于漪告诫自己，无论如何不能误人子弟。她每天晚上9点以前工作，9点以后学习，两三年下来，把中学语文教师该具备的语法、修辞、逻辑知识，该具备的文、史、哲知识，该了解的中外名家名著过了一遍。她还立下规矩，不抄教学参考书，不吃别人嚼过的馍；独立钻研，力求自己先懂，再教学生，绝不以其昏昏，使人昭昭。

但课堂的化境哪能轻易抵达？为了向习惯"开刀"，于漪"以死求活"。她把上课的每句话都写下来，先修改，背下来，再口语化。每天到学校的路上，就把上课的内容"过电影"，在脑子里放一遍……她要让自己的语言变成蜜，黏住学生；要把每一节课都当成一件艺术品，去精心琢磨。多年的积累，在1977年的《海燕》电视直播教学中得以爆发。上海万人空巷，人们纷纷守在电视机旁，争睹她上课的风采。时人评价：这哪是在上课，分明是于漪用生命在歌唱！

1978年，于漪成为上海市首批特级教师。他人击掌相贺，于漪却"深感惶恐"。她随身备着两把尺子，一把量己之短，一把量人之长，越量越找到自己的不足，越比越觉得自己有向前奔跑的动力。她更加勤奋学习，学习的深度、高度、广度早已超越学科圈子。她更加努力实践，在教学第一线摸爬滚打，从20世纪70年代末到80年代后期，上了近2000节公开课。更难得的是，于漪的课从来不重复，即使是同一篇课文教第二、第三遍，也绝不重复。一个学生曾对她说："于老师，你的课我很喜欢听，但是我自己没有学会。"这句话于漪琢磨了很多年，上的课不能随着声波消失就销声匿迹，要教到学生心中，成为他们素质的一部分。"就是这样一句话，促使我一直在研究课堂教学如何突破原来的框框。"

在于漪的教育生涯中，她带过许多"乱班乱年级"，她喻之为"考问感情与责任"的难题："生命本来没有名字，没有高低贵贱之分，坏习气不是胎里带出来的，我做教师的责任是帮助他们洗刷污垢，要像对其他同学一样满腔热情满腔爱。"

班里有一位女同学，与同学打架，于漪批评她：你又不是"十三点"（骂人的话），说完后于漪很后悔，觉着对学生很不尊重，很郑重地道了歉。她说："做老师，必须有宽广的胸怀，要包容各种各样的学生，这个包容不是居高临下的，体会他的情感与想法，这样才会有共同的语言。"

学校把一名屡次逃学、偷窃、打群架的学生放到于漪带的班级。这名学生与父亲争执被打后离家出走。于漪焦急万分，与几名学生找了他一天。找到后，怎么办？送他回家，只有两个可能，一是再逃走，一是旧毛病复发，依然故我。带他回自己家，他会偷，怎么办？一想到这里，于漪立刻自责起来："对他有如此的戒心，缺少起码的信任，还谈什么教育什么爱护？"感情上的事来不得半点虚假。教师对学生是全心全意、半心半意，还是三心二意，学生心知肚明。于漪把这名学生接到家里，于漪上班，他上学。学校放学，他跟着于漪回家做作业。于漪以心换心，以情激情，以理疏导。经过多次"拉锯战"，这名学生逐步安静下来，走上正道。后来，于漪生了一场重病，住院治疗。这名学生已经工作，探望时看到于漪打吊针，哽咽地说："于老师，你不能死啊……"他没有什么生动的语言，反反复复地说着这句话。于漪很感动："我的学生不一定是最优秀的，但他们都是家庭的宝贝、国家的宝贝，我当教师，要把他们当宝贝一样来教育。不求他们能显赫，但一定要成为社会的好公民，服务国家，服务人民。"于漪的成长总是与破解、攻克各种各样的问题形影相随。

于漪担任上海市第二师范学校的校长时。教师上班稀稀拉拉，迟到是常事；有的师生涂脂抹粉，心思不在教与学，赌博、酗酒的情况也时有发生……"学校是育人的神圣殿堂，理应是一方净土，摒弃邪恶、污浊和庸俗，播撒做人的良种。"于漪决定恢复坐班制，学校教职工必须准时上下班。面对时尚潮流的影响，她组织师生围绕"什么是当代师范生真正的美"等开展专题讨论，在畅所欲言的基础上达成共识：社会上流行的，学校也不一定都提倡；学校风气如果降低到社会的一般水平，那是教育的失败。学生不爱惜粮食，泔水缸里的剩饭剩菜溢得满地。于漪气急了，到伙房里拿了个脸盆，用手把一个个包子、大块大块的饭捞起来，到一个个教室去讲："任何人都不能暴殄天物，这是素质问题、品德问题……"事后，学生在周记里写道："我从来没见过于漪校长如此激动，我们不好，不懂事，浪费粮食的行为可耻，以后要注意节约。""一身正气，为人师表"逐渐成为全校师生的精神支柱。焕发新颜的上海市第二师范学校吸引了来自上海各区县优秀的初中生报考，为上海市的基础教育培养了大批人才。

——《人民教育家于漪》（《中国教育报》2019年11月04日第1版）、纪录片《教师：生命与使命同行》

通过了解于漪老师的教育故事，发现于漪老师真正地做到了"选择了当教师，就选择了高尚"。于漪老师的专业成长历程不是一帆风顺的，在专业发展过程中始终坚持教师专业发展首先是职业道德的培养和发展，教师的专业发展就是要培养和增强教师教书育人的责任感和使命感。研究于漪，学习于漪，做于漪式的教师，是教师专业发展的方向。

教师职业道德对专业发展有重要意义，因为职业道德是专业发展的内生动力。内部动力是教师工作积极性高低的决定因素，外部动力只有转化为内部动力，才能对教师的执教行为起积极的推动作用。

职业道德是专业发展的基础，是职业道德区别于其他影响因素的内在本质，是专业发展的源泉和动力，它决定着专业发展的水平。

一、职业道德是专业发展的动力之源

教师职业道德水平的提升过程就是一个由他律到自律、从"要我发展"到"我要发展"的深度转化过程。在教师职业道德发展初期主要是由社会对教师职业提出某种道德方面的要求与期待，并希望教师逐渐达到这种外在的期待与要求，无论教师愿意与否都必须遵循这种职业道德要求，否则就要受到相应的谴责或制裁。随着教师对职业道德认识与理解的不断深化，也会逐渐形成对职业道德的价值认同，进而把职业道德内化成自身生命发展与职业成长的需求。教师职业道德规范与要求就由一种外在的东西转变为教师生命成长与专业发展的内在生命需求。教师专业发展由最初教师职业道德的外在推动变成一种内在生命完善的激发，它不再是教师必须完成的某种外在任务，而是教师自我提升的内在需求。教师专业发展成为一种教师在职业道德引领下自我批判、自我反思、自我完善、自我提升、自我超越的一个内在化的过程。

教师职业道德作为专业发展的动力之源，其水平的提升过程就是一个教师对教育教学认识与理解不断深化的过程，是一个教师生命需求不断被激发的过程，也是教师教育情感与责任感增强的过程。教师良好的职业道德能够激发教师对教育事业的热爱，会使教师积极主动地应对工作，提升自身素养，在工作中获得精神的愉悦，还能让教师的职业生命永葆活力，为专业发展提供内外动力。相反地，教师如果没有良好的职业道德，就会满足现状，不能主动提升自己，专业发展就会受到阻碍。从根本上看，教师职业道德使教师发展由外力推动逐渐转变为教师的内在驱动，为教师发展提供了强大的、具有生命活力和朝气的动力源泉。

二、职业道德是专业发展的影响因素

教师职业道德是教师从教的根本素养，当一名教师具有良好的职业道德素养时，才能通过教学活动将我国的优良传统以及正确的、积极向上的道德品质与道德规范传授给自己的学生。已有学者指出："师德是隐含于教师的专业能力之中，体现在教师的教育教学过程之中，并通过教师的实践智慧呈现出来的。"

教师职业道德的好坏直接影响教师专业发展。从教师职业道德培育与形成的过程来看，教师一旦树立了思想意志和道德情操，就会在内心深处形成持久的内部动力，对教师的专业发展产生持久的能动性，从而在思想上以积极的态度提升自身的专业水平和业务能力。

教师专业发展的根本动力不是来自外部的规约，而是源自心灵的内驱力，即教师对生命感悟、激情和创造等内在的因素。而这些内在因素的激活需要教师职业道德作为动力支持。职业道德是教师专业发展的内部影响因素，职业道德对专业发展的影响不容忽视。如果教师对工作缺乏热情，课前不备课，教案多年不变，很少与学生沟通，对差生更是不理不睬；或者是从教不廉，缺乏爱心，过重体罚学生，教育乱收费等现象屡见不鲜，屡禁不止，把教师职责范围内应尽的教育教学义务变成完全意义上的"有偿服务"等等。教师的职业道德问题不仅严重破坏了教师在学生心目中的形象，也增强了对学生身心方面的负面影响，增强了学生对某些不良社会现象的负面理解，如过分注重权利、金钱等。同时，也使教师不能安心从教，教师专业发展更是无从谈起。

第三节　专业发展是职业道德的必然结果

职业道德不同层次的内容对教师专业发展的价值和作用不同，教师专业发展的不同阶段对职业道德的要求也不同。教师职业道德包括教师行为准则、教师职业道德规范、教育情怀三方面的内容，对应教师职业道德水平低、中、高三个不同的层次。教师行为准则作为最低层次要求，是对一名教师的最基本要求，作为一名教师不仅要遵守作为公民的准则，还应该履行作为教师的职责和义务。而教师职业道德规范是站在道德操守的角度上对教师提出要求，弘扬高尚师德。教育情怀是教师的自我约束，无须外在的规范，是自己发自内心对教师事业的认可，是走向名师所应具备的要素之一。

刘贞华认为教师职业道德发展有三个维度——教育法律约束、专业伦理规范和教师道德自律，并且这三个维度在逻辑上呈现出不同的"强—弱"关联性。

本书将教师职业道德应包含的内容按照发展水平的高低层次，分为三个部分：教师职业底线的行为准则、合格教师的道德规范、优秀教师的教育情怀。其关系如图1所示。教师行为准则是教师职业的底线，职业道德规范是合格教师的必备原则，教育情怀是优秀教师的最高追求。不同层次的职业道德内嵌于专业发展，不同程度地推动专业发展，专业发展是职业道德水平提升带来的必然结果。

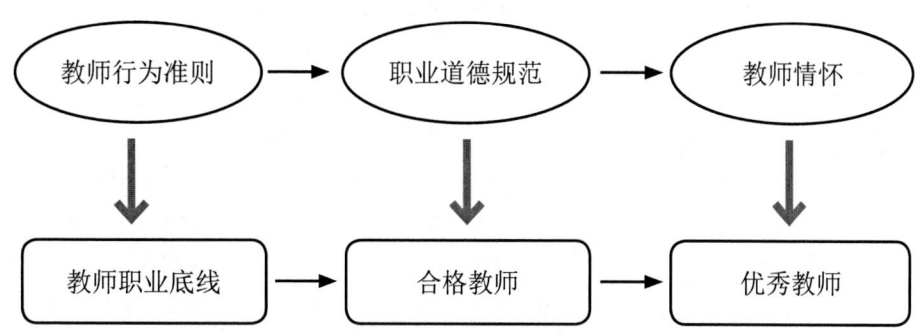

图1 教师职业道德水平与专业发展关系

一、教师行为准则是教师职业的底线

教师在实际工作岗位，应以教师职业行为十项准则为行动指南，规范自身的从教行为，加强个人师德的修炼，努力带动自身的专业发展。教师行为准则的出台是为了提高教师职业规范意识和底线意识；准则的落地促进教师在坚守底线的同时，做到专业化和职业化发展。行有行规，业有业德。为了保证教师正确履行职责使命，显然有必要对教师的职业行为进行严格规范和约束，十项准则是夯实教师职业道德的基础。教师是一种特殊行业，一言一行皆关乎育人，师者所系者重大也。准则中的每一条既提出正面倡导，又划定师德底线。以"不违法"的底线思维鞭策和"高标准"鼓励教师不断发展。

古人云："天下之事，不难于立法，而难于法之必行；不难于听言，而难于言之必效。"教师行为准则的颁布是有依据的，因为总有一些教师规则意识、自律意识不强，对自己要求不高，需要准则监督教师行为的规范性。"教育部要求，要把准则要求落实到招聘、聘用、考核等教师管理具体工作中，实行师德师范'一票否决'，对于有严重侵害学生行为的，一经查实，要撤销其所获荣誉、称号，依法依规撤销教师资格、解除教师职务、清楚教师队伍。"[①] 例如，在教育部日前曝光的第七批八起违

---

① 教师行为准则为教育坚守底线[J].教学管理与教育研究，2018（22）：127.

反教师职业行为十项准则案例之一中,河北省沧州市华北油田某学校教师曹某某收受学生家长礼品、礼金。① 曹某某先后收受学生家长海鲜、茶叶、水果等物品及现金1000元,曹某某的行为违反了《新时代中小学教师职业行为十项准则》第九款规定。根据《中国共产党纪律处分条例》、《事业单位工作人员处分暂行规定》、《中小学教师违反职业道德行为处理办法(2018年修订)》等相关规定,给予曹某某党内警告处分、行政记过处分。坚决惩处违规行为,为教师职业和教育坚守底线。

教师行为准则可以帮助教师树立正确的价值观,提升学习意识,锻炼实践行为。教师行为准则是基准线,是成为一名教师的准入门槛,教师要明确底线行为,规范自己的行为,确保教师行为准则的颁布取得实实在在的效果。

(一)树立正确的价值观

随着现代多元化外来价值观念的冲击,作为思想活跃的教师,极容易受到外来价值观念的影响,而教师是学生思想价值观念的培育者,学生是国家发展、社会进步的重要力量,教师要树立正确的价值观,正确的价值观是每个教师做好教育工作的先决条件,这是时代的要求,也是教师不断进取、赢得成功的力量所在。加强教师对社会主义核心价值观的认同,牢固树立和践行社会主义核心价值观尤为必要,应将其作为教师个人的行动指南,规范教师个人行为。

(二)提升学习意识

学习是提升个人学识水平最有效的方式,也是教师不断提高个人素质、不断更新知识储备的必由之路,使个人的专业技能走在科学的前沿,明确科学技术的发展阶段,利于开发和挖掘学生的潜力,推动科技进步、社会发展。首先,加强个人研究领域的学习。随时关注本学科的最新发展动态、先进的研究手段和教学方法,将个人所学习的新的内容进行筛选和组织,内化于心,外化于教学,引领学生走在学科的前沿,培养学生的学科素养,锻炼研究技能;其次,加强非研究学科领域知识的积累,很多知识体系不是单独独立的,而是与其他学科内容交叉、相辅相成的,教师的重要意义决定了其不能只知其一不知其二,而应该加强相关学科的学习,才能更好地把握本学科的内容,将学习内容网络化、系统化。

(三)锻炼实践行为

教师应该在教育教学过程中不断加强锻炼,以优秀教师为榜样,加强教育教学方法、讲授技巧的归纳总结,提高个人教学水平;在生活中与学生亦师亦友,加强交流,善于沟通,平等对待,以包容的心态对待学生,实现因材施教。

教师的实践行为基于对自身的客观认识和评价,对社会角色和社会地位的定位,

---

① 余俊杰.教育部曝光8起违反教师职业行为十项准则案例[N].新华每日电讯,2021-08-26(009).

教师作为太阳底下最光辉的职业，要正确处理好与学校和社会的关系，发挥好公民的模范作用和为人师表的示范引领作用。修炼个人师德，要实现自我悦纳，发挥自己的潜能，表现自己的才能，认识自己和完善自己，培养良好的习惯，实现从认识自我到跳出自我的过程。重视教师的榜样作用，积极主动地向学生做示范，以潜移默化的方式做到道德最高点的示范；要在尊重学生的基础上，关心关怀他们的成长，理解和包容学生的过失，重视与学生共同成长的价值。

二、教师职业道德规范是合格教师的必备原则

教师职业道德规范既有思想认识上的规范，也有实际行为的规范。教师职业道德规范中的思想行为是指教师职业道德价值观和职业道德思维方式。职业道德价值观是关于职业行为道德意义的看法。职业道德思维方式是根据一定的职业道德价值观对职业道德问题进行判断和评价的方式。教师职业道德规范中的思想行为是内隐的，具有抽象性或思想性，如"教书育人"、"终身学习"等。教师职业道德规范中的职业行为是教师在职业活动中可以直接采取的行为。这些行为是外显的、可以操作的，如在"爱岗敬业"的思想行为中要求教师"认真备课上课，认真批改作业，认真辅导学生"。思想行为是职业行为的基础，职业行为是思想行为的体现。

教师职业道德规范是在教师职业准则的基础之上对教师行业所做的特殊的道德要求，是一名合格教师的必备原则。在育人方面，教师始终扮演着重要的角色。角色要求是先于个人而存在的，教师要扮演好这个角色，除了享受规定的权利之外，还要履行相应的义务，即在思想行为和实践行为中高度契合职业道德规范的六条要求。"角色义务是作为角色必须履行的职责，权利则是作为角色完成义务所必需的权利与应得的利益。角色的权利与义务是统一的，没有无权利的义务，也没有无义务的权利"[1][2]。教师职业道德规范是从规范的维度对教师角色提出的要求，是中小学教师从事教育教学活动时应予遵循的行为规范和必备的品德，是对教师应以怎样的思想、感情、态度和操守去做好本职工作所作出的道义性规定。当一个人选择教师这个角色时，就要接受这个角色的要求，用职业道德规范指导自己履行好相关职责。

教师在职业活动中如何处理与国家、社会、教育事业、学生、职业劳动、个人发展这六条关系，是对一名教师是否是合格教师的考验，检验一名教师是否是合格教师，关键在于能否用《中小学教师职业道德规范》的六条原则作为处理六条关系的准则。

---

[1] 高兆明.社会失范论[M].南京：江苏人民出版社，2000：136-138.
[2] 高兆明.权利、义务关系考察的两个维度[J].首都师范大学学报（社会科学版），2007（04）：125-131.

（一）教师与国家社会

教师在处理与国家社会的关系时要把握爱国守法的基本原则。培养教师的民族、国家、家庭的角色意识和责任。教师代表着三方而非个人利益，三尺讲台绝非教师发表个人思想的场所。

（二）教师与教育事业

教师在处理与教育事业的关系时要把握爱岗敬业的基本原则。培养教师爱岗敬业的意识，珍惜成为教师的机会；教师的职业特点不能精准衡量工作绩效，教师要有不计个人名利得失的奉献精神；认真对待和处理学生的相关事情，不能因为忙、情绪不佳而敷衍学生。

（三）教师与学生

教师在处理与学生的关系时要把握关爱学生的基本原则。教师要学会公平关爱每个学生，在师生的组织或工作关系中，教师没有权利挑选学生，但学生有权利挑选教师；保护学生的安全，关心学生的健康，平时注意消除危害学生安全和伤害学生健康的因素；维护学生的权利，不得歧视后进生和残疾、弱智学生，不得侮辱、体罚或变相体罚学生，及时为学生排忧解难。

（四）教师与职业劳动

教师在处理与职业劳动的关系时要把握教书育人的基本原则。教师要树立全新的育人发展理念，培养与学生生存、生活、竞争、发展的综合素质和创新素质；树立没有教不好的学生的信念；多角度、多标准评价学生，引导学生扬长避短，帮助学生做好人生规划。

（五）教师与自己

教师在处理与自己的关系时要把握为人师表的基本原则。培养教师作风正派、为人师表的意识。加强思想品德，养成良好的工作作风；帮助教师学会塑造个人形象。从育人要求出发，根据自身的个性特点，合理设计个人教师形象；培养教师沟通能力，如与家长、同事的沟通；培养廉洁从教的品性，不收取学生或家长贵重礼物。

（六）教师与自己的发展

教师在处理与自己发展的关系时要把握终身学习的基本原则。不断学习新知识，拓宽知识面，学习中接受有益的新观念；努力钻研业务，提高教学水平，如坚持每学期读一本与专业课教学有关的好书、写一篇与专业课教学有关的研究论文等。

三、教师教育情怀是优秀教师的最高追求

如果教师职业道德水平的提升仅仅囿于遵循教师行为准则和职业道德规范，那么职业道德水平的提升必然是不充分的。教育情怀代表教师职业道德的最高层次，是从合格教师成长为优秀教师的最高追求。拥有教育情怀的教师所承担的权利和义务远超出其职责本身，它是站在超越职业道德规范的规范维度，即美德维度的视角看待教师这个职业，相比之下，教师的师德更为高尚，专业知识更为丰富，专业能力更为突出，具有无私奉献的精神。"美德论立场的责任伦理，是主体基于某种信念、良知，出于成为一个优秀高尚的人的美德动机而自觉担当的责任义务。这种责任义务不是外在加予、命令的，而是出自内在信念、道德责任感而自觉承担的义务。"① 教育情怀就是教师发自内心地对教书育人的真诚、敬畏、责任和深沉的爱，不是外在强加的。

"站在教室讲台上的那个人，决定着教育的基本品质。"② 教育情怀内化为教师实践的一种精神力量，将教师对教育教学的热爱与课堂融为一体，将情怀践行到具体的教学行为当中，这堂课因为教师的爱和责任而充满生机和活力。教育情怀促使教师作为人的生活更加人性化并使精神生活得到升华。教育情怀确立了教师精神生活的高度，提升了精神生活在生活中的位置，提升自我关怀的层次，实现教师对自我的关怀，促进了教师专业的自我发展。③

做一名有教育情怀的优秀教师，要做到知情意行合一，即笃定信念、关怀学生、反思认知、坚守职业，以一种更加自觉的方式奉行师德。培育教育情怀使教师自发地确立专业发展目标，产生"自发性"提升，向优秀教师靠近。

（一）笃定信念

陶行知先生说，教师是"千教万教，教人求真"，学生是"千学万学，学做真人"。三尺讲台维系着国家和民族的命运，每一位教师都肩负着民族的希望，笃定信念是教书育人、播种未来的指路明灯，应该把自己的理想信念融入现实的教学工作之中。

教师要笃定社会理想和信念，因为教师的社会理想和信念影响着甚至决定着未来接班人的理想和信念。所以，教师应该传递更多的正能量，倡导富强、民主、文明、和谐，倡导自由、平等、公正、法治，倡导爱国、敬业、诚信、友善，用自己的学识、阅历、经验点燃学生对真善美的向往，使社会主义核心价值观润物细无声地浸润学生的心田。

---

① 高兆明. 道德责任：规范维度与美德维度 [J]. 南京师大学报（社会科学版），2009（01）：5-10.
② 朱永新. 新教育实验教师成长理论概述 [J]. 未来教育家，2015（06）：12-13.
③ 刘宗南. 论教师专业发展的德性之维 [J]. 教育研究与实验，2010（06）：40-43.

教师要笃定教育理想和信念，因为理念和信念的高度决定着教师在教育事业上所能取得的成就，影响着学生核心素养的发展。因此，教师应该树立坚定而高尚的教育理想和信念，创造适应每位儿童天性和个性充分发展的教育，尊重每位儿童的天性和个性，激活每位儿童的兴趣和潜能，成就每位儿童的精彩和未来。

教师要笃定个人的理想和信念，每一种职业在实现自身价值时都会感到幸福，教师也不例外。因此，教师要最大限度发挥自己的潜能，使自己成为最可能成为的人，不断追求自身价值的超越。自我价值的实现与他人和集体是息息相关的，要遵从自己的内心，但不能为所欲为，更不能建立在牺牲别人幸福的基础上，既包括得到和占有等利己的，也包括奉献和牺牲等非利己的。

（二）关怀学生

教育是一门"仁而爱人"的事业，爱是教育的灵魂，没有爱就没有教育。冰心说："有了爱便有了一切，有了爱才有教育的先机。"教师要关怀学生，要用自己博大的爱去温暖每一位学生，读懂学生、尊重学生、关心学生，做到对学生的真正关怀。

读懂每一位学生。因为教育教学对象是有思想的学生，每位学生的兴趣爱好、理想追求、现实基础、发展潜力、思维水平等都是有差异的。读懂学生，简单讲就是要读懂学生的现在知能区、最近发展区、可能发展区和未来发展区；具体讲就是要读懂学生的知能基础、生活经验、认知规律、学习障碍和学习需求等，找准教学起点和切入点、重点和关键点、终点和延伸点。

尊重每一位学生。根据马斯洛需求层次理论，尊重需求是每个人的五种需求的第四层次。尊重的需要又可分为内部尊重和外部尊重，内部尊重是指一个人希望在各种不同情境中有实力、能胜任、充满信心、能独立自主；外部尊重是指一个人希望有地位、有威信，受到别人的尊重、信赖和获得高度评价。每位学生理应得到教师的尊重。尊重学生，教师需要做到：了解年龄特点，理解理想追求，倾听真实声音，提供选择机会，承认个体差异，允许异步发展，给予理性引领。

关心每一位学生。"罗森塔尔效应"告诉我们：只要教师真心关心学生，让他们真切感受到这种爱，他们就能以极大的努力向着教师所期望的方向发展。关心学生，要做到一视同仁，平等对待每位学生；以发展的眼光看待每位学生，因材施教，对于不同个性、不同基础、不同潜能的学生应该给予不同的爱。

（三）反思认知

"没有教师的发展就没有教育的发展，而且发展的最好的手段不是通过明晰目的，而是通过批评实践。"[①] 教育反思是教师的一种思想模式、生活态度和精神洗礼，实质上表现为理解与实践之间的沟通和对话，使得教师通过审视和考察教育问题、总结和积累教育经验、创新和完善教育思维成为教育研究者。在此意义上，教师的

---

① 张华. 课程与教学论[M]. 上海：上海教育出版社，2001：176.

教育情怀表现可以理解为反思认知。反思认知通过思考教育现象、回顾教育经历、评判教育效果、发现教育问题、改进教育实践，有效地助推专业发展。

对于教师而言，教育反思的对象包括自身、与教育情境的关系以及教育活动三方面。（1）自身。教育反思是教师进行自我认识、自我管理、自我激励与自我完善的重要形式与手段。（2）与教育情境的关系。教育反思应更多地表现为意识，而非局限于行为。作为意识的反思超越了作为行为的反思的滞后性，贯穿于教师的教育教学实践并与之同时进行，具有积极性与主动性，是教师意向与期待的外显与实践，"表现出一种对教育机会的敏感与自觉"①，能够使教师更好地建立与真实的教育情境之间的关联。（3）教育活动。教师通过教育反思以教育需求为基准与标杆，将教育理念、目标、内容、方法、组织、管理与评价等环节"问题化"，以"问题化"引发"行为化"，评判实然与应然之间的距离与位差，改善心理建构，矫正行为实践，提高教育质量。②

（四）坚守职业

坚守是一种行为品质，既表达时间维度上持久坚定的行动力，也表达意志品质上的坚忍执着。教师坚守职业，既体现出教师德性自觉的力量，也体现出以教育情怀融聚教师执念坚守育人职业的内在动力和精神支撑。教师对职业的坚守，同时也是教师专业工作态度的表现。

作为教师，其生命价值不是单纯地依靠自身的知识权威来定位，也不是以获得某种奖励和荣誉来展现，拥有教育情怀的教师是高尚的，他们有自己对教育的独特感受和理解，会在教育过程中投入真诚的感情，而不仅仅是对学生进行知识的灌输。具有教育情怀的教师对教育持有一种持久、特殊、难以割舍的感情，把育人作为自己的生命，站好岗位，坚守职业，培养出有情怀的学生，有善良、诚信、勇敢、自信、担当、勤奋、坚毅等良好品性，有积极向上的人生观、世界观、价值观。有情怀的教师培养出有情怀的学生，这是教育爱的传递，育人的纯粹和魅力正在于此。这需要教师要有扎实的知识功底、过硬的教学能力、勤勉的教学态度、科学的教学方法；需要教师自觉确立爱生命、爱生活、爱真理的教育信念和理想追求，以整体善的人性品格和道德自觉履行自己的育人职责；需要教师对育人的教育实践的内在规则有深入的认识、理解和把握，灵活运用促进学生灵魂转向和提升的育人艺术；需要教师以大爱的生命情怀，全身心、无私、挚诚地投入育人的实践活动中。坚守职业是对教育情怀的唤起，教育情怀的唤起也是职业坚守的内在力量。

---

① 胡萨.反思：作为一种意识——关于教师反思的现象学理解[J].教育研究，2010，31（01）：95-99.

② 肖凤翔，张明雪.教育情怀：现代教师的核心素养[J].河北师范大学学报（教育科学版），2018，20（05）：97-102.

本章小结

教师职业道德与专业发展的关系是紧密联系的，首先职业道德是专业发展的组成部分：从《中学教师专业标准（试行）》来看，职业道德是中学教师专业素养的核心组成部分；从内容组成来看，职业道德是专业发展的核心内容。其次职业道德是专业发展的内生动力：职业道德是专业发展的动力之源，职业道德是专业发展的影响因素，内因决定外因。最后专业发展是职业道德水平提升的必然结果，职业道德不同层次的内容会促进专业水平不同程度的发展，教师、合格教师、优秀教师分别代表教师专业发展水平的三个阶段，教师行为准则是教师职业的底线，教师职业道德规范是合格教师的必备原则，教师教育情怀是优秀教师的最高追求。

思考题

1. 如何看待教师职业道德与专业发展的关系？
2. 职业道德是专业发展的组成部分是如何体现的？
3. 为什么说职业道德是专业发展的内生动力？
4. 职业道德是如何促进专业发展的？

参考文献

[1] 毕淑芝，王义高. 苏霍姆林斯基教育工作[J]. 外国教育动态，1981(4)：28-34.

[2] 李森，陈晓瑞. 现代教育学基础[M]. 上海：上海教育出版社，2001：141.

[3] 叶澜. 教师角色与专业发展新探[M]. 北京：教育科学出版社，2001：226.

[4] 檀传宝. 中国教师教育的新境界[M]. 北京：北京师范大学出版社，2001：94.

[5] 李森. 教学动力的本质与特征[J]. 四川师范大学学报(社会科学版)，2000(2)：8.

[6] 唐海宝. 师德，隐含于教师的专业能力和实践性智慧[J]. 上海教育科研，2010(09)：1.

[7] 刘贞华. 论教师职业道德发展的实践逻辑[J]. 当代教育科学，2008(23)：34-36.

[8] 教师行为准则为教育坚守底线[J]. 教学管理与教育研究，2018(22)：127.

[9] 余俊杰. 教育部曝光8起违反教师职业行为十项准则案例[N]. 新华每日电讯，2021-08-26(009).

[10] 高兆明. 社会失范论[M]. 南京：江苏人民出版社，2000：136-138.

[11] 高兆明. 权利、义务关系考察的两个维度[J]. 首都师范大学学报(社会科学版)，2007(04)：125-131.

[12] 高兆明. 道德责任：规范维度与美德维度[J]. 南京师范大学学报(社会科学版), 2009(01): 5-10.

[13] 朱永新. 新教育实验教师成长理论概述[J]. 未来教育家, 2015(06): 12-13.

[14] 刘宗南. 论教师专业发展的德性之维[J]. 教育研究与实验, 2010(06): 40-43.

[15] 张华. 课程与教学论[M]. 上海: 上海教育出版社, 2001: 176.

[16] 胡萨. 反思：作为一种意识——关于教师反思的现象学理解[J]. 教育研究, 2010, 31(01): 95-99.

[17] 肖凤翔, 张明雪. 教育情怀：现代教师的核心素养[J]. 河北师范大学学报(教育科学版), 2018, 20(05): 97-102.

第四章 爱国守法：教师职业的基本要求

〔本章提要〕

爱国守法是教师职业的基本要求，是教师职业道德重要内容之一。从古至今，中国人民都具有深沉的爱国情怀和浓厚的守法意识。以教书育人为天职的教师，更要做到爱国守法。在教育教学过程中，教师既要坚持爱国守法，又要认真履行教师的责权，把握好权责限度。对此，本章节主要从正反两方面进行案例呈现，帮助学生理解教师爱国守法的践行，培养学生的爱国守法意识，形成正确的道德判断能力。最后，从教师个人、学校与教育行政部门以及社会三个方面，提出促进教师爱国守法的策略。

〔学习目标〕

1. 帮助学生理解爱国守法的规范和要求。
2. 引导学生分析评价正面典型案例和反面典型案例，形成正确的道德判断能力。
3. 培养学生爱国守法的意识。

〔知识导图〕

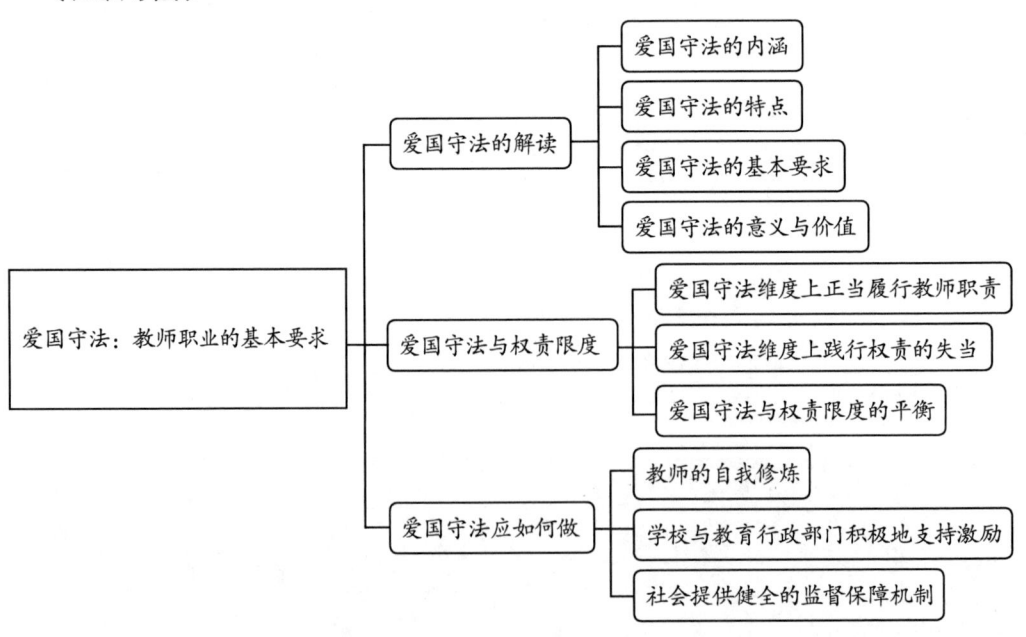

第一节 爱国守法的解读

改革开放以来，我国曾三次（1985年、1991年、1997年）颁布和修订了《中小学教师职业道德规范》，积极推动中小学教师职业道德发展和提升。为了进一步贯彻落实党的十七大精神，加强基础教育阶段教师队伍建设，全面提升中小学教师队伍的教师道德素质和专业水平，2008年9月1日，中华人民共和国教育部颁布了新的《中小学教师职业道德规范》（以下简称《规范》），并正式开始实施，这是我国继1997年国家教委和全国教育工会联合印发《中小学教师职业道德规范》之后的首次修订。与旧版本相比，这次修订从原来的八条改为了六条，在保留原来内容的基础上，新增了一些条目。新颁布的《规范》继承了我国优秀师德传统，并根据时代发展，充分反映了新形势下社会、经济和教育发展对基础教育阶段中小学教师的道德品质与职业行为提出的基本要求。具体包括：爱国守法，爱岗敬业，关爱学生，教书育人，为人师表，终身学习。其中，爱国守法是第一位的，是教师职业的基本要求；爱岗敬业是教师职业的本质要求；关爱学生是师德的灵魂；教书育人是教师的天职；为人师表是教师职业的内在要求；终身学习是教师专业发展的不竭动力。

一、爱国守法的内涵

从古至今，无论是陆游"位卑未敢忘忧国"的忧国忧民情怀，还是梁启超"国家多难，岁月如流，渺渺之身，力小任重"的担当精神，以及艾青"为什么我的眼里常含泪水？因为我对这土地爱得深沉"的真情流露，都印证了一代代中国人的爱国情怀。同样，中小学教师作为众多职业中的一个职业群体，也要爱国守法、依法执教。爱国守法是中小学教师从事教育活动的先决条件，它要求中小学教师要认真学习宪法和法律，严格按照宪法和法律规范自己的言行，忠于人民的教育事业，自觉地遵守各种法律法规，如《中华人民共和国宪法》、《中华人民共和国教育法》、《中华人民共和国教师法》等，维护各级教育规章制度，全面贯彻执行党的教育方针。"爱国"一词在我国出现的年代已经很久远，在《战国策·西周策》中就有"周君岂能无爱国哉"[①]的说法；在《礼记·儒行》中有"苟利国家，不求富贵"之言。由此可见，在古代中国，"爱国"情怀就成为中华民族的凝聚力和精神支点。爱国即热爱自己的国家，它是中华民族千年来的优良传统，也是每一个中国公民的最基本的道德。在今天，爱国不是一个抽象的概念，而是一种具体的情感、思想和行为，即要通过这些表达出对祖国的热爱。这就需要每一个职业领域的工作者，在自己的职业范围内将爱国与工作密切结合，并在工作中充分地体现。

---

① 刘向集录. 战国策（中册）[M]. 上海古籍出版社，1985：50.

"守法"指遵守法律法规。《管子·任法》言:"有生法,有守法,有法于法。夫生法者,君也;守法者,臣也;法于法者,民也。君臣上下贵贱皆从法,此谓大治。"① 可见,从古至今,守法都是对一个国民的基本要求,是公民必备的道德品质、应遵循的道德准则。守法就要学法、知法、用法,做到有法必依、执法必严、违法必究。

爱国是对公民和国家关系的规范,爱国就必须守法;守法是教师最基本的道德义务,也是爱国的底线和必然要求。《中小学教师职业道德规范》中对爱国守法的解释为:热爱祖国,热爱人民,拥护中国共产党领导,拥护社会主义。全面贯彻国家教育方针,自觉遵守教育法律法规,依法履行教师职责权利。不得有违背党和国家方针政策的言行。

(一)爱国守法是教师职业道德发展的方向和指南

爱国守法是教师职业道德发展的方向和指南,只有在此指引下,教育事业和教师专业发展才能够顺利实现,教师职业道德建设才能够取得良好效果。因为,为教师提供指向的教育法律法规是社会主义教育事业发展的根本保障和坚强后盾,是各个学段的教育活动都必须遵守的基本原则。所以,教师要把爱国守法作为行动的指南。

(二)爱国守法是教师职业道德培养的基础和前提

教师职业道德规范包括爱国守法、爱岗敬业、关爱学生、教书育人、为人师表、终身学习六个方面,而爱国守法是最基础的、具有前提性的,因为其他五项都是在此基础上而言的。如果没有爱国守法,其他方面都是"无源之水、无本之木",只有立足于爱国守法的根基,才能进一步促进其他方面的实现。

(三)爱国守法是教师职业道德修养的动力和源泉

教师作为一名专业人员,应该具备高尚的职业道德、扎实的专业知识、多元化的专业能力等专业素养。这些专业素养是在不断地学习与教学实践中不断完善的,而爱国守法是为此提供不竭动力的源泉。

二、爱国守法的特点

第一,爱国是从职业道德视角对教师提出的政治性要求。热爱祖国是中华民族的优良传统和高尚品德,是对社会主义国家和事业的一种深厚感情。教师作为一种育人的职业,必须首先树立起爱国思想,具有崇高的政治觉悟和职业责任,承担起为国家和社会培养社会主义建设者和接班人的社会使命和历史重任。正如苏联教育

---

① 黎翔凤,梁运华.《管子校注》(中册),中华书局,2004:906.

家加里宁所言:"国家和人民把儿童托付给教师们,要他们来教育这些年龄上最容易受影响的人,也就是把自己的希望和自己的未来完全托付给他们。这是把伟大的责任加在教师身上的一种重托。"[①] 因此,爱国是教师完成国家和社会重托的基础和前提。

第二,守法是从职业道德角度对教师提出的职业伦理要求。教书育人是教师的天职,在此过程中必须坚守职业伦理要求,表现出适当的伦理行为。也就是要求教师要依法从教、依法执教,而有失职业伦理的言语和行为都是教师职业道德所不允许的。

三、爱国守法的基本要求

教师爱国守法的内容包括热爱祖国,热爱人民,拥护中国共产党领导,拥护社会主义。全面贯彻国家教育方针,自觉遵守教育法律法规,依法履行教师职责权利。不得有违背党和国家方针政策的言行。倡导"爱国守法"就是要求教师热爱祖国、遵纪守法。

(一)爱国守法是教师职业的要求

"爱国"是教师的职业道德规范,是其做好本职工作的基点和支撑点。爱国主义是中华民族的传统美德,也是中国特色社会主义核心价值体系的重要内容。"守法"是保障我国社会主义现代化建设稳定健康发展的内在要求和必然趋向。随着我国法律制度的完善和健全,我国的法制化水平在逐步提高,法制化进程也在进一步发展,公民的自觉守法意识和能力显得越来越重要。因此,爱国守法是全体社会成员都必须遵守的道德规范,尤其是作为负有教书育人使命的教师,更要将爱国守法统一到整个教育教学活动中去。除了自身要做到爱国守法,还要做好学生的示范和榜样,更要使学生掌握相关的法律知识、具有爱国守法的意识与能力,将其培养成为爱国守法的新一代。

(二)热爱祖国,热爱人民,拥护中国共产党领导,拥护社会主义

热爱祖国,热爱人民,拥护中国共产党领导,拥护社会主义,是爱国守法的题中应有之义。这些是教师爱国守法的生动体现,一位教师只有在日常教学工作中和生活中,真正做到了热爱祖国,热爱人民,拥护中国共产党领导,拥护社会主义,才能逐步营造和形成良好的学习风气,潜移默化地影响学生,进而将其培养成为新时代合格的社会主义建设人才。

---

① 加里宁. 论共产主义教育 [M]. 北京:中国青年出版社,1956:189.

（三）全面贯彻国家教育方针

"教育方针"是指一个国家在一定时期内确定的教育发展的总方向、总目标、总的指导思想和指导原则。它由三部分组成：（1）教育的性质和方向：为谁培养人；（2）教育的目的：培养什么样的人；（3）教育目的实现的原则与途径：如何培养人。当前，我国的教育方针是国家从总的方向制定的，教师是其具体的执行者。因此，在教学与管理过程中，教师必须严格按照教育方针的基本要求，全面贯彻和推进素质教育的实施，以实现学生的全面发展，培养国家所需要的人才。

（四）自觉遵守教育法律法规，依法履行教师职责

自觉遵守教育法律法规，依法履行教师职责，是一名合格教师必备的素养。教师要依法执教，首先要做一个遵纪守法的公民，遵守社会秩序、恪守社会公德；其次，教师必须认真学习和领会教育、教师、未成年人相关的法律法规，把依法执教这一职业道德规范与其他相关法律法规密切结合起来，系统而全面地理解依法履行教师职责的深刻内涵，做到知法、懂法、守法，成为依法执教、遵纪守法的时代楷模。

（五）不得有违背党和国家方针政策的言行

党和国家的方针政策代表了最广大人民的利益，集中反映了人民的愿望和要求。教师的劳动具有很强的示范和表率作用，因此，教师的职业性质及其特征决定了教师在其职业活动中，尤其是在自己的劳动对象面前，言论要与国家法律政策相一致，宣传与其相一致的观点。因为学生是处于身心发展中的人，是以学习为主要职责的人，他们的心智尚未完全成熟，对是非的分辨能力还比较薄弱，教师的言行会直接影响学生的思想发展。所以，教师在教育教学过程中传授的知识必须要符合国家法律法规的规定，符合科学规律。教师对党和国家的方针政策应该身体力行、坚持表率，从而使学生朝着积极的、正确的方向发展和成长。

四、爱国守法的意义与价值

（一）热爱祖国是教师献身教育事业的思想基础

爱国情感是教师对祖国的一种爱恋和维护之情。这种情感强烈地影响着教师的思想和行为，它使教师将自己的工作、前途与国家发展密切联系起来，成为促使其投身于社会主义教育事业的思想之基。列宁曾经指出，在社会主义社会，"应当把我国人民教师提高到从未有过的，在资产阶级社会里没有也不可能有的崇高地位。这是用不着证明的真理。为此，就必须进行有步骤的、坚持不懈的工作，来提高他们

的思想意识，使他们具有真正符合他们崇高称号的各方面的素养"[①]。

（二）热爱祖国为教师提供动力之源

教师的爱国之情与其教育责任感密切相关，一般而言，他的爱国情感越深切，其责任感就越强，幸福感和获得感也越明显，教育理想与信念也越坚定。俄国作家车尔尼雪夫斯基曾经说，一个没有受到献身热情所鼓舞的人，永远不会做出什么伟大的事情来。可见，教师的爱国热情能够激发教师从事伟大育人事业的内动力，为其提供动力保障。

（三）守法是教师最基本的道德义务，也是爱国的必然要求

在教育过程中，遵纪守法是一个合格教师必备的基本素养，是其应该履行的道德义务和责任。我们很难想象得到，一个目无法纪的教师能够培养出德才兼备的学生。因此，守法是爱国的题中应有之义，也是从事教育工作的必备条件。

（四）守法是维护法律尊严、有效影响学生的重要手段

教师遵纪守法、维护法律尊严，是由其肩负的培养社会主义一代新人的神圣使命所决定的。教师的思想道德、一言一行都直接影响着学生的品行表现、形成与发展，教师的人生观、世界观、价值观造就和影响着学生的"三观"，所以，教师不只是学生知识的"引路人"，更是其道德模范的榜样示范。教师坚守法律、维护法律尊严，就是为学生树立了典范，能够促使学生以社会主义思想道德和法律严格要求自己，形成积极的道德进取意识和良好行为习惯。

第二节　爱国守法与权责限度

爱国守法是文明社会的一项基本准则，是每个公民的神圣职责和义务，也是教师职业道德最基本的要求。爱国守法是每一位教师应该具备的道德担当，是教师职业的内在属性。教师作为教书育人的承担者和社会精神价值的传承者，要把高度的责任和担当投入到教育教学工作中，在爱国守法层面上，正确行使教师的权利和职责。然而，在实践中，也有个别教师在履行教师权责时，出现失范和失当现象，这在教育观念、教育行为、教育过程中都有不同体现；究其原因主要在于法律理念淡薄、职业道德缺失、心理健康失衡等因素。基于此，教师要在爱国守法维度上做到责权的平衡，就要增强法律意识，学法、知法、懂法；要严格守法，正确行使职责权力；要善于用法，维护学生、学校和自己的合法权益。

---

① 中共中央马恩列斯著作编译局. 列宁选集（第四卷）[M]. 北京：人民出版社，1995：673.

一、爱国守法维度上正当履行教师权责

（一）教师的基本权利

教师的基本权利可以分为两部分：一是教师作为公民应该享有的工作权利，称之为教师的公民权；二是作为技术所享有的权利，可称为教师的职业权利。这两种权利既相互联系，又相互区别。教师作为公民享有的权利，一部分体现在教师的公民行为中，也有一部分是教师职业所特有的，不同于其他公民权。按照我国《教师法》等有关法律法规的规定，我国教师享有教育教学权、科学研究权、指导评定权、批评教育权、获得报酬权、参与管理权、进修学习权等。

1. 教育教学权

教育教学权是教师为履行教育教学职责而必须具备的权利。其具体有三方面含义：一是，教师的教育活动不可剥夺，教师是履行教育教学的专业人员，有权按照学校的安排进行教育教学活动；二是，教师可以根据国家、学校制定的课程计划、课程标准和教材，根据学校、学生和教师的实际情况组织教育教学活动，但必须是在许可范围内，不得违反法律法规和教学的基本规律；三是，教师有权利根据学生特点，依据课程计划采取不同的教学形式进行教学改革和实验。

2. 科学研究权

科学研究权是教师作为教育教学专业人员所享有的基本权利。其具体包括：教师在完成本职工作的前提下，有权进行科学研究，并将其研究成果和经验撰写论文、著书立说；在不影响教学的前提下，有参与相关学术活动的权利；在学术研究中有发表个人观点、进行学术争鸣的权利。

3. 指导评定权

指导评定权是教师在教育教学活动中与其主导地位相对应的一项特定权利。具体来说，教师在不违反法律、学生身心发展规律的前提下，有权根据学术特点和个体差异，采取各种教学方式指导学生学习与发展；教师有权严格要求学生，对其思想品德、学习和生活表现进行客观、公正的评价；教师的指导评定权是一项专业性很强的工作，任何人不得非法干预。

4. 批评教育权

批评教育权是教师在教育教学工作中应该持有的一项权利。2019年11月，教育部公布了《中小学教师实施教育惩戒规则（征求意见稿）》（以下简称《征求意见稿》）向全社会征求意见。它的一大亮点在于："明确了教师具有批评教育权，并明确了具体的惩戒措施。适当增加运动、教室内站立、面壁反省、暂停或限制学生参与特定活动、承担校内公共服务、隔离反省、责令家长陪读等惩戒措施是此次意见稿新增的惩戒类型。其中，适当增加运动、教室内站立、面壁反省、承担校内公共服务、隔离反省是通过命令学生从事特定行为而促使其自我反省、回归正轨的措施。"[1] 此外，《征求意见稿》还明确授权学校制定校规对"教育惩戒"问题进行细化。

5. 获得报酬权

获得报酬权是宪法赋予公民应该享有的社会经济权利在教师职业范围内的具体体现。教师的报酬必须按时发放，不得拖欠、克扣或变相克扣教师工资；教师有权要求足额支付工资报酬；教师有权享受国家规定的各种待遇。

6. 参与管理权

参与管理权是公民民主权利在教师特定职业下的具体化。教师的参与管理权是公民批评提议权的具体化，教师应该正确行使公民民主权利，教师有权通过教职工代表大会、工会等讨论决定学校重大事项，维护教师的合法权益。

7. 进修学习权

进修学习权是教师职业权利中最有代表性的一项权利。教师有参加进修或培训的权利；教师的进修学习权必须在完成本人教学工作前提下，有计划、有组织地进行；学校或其他教育机构以及教育行政部门应该采取各种措施保证其权利，以提升教师素质，促进教育事业的发展。

（二）教师的基本职责

根据教师的职业特点，结合我国《教育法》、《教师法》等有关规定，教师作为专业教学人员应该承担以下基本职责：遵守国家法律，弘扬高尚师德，完成教育教学工作，对学生进行爱国教育，促进全体学生全面发展，维护学生合法权益，提高政治素质和业务水平。

1. 遵守国家法律

教师应该遵守宪法、法律和职业道德，为人师表。教师作为承担教书育人职责的专业人员更要模范地遵守宪法和法律，主动培养学生的法律意识，使其遵纪守法；教师必须遵守其职业道德规范；教师必须成为学生的楷模，从情操、言行等方面严格要求自己。

---

[1] 任海涛. 让教师行使教育惩戒权有法可依 [Z]. 中国教育报，2019-11-26/2020-1-16.

2. 弘扬高尚师德

教师是人类灵魂的工程师，是人类文明的传承者，承载着传播知识、传播思想、传播真理，塑造灵魂、塑造生命、塑造新人的时代重任。因此，高尚师德是教师必备的职业素养。

3. 完成教育教学工作

完成教育教学工作是教师的本职工作。在教育教学中，教师必须按照教育方针对学生进行社会主义教育；必须遵循学校的规章制度进行教学活动；必须按照合约规定，履行教学职责。

4. 对学生进行爱国教育

教师应该根据自己的教学情况，自觉对学生进行思想品德教育；应该坚持德育为先；要突出爱国主义教育、民族团结教育、法制教育；组织学生参与有益的社会活动，使教育与实践相结合，陶冶学生情操，扩展学生视野。

6. 促进全体学生全面发展

促进全体学生全面发展是教师教学工作的最终使命。学生的全面发展是教育教学的出发点和归宿，因此，教师要以此为根本职责，因材施教，促进其全面发展。

7. 维护学生合法权益

教师应该制止有害于学生的行为或其他侵犯学生合法权益的违法行为。教师履行该项职责的范围是在学校教育教学工作中，在此范围内对有害于学生健康成长的行为或者侵犯学生合法权益的行为有制止的义务。

8. 提高政治素质和业务水平

教师的首要职责是搞好教学，因此，教师要不断提升自己的政治素养和业务水平。这是国家对教师自身素质提升的基本要求。

资源链接：希望所在——"编外女教师"的47个吻[①]

查文红，这个上海女人，自愿来到安徽省砀山县曹庄镇魏庙小学，当一名不拿一分钱工资的"编外教师"。1998年9月初，当她兴致勃勃地拿着教材和精心准备的讲稿走进教室时，家长和孩子一看教师是个上海人，都用一种不信任的眼光看她。

---

① 人民网.希望所在："编外女教师"的47个吻[EB/OL].http://www.people.com.cn/GB/shenghuo/1093/2356664.html.2004-2-24/2020-3-16.

有的家长竟带着孩子离去，转到另外的班，教室里一下子就空出了好多个位子。这当头一棒把查文红打得摸不着头脑。她找到校长，问是怎么回事。校长道："我们这里上课都是用土话，家长和孩子担心听不懂你的普通话，所以跑了。"

查文红感到委屈，但她还是硬撑着上完了第一节课。下课时，一名学生用土话问她："老师，狠狠还来吗？"查文红没听懂，便问道："'狠狠'是什么意思？"学生们哄笑了，一个小男孩不客气地说："'狠狠'就是'狠狠'，你连'狠狠'都不知道，还来教我们吗？"教室里再次爆发哄堂大笑。

查文红有些恼火，但她不便对刚进校门的一年级孩子说什么，便又去问校长："'狠狠'是什么意思？"校长笑着说："这是我们的土话，就是下午的意思。"

第一节课的遭遇引起了查文红的深思。她看到了农村的落后与闭塞，如果这些孩子长大后还只晓得"狠狠"，他们将永远走不出这贫瘠的土地，也将永远不能与外界对话沟通。她决定倡导用普通话教学。为了让学生首先能听懂老师讲课的语言，然后学会讲普通话，她开始刻苦学习当地土话，一有机会便向村民们学习。此后上课，她总先用普通话讲，然后再"翻译"成学生能听懂的土话。在她的推动下，普通话渐渐成了校园里"时髦"的语言。

查文红为了让启蒙阶段的孩子在愉快的氛围中接受知识，通过讲故事与编顺口溜的方式进行教学，深受学生的欢迎。孩子们的学习热情高涨，期末考试时，全班的语言成绩平均达到了91.87分，名列全镇第一。家长们闻讯，纷纷买来鞭炮，来到学校放了起来。一位家长激动地说："这么好的成绩，我们多年没见过了，感谢查老师！"

面对此情此景，查文红激动得哭了。她庆幸自己的努力终于有了回报。那天晚上，她正在哭的时候，突然停电了。她只好躺在床上，一边想着远在上海的丈夫和女儿，一边等待来电。这时，窗外传来一阵碎乱的脚步声，她有点害怕，便壮着胆子喊了声："谁呀？"脚步声便消失了，外面一片寂静，静得让人心慌。就在她再次准备躺下时，又传来了敲门声，她担心是小偷，便提着棍子，走到门边猛地将门一拉，这时她惊讶地发现，住在附近的三个学生举着一支点亮的红蜡烛站在门口。其中一个孩子说："刚才停电了，我们担心老师一个人害怕，便把家中过年用的红蜡烛拿来给你壮胆。因为不知道你睡了没有，所以我们在你窗子下面听了一会儿。"

一支燃烧的红烛映着三张纯朴而稚气的脸庞，查文红十分感动，她接过红烛，将孩子们拥在怀里说："谢谢你们，老师谢谢你们了。"

当时春节已经临近，学校照顾她想让她早点回上海过年，便让查文红把剩下的课集中讲完。孩子听说老师要走，心里都很难过，竟不能集中精神听课。查文有些生气，正准备批评他们时，一个名叫丁丽的小女孩站了起来，很失落地说："老师，你不走行不行？"

"不行啊，"查文红说，"老师要回家过年呢。"

"那……你到我家过年行吗？"

"不行，因为上海的家里还有个姐姐正等着老师回去呢。"

听到这里，小丁丽哭着说："那你亲我一下好吗？"

查文红心里感动了，走过去亲了亲小丁丽，一边止不住流下泪来。这时，全班同学不约而同地站了起来，都说："老师，你也亲亲我吧。"于是她一路亲过去，班上47个学生，她一一亲到。亲完最后一个学生，全班同学放声大哭起来。孩子们觉得，查老师这一去就再也不会回来了。

47个孩子一起大哭，那该是一种什么样的情景啊。哭声传出，全校师生以为发生了什么事情，纷纷跑了过来，附近的村民也闻声从家里赶来了，一时间全校学生都哭了，面对如此感伤的场面，一些老师和村民也不知不觉地流下泪来。

"那惊天动地的哭声，我从未听到过，至今还在我心中回荡，这一辈子我忘不了那感人的哭声。"查文红每忆及此，还是感动得双眼湿润。

大年三十晚上，查文红上海家中电话响个不停。她知道那是她的学生打来的。临行前，孩子纷纷表示，春节期间给她打电话，她怕家长们付不起电话费，所以没同意。最后班长出了个主意说："我们打电话时，你别接，不就省钱了？我们约好，如果电话铃响两下就停了，那一定是我们打的。"

此时听着那不断响两下的电话，查文红的心又回到了魏庙小学，回到了孩子们的身边……

从上述资料我们可以看到：查老师在安徽的一个农村小学的坚守、付出和回报。她合理地行使教育教学权利、采取可行措施，对学生进行指导评价，使其由不懂土话、不被接受，到被认可和爱戴。从中可以看到查老师的可贵品质：爱国守法、敬业奉献、热爱学生、责任心强、不图名利。深深的爱国情怀使这个来自大城市的女教师陷入沉思：面对农村的落后与闭塞，如果这些孩子长大后还只晓得"狠狠"，他们将永远走不出这贫瘠的土地，也将永远不能与外界对话沟通。她倡导普通话教学，她先用普通话讲，然后再"翻译"成学生能听懂的土话，直至使普通话渐渐成了校园里"时髦"的语言，这是一种职业良知的坚守，是一份深深的爱国情怀的生动演绎，充分展现了一名乡村教师的大爱和人格魅力。

对于一位普通教师来说，爱国守法维度上行使责权的最好诠释就是以"教育爱"滋养着每一个学生，坚守"三尺讲坛"，守住不忘初心的"根"，结出斩获成功的"果"。这里成功之果，可能只是上述事例中"师生掌握了普通话"，只是让学生学会了尊重和感恩，让师生和谐相处……这些来自日常的教学生活却有了不一样的收获。

这也启发我们：新时期，教师在爱国守法上也应该有新的时代意涵，教师以"教育爱"诠释地教书育人，不是传统意义上的"高分"、"高升学率"、"重点校"等，而是注重逻辑思维的"学会认知"、注重操作思维的"学会做事"、注重情感思维的"学会共处"、注重交往思维的"学会生存"。在实施素质教育的今天，仍需要教师以此重新审视自己，爱学生、爱教育，考虑学生的未来发展和成长，培养他们良好的行为习惯、自主的学习能力、做人的良好品质以及做事的强大本领。

二、爱国守法维度上教师践行权责的失当

（一）表现

1. 在教育理念上缺乏与时俱进的教育观念

培养时代需要的人才是教师的职责和使命，因此，教师的知识结构和教育理念以及教学方法手段等都需要不断地更新，以适应社会发展的需要。尤其是与时俱进的教育观念是教师必备的职业素养，因为观念决定行为，一般来说，一个人具有什么样的观念就会表现出相应的行为，而我们很难想象，一个固守落后教育观念、师道尊严根深蒂固的教师能够在课堂教学中做到以学生为中心。

2. 在课堂教学中有过度的负面情绪言论

教师作为学生的引路人和指导者，其情绪也时刻影响着学生，积极正向的情绪情感能够给学生带来振奋的力量和促进作用；否则，负面的消极情绪则可能给学生带来不良影响，所以教师必须能够及时合理地调整自己的情绪情感，做自己情绪的主人，以积极的理性的情感情绪激励学生、感染学生。

然而，现实教育实践中并不尽然，有调查研究显示，在对四川某市农村小学教师的一项调查中发现，在日常讨论热点时事新闻时，六成以上教师反应冷淡，其中完全不知道的约占一成，知之甚少的约占五成。对教师日常讨论的时事新闻的态度归类后，提取出频次最高的主题依次时"抱怨批判"、"调侃嘲弄"、"冷漠旁观"[①]，这表明农村小学教师群体存在相当的负面情绪。此外，一些教师的不当课堂言论，也偶尔会见诸网络媒体。

案例一

大学教师课堂言论不当被处分

某高校教师唐云在课堂教学中发表损害国家声誉的言论，违反政治纪律，严重违反教师职业道德，在师生中造成了不良影响；日前，被该校撤销教师资格并做降级处理。该大学校长办公会研究决定，依据《教育部关于高校教师师德失范行为处理的指导意见》（2018年11月）第三条之规定，报请市教委撤销其教师资格；依据《事业单位工作人员处分暂行规定》（2012年8月）第十六条第一款、第八款和第二十条第七款之规定，给予唐云降低岗位等级行政处分，将其岗位等级从专业技术五级岗降至专业技术七级岗。

---

① 项家庆. 师德实践与修炼完善[M]. 天津教育出版社，2018：30.

个别教师可能因工作或者生活中的不如意、不顺心而将怨气带到学校中，带到课堂上发泄处理，或者迁怒于学生，甚至诋毁他人，这不仅损害教师群体形象和个人形象，而且还会在学生中产生不良影响。因此，教师要注意合理疏导自己的不良情绪，培养健康的心理素养，并将本职工作看作一生执着追求的教育事业，进而从中获得职业认同感、职业荣誉感和职业幸福感。

3. 在教育行为上惩戒失范过度

落后的教育观念往往导致不当的或失范的教学行为。尤其是一些中小学教师认为其主要工作就是教学，提升学生的成绩就是最高目标，因此只注重对学生进行知识的传授并过分强调分数和升学率，忽视学生综合素质的培养和发展，习惯于以教师的权威面对学生，甚至以体罚和变相体罚的形式来对待学生。近年来个别教师对学生不当惩罚、过度惩罚的案例并不鲜见。

案例二

河南10岁男孩偷玩滑滑梯 被班主任揪掉头发 [①]

一个10岁的男生，因为夜晚在校内偷滑滑梯，被班主任老师拽掉了头发。50多天过去了，孩子的头发仍没长好。孩子的母亲说，现在孩子已经产生了厌学情绪……

10岁的小韩是许昌市某中学的学生。当他满脸稚气地站在记者面前时，尽管天不太冷，也没有风，但他仍用帽子罩住头。

"把帽子去了，让记者看看。"小韩（化名）的妈妈说。这时，小韩才不情愿地去掉了帽子，露出了头两侧的秃疤。

"那天晚上，我起来上厕所，顺便去滑滑梯。"小韩说，学校规定这个时间不允许滑滑梯，他被值班老师发现后，扣了班级5分。班级的考核分与班主任的奖金挂钩，所以引起了班主任的不满。

于是，当着全班同学的面，班主任让小韩在教室里做俯卧撑、蹲马步。之后，又用双手拽住小韩耳朵上面的头发，在教室里走了四五圈，最后把头发都拽掉了。随后，田东亮带小韩来到学校外面的理发店，给他理了个小平头。

"出事后，孩子没敢给我说。"小韩的妈妈说，是她到学校给儿子送衣服，发现儿子右侧的头皮已经化脓，询问原因，儿子才说了事情经过。随后，她带儿子到医院进行了治疗，学校老师带孩子到过医院，但快俩月了，孩子头两侧还是秃的。

孩子的头发还能长出来吗？对此，接诊的许昌市中心医院皮肤科的孙主任表示：

---

① 央视网. 河南10岁男孩偷玩滑滑梯 被班主任揪掉头发[EB/OL]. http://news.cntv.cn/2013/12/11/VIDE1386718685035861.shtml.

"如果毛囊没有受到破坏,头发还能长出来,毛囊一旦受到破坏,那就难了。"

此类事件一经报道引起一片热议:有家长认为,在孩子不受伤害的情况下,教育孩子可以适度惩罚。而老师的困惑是:管得轻了没有用,重了不敢管,究竟如何把握惩戒的尺度?有专家认为:从教育方法的角度看,有正强化和负强化两种,在正强化失效的情况下,教师就会使用批评、罚站等,但是如何把握住度是世界各国面临的问题。例如,一个学生在教室打闹影响了正常的教学活动,这时教师是否有权利让其罚站或者让其离开教室,如果该生不愿意出去,教师是否可以拉其出去等等。诸如此类,法律还没有一个明确的规定。一般来说,合适的标准就是以不给学生的身体造成后续性的危害为界限。2019年6月,中共中央、国务院发布了《关于深化教育教学改革全面提高义务教育质量的意见》,首次明确提出"制定实施细则,明确教师教育惩戒权";之后,2019年11月,教育部发布了《中小学教师实施教育惩戒规则(征求意见稿)》(以下简称《规则》),共二十条,其中首次明确提出"教育惩戒"的概念、目的依据、适用范围、职责要求、实施原则、惩戒类型等。《规则》强调,实施教育惩戒,应当遵循以下原则:[①]

(1)育人为本。应当基于关爱学生的宗旨、符合育人规律,达到教育学生遵守规则、增强自律、改过向上的目的。

(2)合法合规。应当以事先公布的规则为依据,尊重学生基本权利和人格尊严,遵循法治原则,程式正当、客观公正。

(3)过罚适当。应当根据学生的性别、年龄、个性特点、身心特征、认知水平、一贯表现、过错性质、悔过态度等,选择适当的惩戒措施,实现最佳教育效果。

(4)保障安全。应当事先了解学生行为动机、判断行为性质,并注意方式、场所和环境的安全,防范可能出现的风险。

4. 在教育实践中缺少依法执教的灵活性

依法执教、灵活执教是教师终身的必修课。在教育实践中,应该在坚守基本原则的前提下,发挥教学机智,坚持原则性和灵活性相统一。如果缺少灵活地依法执教,就可能难以获得理想的教学效果,甚至引发教学问题。而灵活而不失原则的执教方式是取得良好教育教学效果的有力保障。从下面这一实例中依法灵活执教的必要性与重要性可见一斑。

---

① 央广网.中小学教师实施教育惩戒规则(征求意见稿)[EB/OL].https://baijiahao.baidu.com/s?id=1650873917157248914&wfr=spider&for=pc.

案例三

陶行知与三块糖果的故事

先生在担任一所学校校长时，看到男生王友用泥块砸班上的同学，当即制止了他，并要他放学后到校长室去。

放学后，王友等在校长室准备挨训，陶行知却掏出了一块糖果送给他说："这是奖给你的，因为你按时到这里，而我却迟到了。"王友惊讶地接过了糖果。随后，陶行知又掏出了一块糖果放在他的手里，然后说："这块也是奖给你的，因为当我不让你再打人的时，你立即就住手了，这说明你尊重我。"王友更惊讶了，眼睛睁得大大的。陶行知又掏出第三颗糖果塞到王友手里，说："调查过了，你用泥块砸那些男生，是因为他们不遵守游戏规则，欺负女生。你砸他们，说明你很正直善良，有跟坏人做斗争的勇气！"王友感动极了，他流着泪后悔地说道："陶……校长，你……你打我两下吧！我错了，我砸的不是坏人，而是我的同学呀！"陶行知满意地笑着说："你能正确地认识错误，我再奖给你一块糖果，可惜我只有这一块糖了，我的糖完了，我看我们的谈话也该完了吧！"

从这个事件，我们可以看到：一位优秀教师对学生犯错的宽容与执教的灵活性。面对这一事件，如果按照一般的处理方法，对学生严加指责或处罚，或许难以收到上述效果。实际上，教师对一个学生惩罚和指责的教育效果远远不如让学生真正认识到自己的问题，有时候无言的教导比尖刻严厉的评判更能给学生带来心灵的震撼！教育是什么？教育就是帮助学生培养良好习惯，就是在犯错与包容中促其成长，就是能对意想不到的情境进行崭新的、出乎意料的塑造，机智地在学生心灵上留下痕迹！

5. 在教育生活中无视法律法规

教师是教育法律关系的主体，是教育教学活动依法实施的重要推进者，教师法律意识高低与教育法律素养高低直接影响着教育教学生活。目前，在中小学教师队伍中，个别教师还缺乏教育法律素养，缺少对教育法律体系的全面认知，缺少合理地学习教育法律的渠道和平台，致使其对教育法律法规理解和掌握不够，在日常教育生活中，表现出无视法律存在，不当地处理教育问题的行为。

案例四

8·27 西安老师殴打学生案

2016年8月27日下午3时58分，赵女士接到女儿打来的电话，随后女儿通过微信发来3张照片，她的女儿贝贝（化名）被老师拿钢棍打伤了，屁股上留下一条条鲜红的血痕，周围皮肤青一块紫一块。据说，和贝贝一起学美术的130多名学生也都被打了。

采访中，贝贝坦言，在短短的三个月学习中，她见过不少学生被老师体罚。

贝贝说，一位男同学因为刚打完篮球比赛，比较累，上课的时候，可能没精神，注意力不集中，老师便对他进行"教育"：小小的木头板凳，四脚朝天放，让这位男同学坐在四条板凳腿儿上，并且还必须跪起脚尖，保持这样的姿势上课。

"今天早上，还有位学生被罚做了200个俯卧撑。"贝贝说，跑圈、做俯卧撑、深蹲、蛙跳……这样的体罚还算能接受，最害怕老师打人。还有的学生凌晨1点多不能睡觉，被老师要求在走廊上画画。"我记得有一次，老师把三个拖把棍捆在一起打学生，那么粗的棍都打断了。"贝贝说，被打的学生都不敢吭声，觉得自己没有做好，被老师打了，也只好认了。

由此可见，个别教师的教育法律体系意识比较单薄，在处理教学问题时，因为忽视法律法规的存在，而导致其不能依法执教，侵犯了学生的合法权益，甚至违法了法律。为了进一步提高广大教师的法律素养，不但要更新教育法律观念，更要让教师有学习的机会，还要建立健全相关法律体系，学校和社会要多渠道多形式地开展教育法律学习与培训，让教师在教育实践中不断践行，从学校、个人以及学生的实际情况出发，从而提高其教育法律修养。

（二）原因

在爱国守法维度上，一些教师践行权责的失当有不同表现，究其原因主要表现在以下几个方面。

1. 教育法律理念落后

在新时期，一些教师日常教育实践中，仍然具有传统的教育教学理念，认为教师首要具备专业的知识能力，而对先进的教育理念、法律意识的重要性认识不足，不认为这是教师必备的素质。即便有些学校通过不同形式对教师进行培训，但仍然有教师没有对先进教育理念的必要性产生真正的认同。例如，有教师认为，教师就应该具有绝对的权威，容不得学生的质疑和挑战，认为学生要"听老师的话"，在多数情况下，学生在这样的环境中，形成了对教师权威的"唯命是从"和绝对服从。

2. 教师职业道德缺失

职业道德是人们在职业生活中应该遵循的、与职业实践有着密切关系的道德规范和准则，是一定社会的一般道德在职业生活中的具体表现。教师职业道德是其在职业生活中，调节和处理与他人、与社会、与集体、与工作关系中所应该遵守的基本行为规范或行为准则，以及在此基础上表现出来的观念意识和行为品质，具体来说，包括职业道德认识、道德情感、道德意志和道德行为。教师职业道德要求教师必须具有"教育爱"，这种教育爱是爱国情感的具体化，是其在教育教学中的具体体现，而教师表现出来的失范和失当，是其教育爱的缺乏，也是职业道德的缺失。

3. 教师心理健康失衡

教师应该是一个充满正能量的集体，健全的身心是一名合格教师所必须具备的基本素养之一，教师要以身示范、为人师表，其一言一行都对学生产生示范作用，而健全的心理也会深刻地影响学生。心理健康的教师才能培养出心理健康的学生，其心理健康状况会直接影响着学生的心理健康水平。如果一位教师心理出现失衡或者偏差，并且不注意自我心理调整或者心理疏导，就可能经常表现出负面的、消极的言谈和行为举止，给学生带来较多的负能量，造成"师源性"伤害，如教师的情绪情感状态的喜怒无常和性格的暴躁乖戾等情绪化的表现，往往是造成学生心理问题的直接原因。这些消极的情绪或行为长时间不能化解和控制，就可能因教师的非正常教学言行而使学生产生恐惧心理，甚至直接导致学生产生心理障碍。

4. 职业价值取向偏差

在某种程度而言，社会和教师群体自身对教师职业价值都存在一定的认识偏差，即一方面片面夸大教师的社会工具价值，如将教师神圣化，认为教师是真、善、美的代表；而另一方面，如果过分夸大的社会价值没有得以实现就过分贬低教师的职业价值[①]，如"没有教不好的学生，只有不会教的老师"。也就是说，当教师被赋予过高的社会价值而难以完全实现，不能充分满足相关利益主体的诉求时，就从"万能"变成了"无能"，这种价值偏差也影响着社会和教师本人对教师职业的认识和理解，致使教师外在工具价值的彰显和内在价值的满足难以较好地平衡和协调。尤其是，在功利性和浮躁心理较强的社会背景下，社会流行的实利主义、实惠主义等价值取向深刻地影响着教师的教育观念与行为，使其价值取向产生偏差，造成教师职业道德的滑坡和失守等问题。

5. 制度保障不健全

在教育教学过程中，教师要依法治教、依法执教。首先要有法可依，因此，健

---

① 张仙凤. 当代中国教师职业价值取向之偏差[J]. 教育发展研究，2007（9A）：37-40.

全完善的教育法律体系是教师在爱国守法层面上实施教学的前提。但是，当前我国的相关法律法规体系仍然在完善之中。由于教育法律体系的"不健全"，致使教师在教育实践中面对一些问题时无法可依、无章可循。因此，我们必须不断完善教育法律体系，在促进教育改革发展的高度来认识和强化其法规体系建设的重要性。

三、爱国守法与责权限度的平衡

（一）教师要增强法律意识，学法、知法、懂法

作为一名合格的教师，要了解和掌握必要的相关法律知识，熟知有关法律规定的教师的责权和义务，明晰哪些言行是法律所不允许的，这些是教师依法执教的基础。所以，教师在日常生活和教学工作中，要具备较强的法律意识，能够自觉自主地去学习相关法律知识，把握当前相关法律的动态和发展，并结合当前社会发展需要，教育发展需求，以及学生身心发展特点等，自觉地将这些知识融入已有的知识架构中去，使其在需要的时候能够及时提取，发挥教学机智，体现出教师扎实的法律知识和较高的法律素养。

（二）教师要严格守法，正确行使职责权力

教师必须严格按照相关法律法规，在法律许可的权利和范围内，严格按照法定的程序或条件行使教师的权利，以保证正确地实施。而对于相关法律法规所禁止的行为，教师要坚守法律的底线，不能以任何变相的形式实施法律许可范围外的教育行为，如各种形式的体罚或变相体罚，以及对学生的嘲讽、人格的侮辱等有损学生尊严和荣誉的言行，都是法律所不允许的。

（三）教师要善于用法，维护学生、学校和自己的合法权益

教师掌握了相关的法律法规，也能够在法律允许的范围内运用法律，做到这些还是不够的，教师还需要善于利用法律，来有效地维护学生、学校、自我等相关利益主体的利益。在此的"善"用，有两次含义：一是有擅长的意思，即要有运用法律的思想意识，善于、勇于使用法律武器，要将其融入日常教学和生活之中；二是有善意和善念，就是说，在利用法律法规时，处"善"的目的，最终是为了学生、学校、家长等相关利益主体的合法权益，是为了促使学生向善、学校发展等，利用法律只是一种手段，而不是目的。

第三节 爱国守法应如何做

爱国守法是对每一个公民的基本要求。教师是为人师表的典范,更应该在爱国守法方面以身作则、率先垂范。为了使教师更好地做到爱国守法、促进教育教学,应综合多种因素的作用,借助不同方面的力量,最大限度地促进教师的爱国守法。首先,教师要进行自我修炼,注重提升自身素养;其次,学校与教育行政部门要采取积极措施给予支持激励;再次,社会要建立健全监督保障机制。

一、教师的自我修炼

名师于漪曾经说,一辈子做教师,一辈子学做教师。这句话,既简单又意味深长。一辈子学做教师就意味着教师要进行终身学习,要不断地进行自我修炼。尤其是在新时期,面对基础教育的深入推进和素质教育的深化实施以及学生核心素养的提出与强调,教师更需要通过加强自我学习,努力提升自己的专业素养,尤其是要不断地自我学习和体验,不断地自我反思和践行,强化爱国意识和情怀,提高职业道德修养。从下面的一则案例中,或许我们对于教师的自我修养、勇于担当的爱国、爱生情怀会有更深切的体会和更深层次的理解。

做党和人民满意的好老师主题活动——爱,好老师的第一素养[①]

我真没想到在自己早逾古稀之年,获得首届国家级基础教育教学优秀成果奖特等奖,这是我做梦也没想到的事;我更没想到颁奖活动规格这么高。今年教师节前夕,习近平总书记、李克强总理和中共中央政治局常委刘云山、张高丽亲切接见我们,会议厅里热烈的掌声与欢笑声交织在一起,大家沉浸在无比的幸福之中。

当习近平总书记走到我面前与我握手时,我情不自禁地说:"总书记,您是我们爱戴的伟大领袖,我两次与您握手,我是幸福的教师。"习近平总书记和蔼地望着我,亲切地说:"你要多保重。"轻轻一句话,饱含了总书记对教师深深的关爱,流露出一个大国领袖的仁爱之心,我被深深地感动了。

当天下午,刘延东副总理给我颁奖时,她和蔼可亲的微笑和话语让我心中十分甜美。颁奖后,她的报告让我在第一时间听到习近平总书记上午在北师大重要讲话的内容。习总书记指出,"百年大计,教育为本;教育大计,教师为本"。他号召"全国广大教师要做有理想信念、有道德情操、有扎实知识、有仁爱之心的好老师","做党和人民满意的好老师"。我听后倍受鼓舞。

---

① 李吉林. 爱,好老师的第一素养 [Z]. 中国教育报,2014-11-01(01)/2020-1-6.

回顾自己36年探索与研究情境教育的历程，我总是用心倾听时代的脚步声，听从伟大时代的召唤，随之紧紧跟上，不肯停步，脚踏实地往前走，充满了对祖国、对教育、对学生的赤诚的爱。我深深体悟到：爱，是当好老师的第一要素。

我想，做党和人民满意的好老师，首先要有对伟大祖国无限热爱的丰富而宽厚的情怀。我是20世纪50年代的师范生，是从贫穷中走过来的，是新中国培养出来的一代教师，我更懂得珍惜和感恩。我在初中学近代史时，就知道近百年来清政府的腐败造成西方列强，包括日本帝国主义对我们祖国的一次次凶残的掠夺和践踏，这国耻深深地刻在我心上。记得1980年，我到日本考察，当我觉察到日本的学校设备比我们的先进时，心里很不是滋味，坐在车上，心情不能平静。傍晚，我在日记本上写道："祖国母亲，我是第一次离开您的怀抱，让我第一次体验到想念祖国之情是何等的真切而圣洁。"我含着泪水写着："祖国母亲，您今天虽然贫穷，但是您的儿女不会嫌弃。我们要用勤劳和智慧让您富强起来……"当我回国给孩子们上课时，向他们讲了在日本的所见所思，要他们从小立志，长大了用自己的双手和本领让祖国强盛起来。我讲得很激动，流露出心中对他们急切的期盼。当时就有孩子站起来说："李老师，您的脸都讲红了！"我把小学教师平凡的工作与祖国美好的未来联系起来，深刻地体验到教育是神圣的事业，我必须虔诚相对，其间凝聚着我的理想信念。正是对伟大祖国始终不渝的爱，成为我36年坚持情境教育的探索与理论研究永不枯竭的力量源泉。

因为对祖国的爱，我作为教师很自然地从国家利益、民族兴盛这样的高度去思考教育，满腔热情地从事每天的工作。这样的信念、这样的情感，必然会在教育教学中流露出来，进而影响我们的学生。进入这样美妙而圣洁的境界，仿佛自己的人格也升腾了。

我心存高远之志。中国教育史让我知道中国的教育从20世纪初先是学习日本，后来学习欧美；20世纪50年代后是全盘学习苏联。总之，搬用国外的教育模式和理念几乎是一种常态。所以，我心里向往着，中国教育应该走出国门，走向世界。我努力去寻"根"，怎么使情境教育具有本土文化的气息；我关注国际教育改革的动向，去学习、借鉴世界先进的教育科学，使情境教育既具有中国特色，又能与世界教育对话。我想，这就是我作为一名中国教师的"教育梦"。现在，情境教育走出国门，虽然才迈出第一步，但是当我有了这样的志向和美好的憧憬时，我便觉得自己的事业充满诗情画意，中国教师的尊严油然而生。

心中充满对祖国庄重而深沉的爱，作为教师，我必然爱工作、爱学生。习近平总书记指出："爱是教育的灵魂，没有爱就没有教育。"在我心中，儿童是世界上最纯真、最具有向上性且又充满奇思妙想的人。我和他们在一起生活了半个多世纪，这是我人生的莫大幸福。我深深地爱着我的学生，出身寒门的孩子，总会令我对他们更偏爱、厚爱一点，为他们送上温暖。在我心中，对学生的爱，我觉得不仅是关爱，还常有一种怜爱渗透其中。因为我们的学生是小孩，还不完全懂事，还很稚嫩，他们尚不知道儿时的学习生活会怎么样地影响他们的未来。教师担当的责任就更大，更讲究教师的良知。于是，我心里总盘算着，怎么用真情、用厚爱，化成善导；怎么用爱心，为他们遮风挡雨，小心地呵护，但又精心地进行历练；又怎样依循教育科学，使我们的教育教学顺应儿童的天性。我还特别警惕，在教学中千万不能在不经意间泯灭儿童可贵的想象力和创造力，那对儿童会造成无法弥补的损伤。

因为爱，我不倦地在"小学里读大学"，努力拓宽自己的学术视野，加厚自己的知识功底。我苦心研读中国古代文论经典《文心雕龙》，从中概括出"真、美、情、思"四大元素，发现这正是儿童发展所需。于是，我将其创造性地用于小学教育。这些年，我又潜心学习脑科学和学习科学，从中为情境教育找到科学的理论支撑，使情境教育更具有科学性和生命力。正是我内心对学生的爱，竟启迪了我的智慧。每当我面对儿童的眼睛、儿童的微笑、儿童的哭泣，我不可能无动于衷。我必须琢磨儿童的所思、所需、所爱、所畏……爱，让我在情境教育探索与研究的30多年间心无旁骛，沉浸其中。

正如习近平总书记指出的，"爱心是学生打开知识之门、启迪心智的开始，爱心能够滋润浇开学生美丽的心灵之花"。这诗一般的语言，其实就是教育规律的揭示。习近平总书记还指出，"好老师要用爱培育爱、激发爱、传播爱，通过真情、真心、真诚拉近同学生的距离，滋润学生的心田"。我顿觉情境教育与习近平总书记对教育的要求相契合，这给我巨大的鼓舞。我对照自己探索、创立的情境教育，就是以美激爱、以爱导行、以情激智、以情为纽带，缩短与儿童的心理距离。把情感与认知结合起来。情境教育就是以情感为命脉，让儿童在美的愉悦中，在情感的驱动下，主动地投入学习活动，享受学习活动带来的快乐，使学习获得高效。所以，中央电视台在播放采访我和李希贵校长的画面时，下面的字幕中就是"个性与情境教育：基础教育的新方向"。简短的一句话，该给情境教育多高的评价，更是召唤我要和老师们坚持在实践中研究，进一步增强迈向情境教育新境界的信念。

我要和广大教师一起积极响应习近平总书记的号召，努力使自己成为党和人民满意的好老师。爱，是好老师的第一素养。

我真想倡导"爱满校园"。

由此可见，争做一名党和人民满意的好老师，不但要有对伟大祖国无限热爱的丰富而宽厚的情怀，更要有持之以恒的毅力和自我成长的修炼。对于教师个人而言，具体要做到以下几个方面。

（一）加强职业道德修养

教师职业道德修养是教师为培养良好的职业道德品质所进行的自我锻炼、自我陶冶、自我教育和自我改造的过程和行为。教师职业道德修养的内动力来源于其内在的道德需要，是教师内在道德需要所开启的自主的、自觉的行为。教师加强道德修养，首先，要确立可行的目标，并坚持不懈地努力。也就是说道德修养要有明晰的目标作为指导,在教师职业道德修养过程中,其总目标就是崇高的职业道德理想,指引着教师朝着更高的道德境界努力。其次,教师还要注重慎独内省。慎独是一种崇高的道德境界,也是一种积极的道德修养方法。教师要时刻严格要求自己,使自己的言论符合爱国理念和道德要求。最后,教师道德修养还要在人际交往中不断改善和提升。因为教育是人与人相互交往并相互影响的一种社会性活动,所以,日常社会生活和学校生活中涌现的良好精神道德风貌和高尚道德风尚,教师都应该积极传播、效法和学习,成为其推动者、助力者、传播者,在此过程中,自觉地与他人交流学习,从而不断强化师德修养。

(二)学习与时俱进的教育理念

当前,随着全球化和信息化时代的到来,中国教育已经悄然走出国门,这也需要中国教师做好充分的准备,为世界教育贡献中国智慧,为中国教育贡献个人智慧。因此,教师也必须结合时代需求和学生身心发展特征,积极学习和掌握与时俱进的教育理念,在师德修养中也要坚持创新与继承相结合。在新时期,教师不但要立足优秀教学传统及优秀师德,继承和发扬传统师德,还要根据新时代的社会环境和客观条件,积极创新建构,形成适合时代所需的教育理念和师德。

(三)以身作则、身体力行

爱国守法,不但要有积极的强化意识,更要有主动的行为,即坚持动机与效果的有机统一。所谓动机,就是有爱国守法的主观意向和愿望,这是激励教师行动的主观原因;所谓效果,就是教师行动后产生的客观结果和后果,它是其行为的客观表现和记录。要坚持二者的统一,就要求教师不但要学习爱国守法的力量知识,加深对其意义和作用的认识和理解,不断增强修养的动力,而且,还要通过各种形式将良好的动机转化为客观的、外在的、现实的行动。在动机与效果的有机结合中实现爱国守法的践行,最终成为"行动的巨人"。

二、学校与教育行政部门积极地支持激励

让每一位教师得到专业成长
——陕西大力加强教师队伍建设纪实[①]

2008年以来,陕西省出台一整套教师队伍建设"制度群",对教师资格、培养培训、管理评聘、待遇表彰等进行系统设计,确立了"以德为先,骨干带动,全员提

---

① 冯丽,柯昌万.让每一位教师得到专业成长——陕西大力加强教师队伍建设纪实[Z].中国教育报,2014-11-01(01)/2020-1-6.

升"三位一体战略思路，培育教师专业成长良好生态，全省中小学教师队伍整体素质和水平显著提升。

这学期，陕西省千阳县启文小学青年教师张亮忙得不亦乐乎：教学、教研、管理、培训与被培训。从一名中师毕业的普通农村教师转身为陕西省最年轻的首届省级学科带头人培养对象，还是千阳县唯一的省级优秀教学能手工作站负责人，30岁的张亮很珍惜现在的一切。他说："我是赶上了好时候，是省里教师队伍建设的好政策给了我'破茧成蝶'的机会与平台。"

张亮所说的政策，是陕西省出台的一整套教师队伍建设"制度群"。2008年以来，陕西省出台了一系列档案，对教师资格、培养培训、管理评聘、待遇表彰等进行系统设计，确立了"以德为先，骨干带动，全员提升"三位一体的战略思路，狠抓"骨干体系建设"和"全员素质提升"两大工程，培育教师专业成长的良好生态，全省中小学教师队伍整体素质和水平显著提升，焕发出昂扬向上的勃勃生机。

"三级三类"骨干体系，搭建教师专业成长平台。

2013年，陕西正式启动实施骨干带动战略。"让骨干教师带动全省基础教育师资队伍整体素质提高。"陕西省教育厅副厅长张雄强介绍说："计划到2020年，逐步构建起涵盖省、市、县三级，包括教学名师、学科带头人、教学能手三类骨干在内的，具有陕西特色的'三级三类'基础教育骨干教师体系，初步形成遴选与培养、管理与使用一体化的骨干教师管理体制和运行机制。"

校本研修，助力教师全员素质提升。

"办人民满意的教育，促进教育均衡发展，提高教育质量，最根本的是建立教师终身学习、全员发展的长效机制。"张雄强说，"教师的专业成长，不能仅仅依靠个人的职业理想，更多的要用机制推动，让每个人都有机会发展。"

2011年，校本研修工作在陕西省中小学校启动。每名教师每个学年度都要制订个性化研修计划，完成32学时的研修任务，由学校统筹设计指导。通过3年强力推行，"基于课堂、基于问题、基于个性化专业成长"的校本研修机制基本确立。2014年，陕西实现校本研修全省全员覆盖。

"名师大篷车"，引领农村教师专业发展。

"一直很钦佩您对历史教学独到的见解和孜孜以求的精神，短短时间已经在群里学到很多，能跟随您一起成长，是我们青年教师的幸运。"在西北大学附中历史教师周宏的省优秀教学能手工作站QQ群里，西安市新城区教师进修学校教师黄丽敏的留言道出了大家的心声。短短10个月，工作站QQ群实名成员已由成立之初的8人发展到170人，群内发表的360篇研修博文吸引了众多教师关注。

"中小学教师队伍建设，我们不仅要最耀眼的几颗明星，更要满天的繁星。"张雄强说。为充分发挥骨干带动作用，陕西在骨干教师的选拔上，切实将认定、培养和服务基层等过程整合起来，实现骨干教师个人成长和教师群体发展的协同实践创新。

教师职业道德修养和专业成长是一个多因素相互作用、多矛盾相互交织、多功用相互交叉的运动过程,在此过程中,不但需要教师自身的努力,不断地进行自我修养和学习,还需要学校和教育行政部门为教师提供专业成长和学习的机会平台,以多种形式开展师德修炼,并建立相应的奖惩制度。

（一）为教师提供专业成长与师德学习的平台和机会

为教师提供学习平台和践行机会是最直接的促进手段。"以德为先,骨干带动,全员提升"三位一体战略思路,"三级三类"骨干体系,搭建了教师专业成长平台。正如教育家蔡元培先生所言,师德不是熟记和掌握几句格言就可以的事情,而重在践行。为教师提供锻炼的平台和机会可以推进落实、强化规范,在实践中走向道德修养的目的和归宿。

（二）多渠道、多形式地开展师德修炼

教师进行师德修养可以通过不同的形式来进行：第一,鼓励教师学历进修,培养学习意识,提升师德素养。这是教师素养提升的内动力,可以强化其学习意识,培育学习能力,并且使学习成为一种自觉行为、一种习惯。第二,通过各种培训提供学习机会。各类学习培训能够在一定程度上为教师提供新的理论知识,使教师的知与行统一起来。尤其是诸如通识培训、学科培训、课改管理培训等,可以使教师在培训中将实践中的困惑和问题与理论学习充分结合起来,促使其思考与内化,从而使"知""思""行"协调发展。第三,专家引领树立典范。专家引领在一定程度上,可以大大缩减教师摸索的时间,可以更有效地获取相关知识、教育思想等,通过聆听和感受一些著名学者专家的教育思想、教育智慧和教育精神,能够给教师以思想的启迪、精神的鼓舞和心灵慰藉,从而提升教师的专业素养。第四,开展各类读书研讨活动。各种类型的读书会、研讨会等可以最大程度上激发参与者的思维,通过每一个教师的分享和心得体会,使每个人都从中有所思、有所获,并逐步营造出积极参与的学习交流氛围,同时也在一定范围内延展和拓宽学习的时空。

（三）建立科学合理的监督和奖惩制度

科学合理的监督机制和奖惩机制对教师爱国守法起到直接的监管、激励作用。这些是促使教师成长发展的外在因素和力量。而内因与外因的和谐共生是促进其发展的动力之源。它能够督促与激励教师积极践行良好师德风尚和自我约束的工作作风,促进教学质量的提高,提升教师的社会地位和职业声誉。例如,对于积极参加思想政治学习,做到教书育人、为人师表,且教学效果和师德示范优秀的教师,给予表彰和奖励；相反,对于那些不维护师德形象、在爱国守法上有失身份的教师给予适当的惩罚。这种以德育为首、以师德为先、以教学为中心、以实践改革为目的的教育管理监督机制能够充分调动和激发教师的积极性和创造性,促使其坚守本职工作，成为具有良好职业道德、工作责任心强、敬业奉献的好教师。

三、社会提供健全的监督保障机制

教育部关于建立健全中小学教师师德建设长效机制的意见
（教师〔2013〕10号）

教师是教育的根本，师德是教师的灵魂。长期以来，全国广大中小学教师教书育人，敬业奉献，为我国教育事业改革和发展作出了重要贡献，赢得了全社会的广泛赞誉和普遍尊重。但是，近年来极少数教师严重违反师德的现象时有发生，引起社会广泛关注，损害了教师队伍的整体形象。为贯彻落实《国务院关于加强教师队伍建设的意见》，以社会主义核心价值体系为引领，充分尊重教师主体地位，大力弘扬高尚师德，切实解决当前出现的师德突出问题，引导教师立德树人，为人师表，不断提升人格修养和学识修养，努力建设一支师德高尚、业务精湛、结构合理、充满活力的中小学教师队伍。现就建立健全教育、宣传、考核、监督与奖惩相结合的中小学师德建设长效机制提出如下意见：

（一）创新师德教育，引导教师树立远大职业理想。

（二）加强师德宣传，营造尊师重教社会氛围。

（三）严格师德考核，促进教师自觉加强师德修养。

（四）突出师德激励，促进形成重德养德良好风气。

（五）强化师德监督，有效防止失德行为。

（六）规范师德惩处，坚决遏制失德行为蔓延。

（七）注重师德保障，将师德建设工作落到实处。

教育部关于印发《中小学教师违反职业道德行为处理办法》的通知[①]
（教师〔2014〕1号）

为规范教师职业行为，保障教师、学生的合法权益，根据《中华人民共和国教育法》《中华人民共和国未成年人保护法》《中华人民共和国教师法》《教师资格条例》等法律法规，制定本办法。

本办法所称中小学教师是指幼儿园、特殊教育机构、普通中小学、中等职业学校、少年宫以及地方教研室、电化教育等机构的教师。

本办法所称处分包括警告、记过、降低专业技术职务等级、撤销专业技术职务或者行政职务、开除或者解除聘用合同。其中，警告期限为6个月，记过期限为12个月，降低专业技术职务等级、撤销专业技术职务或者行政职务期限为24个月。

---

① 中华人民共和国教育部.教育部关于印发《中小学教师违反职业道德行为处理办法》的通知[EB/OL]. http://www.moe.gov.cn/srcsite/A10/s7002/201401/t20140114_163197.html.

教育部关于印发《中小学教师违反职业道德行为处理办法（2018年修订）》的通知[①]（教师〔2018〕18号）

为深入贯彻习近平新时代中国特色社会主义思想和党的十九大精神，深入贯彻落实全国教育大会精神，扎实推进《中共中央国务院关于全面深化新时代教师队伍建设改革的意见》的实施，进一步加强师德师风建设，我部对2014年印发的《中小学教师违反职业道德行为处理办法》进行了修订，本办法共14条。

教育部关于印发《新时代中小学教师职业行为十项准则》的通知[②]（教师〔2018〕16号）

教师是人类灵魂的工程师，是人类文明的传承者。长期以来，广大教师贯彻党的教育方针，教书育人，呕心沥血，默默奉献，为国家发展和民族振兴作出了重大贡献。新时代对广大教师落实立德树人根本任务提出新的更高要求，为进一步增强教师的责任感、使命感、荣誉感，规范职业行为，明确师德底线，引导广大教师努力成为有理想信念、有道德情操、有扎实学识、有仁爱之心的好老师，着力培养德智体美劳全面发展的社会主义建设者和接班人，特制定以下准则。共包括十个方面。

教育部等七部门印发《关于加强和改进新时代师德师风建设的意见》的通知[③]（教师〔2019〕10号）

为认真贯彻落实《新时代公民道德建设实施纲要》，深入推进实施《中共中央 国务院关于全面深化新时代教师队伍建设改革的意见》，全面提升教师思想政治素质和职业道德水平，就加强和改进新时代师德师风建设，从六大部分18个方面展开。

全面推进依法治教依法行政依法治校
教育部召开机关党员干部大会学习贯彻党的十八届四中全会精神[④]

10月31，教育部召开直属机关党员干部大会，传达学习党的十八届四中全会精神，就学习研究宣传贯彻工作进行动员部署。教育部党组书记、部长袁贵仁在会上强调，要切实把四中全会精神学习好、研究好、宣传好、贯彻好、落实好，全面推

---

① 中华人民共和国教育部政府门户网.《中小学教师违反职业道德行为处理办法（2018年修订）》的通知[EB/OL]. http：//www.moe.gov.cn/srcsite/A10/s7002/201912/t20191213_411946.html.
② 中华人民共和国教育部政府门户网.《新时代中小学教师职业行为十项准则》的通知[EB/OL]. http：//www.moe.gov.cn/srcsite/A10/s7002/201912/t20191213_411946.html.
③ 中华人民共和国教育部政府门户网.《关于加强和改进新时代师德师风建设的意见》的通知[EB/OL]. http：//www.moe.gov.cn/srcsite/A10/s7002/201912/t20191213_411946.html.
④ 焦新.教育部召开机关党员干部大会学习贯彻党的十八届四中全会精神[Z].中国教育报，2014-11-01（01）/2020-2-16.

进依法治教、依法治校,创新法治人才培养机制,为全面推进依法治国,实现两个百年奋斗目标和中华民族伟大复兴中国梦作出贡献。

袁贵仁全面传达了四中全会基本情况,深入解读了全会主要精神。强调,教育系统学习领会四中全会精神,要从三个方面把握精神实质,提出六点要求。

从上述文件政策来看,新世纪以来,我国在推进依法治教、依法治校,加强师德建设方面颁布实施了多项政策,这些政策为教师爱国守法、依法执教提供了保障,也使其有章可循、有法可依。具体而言,在社会层面促进教师爱国守法,需要从深化继续教育、职业道德教育、法制教育以及完善相关制度体系等方面着手。

(1)加强继续教育,适应改革需求。要提升教师在爱国守法方面的知识与能力,需要坚定不移地加强对教师的继续教育,用先进的思想武装其头脑,指导其实践工作,拓展学习的深度广度,使教师在教育实践中和师德实践中多一份反思、少一份抱怨,通过加强知识文化涵养,努力提升自身的思想水平、知识水准和实践能力,努力跟上时代的步伐,适应新时代教育改革发展的需要。

(2)强化职业道德教育,提升爱国情怀。教师的爱国守法、爱生敬业是教师师爱之路成长的点滴汇聚。党的十九大强调要坚持全面依法治国,并将其作为中国特色社会主义的本质要求和重要保障。因此,作为一名新时代的教师,要自觉地养成爱国守法的思想理念和行为习惯,以敬畏之心和尊崇之心爱国爱校,依法从教,争做新时代的"四有好教师",即有理想信念、有道德情操、有扎实学识、有仁爱之心的教师。

(3)加强法制教育,严格依法执教。除了对教师进行继续教育、职业道德教育之外,还要积极进行爱国守法教育宣传,通过日常教学、各种研讨活动、网络媒介等各种形式,对教师强化法制教育,使其不忘初心、敬畏法律。以爱国之情,守法律底线,筑牢爱国守法的观念,在教学实践中牢固树立责任意识、岗位意识,不断增强爱国守法的自觉行为。同时,还要善用法律武器维护教师和学生的合法权益。通过法制教育,使每一位教师既成为文化知识的传承和创新者,也成为爱国守法的道德楷模;使其既是爱国、爱生的合格教师,也是懂法、守法的优秀教师;使其理解与铭记:有两样东西,我对它们的思考越是深沉和持久,它们在我心灵中唤起的赞叹和敬畏就会越来越历久弥新,一是我们头顶浩瀚灿烂的星空,二是我们心中崇高的道德法则。

(4)加强制度建设,完善机制体系。爱国守法内含两种含义,即爱国与守法。爱国是对教师政治生活的基本要求,反映了教师应该具备的政治思想与立场;守法是强调要贯彻国家的教育方针,自觉遵守法律法规,集中体现了践行爱国的根本要求。教师作为社会人,首先是一位中国公民,享有公民的权利和义务,要以爱国为荣、以损害国家为耻;同时作为职业角色的教师,也要依法履行教师责权。而相关的法律制度为教师行使权利和践行职责提供了坚实的依靠和保障,也提供了可行的标准与策略,因此,加强相关法律法规建设,建立系统科学的监督和管理机制,是促进教师爱国守法、爱岗敬业的有力保障。

本章小结

爱国守法是教师职业的基本要求。在新时期，爱国守法更是时代需要和社会需求。爱国守法就是热爱祖国，热爱人民，拥护中国共产党领导，拥护社会主义。全面贯彻国家教育方针，自觉遵守教育法律法规，依法履行教师职责权利。爱国守法能够为教师从事教育事业提供思想基础和动力之源。因此，教师在坚持做到爱国守法的同时，更要把握好责权限度。正确行使教师权利、履行教师职责，避免失当的教师权责行为。为此，需要多方面发挥合力作用，教师自身加强修炼；学校与教育行政部门给予激励支持；社会要建立健全监督保障机制。

爱国守法是贯穿教师教育工作全过程的，应该成为教师一生的坚守和追求。在此过程中可能会出现意想不到的问题和困惑，这既需要教师发挥教学机智，不断完善自身修养，同时，也需要相关制度体系的保驾护航！

知识链接

1. 中小学教师实施教育惩戒规则（征求意见稿）.http：//www.moe.gov.cn/jyb_xwfb/s5147/201911/t20191125_409535.html.

2. 中华人民共和国教育部政府门户网.《中小学教师违反职业道德行为处理办法（2018年修订）》的通知[EB/OL].http://www.moe.gov.cn/srcsite/A10/s7002/201912/t20191213_411946.html.

3. 中华人民共和国教育部政府门户网.《新时代中小学教师职业行为十项准则》的通知[EB/OL].http://www.moe.gov.cn/srcsite/A10/s7002/201912/t20191213_411946.html.

4. 中华人民共和国教育部政府门户网.《关于加强和改进新时代师德师风建设的意见》的通知[EB/OL].http://www.moe.gov.cn/srcsite/A10/s7002/201912/t20191213_411946.html.

思考题

1. 教师的爱国守法具体体现在哪些方面？
2. 你认为教师应如何做到爱国守法？
3. 结合实际谈一谈，师范生应如何做？
4. 各列举正、反两个方面的案例，对教师的爱国守法尝试展开讨论和分析。

参考文献

[1] 中华人民共和国教育部.教师职业道德[M].北京：新华出版社，2003.

[2] 段文阁. 教师职业道德 [M]. 济南：山东人民出版社，2012.

[3] 本书编写组. 教师职业道德 [M]. 西安：西北大学出版社，2011.

[4] 刘济良. 全国学前教育专业（新课程标准）"十二五"规划教材·幼儿教师职业道德 [M]. 上海：复旦大学出版社，2015.

[5] 张君. 中小学教师：职业道德教育读本 [M]. 沈阳：辽宁大学出版社，2009.

[6] 刘玉红，严红. 当代中小学教师职业道德修养 [M]. 沈阳：东北大学出版社，2006.

[7] 张炳生，陈善卿. 中小学教师职业道德新探 [M]. 北京：首都师范大学出版社，2005.

[8] 吴文菊. 解读中小学教师职业道德规范（2008年修订）[M]. 西安：陕西师范大学出版社，2009.

[9] 傅维利. 教师职业道德教育指南 [M]. 北京：高等教育出版社，2002.

[10] 陈惠津，范士龙. 教师职业道德与教育法规 [M]. 武汉：华中师范大学出版社，2018.

[11] 路丙辉. 教师职业道德修养 [M]. 芜湖：安徽师范大学出版社，2015.

第五章　爱岗敬业：教师职业的本质要求

〔本章提要〕

爱岗敬业是教师职业的本质要求，教师是普通而又不平凡的岗位。新时代背景下教师队伍的素质不断提高。本章节将通过学习时代楷模张玉滚的事迹，借助正反两个维度的实际案例进行对比分析，将马克斯·韦伯的"责任伦理"与教育相结合，引导学生在具体的教育教学过程中更好地做到爱岗敬业，实现自身价值，成为一名合格且优秀的人民教师。

〔学习目标〕

1. 了解爱岗敬业的内涵。
2. 理解教育中的责任伦理。
3. 区分爱岗敬业与玩忽职守。
4. 明确爱岗敬业应该怎么做。

〔知识导图〕

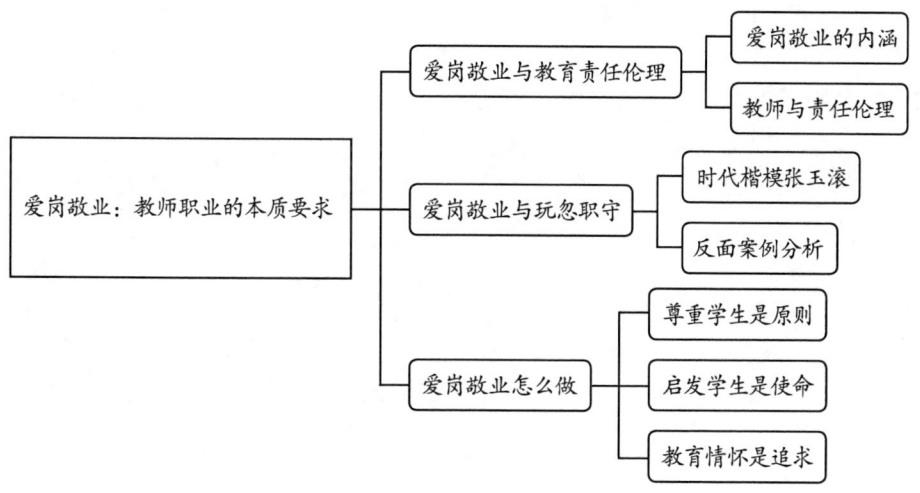

第一节　爱岗敬业与教育责任伦理

一、爱岗敬业的内涵

爱岗敬业是教师职业的本质要求。那么，什么是爱岗敬业呢？这四个字的内涵又是什么呢？

我们先从这四个字的古今常用义进行分析：

"爱"可以表示发自内心的热爱，也可以表示怜惜，也有吝惜、舍不得之意。①在《当代汉语词典》中，"爱"表示"对人或物有深厚的感情"和现在常用的"喜欢"的意思。②

"岗"字，翻阅字典发现，对其大多的解释为"高起的山坡"，如山岗；"守卫的位置"，如岗位等；在一定程度上，"岗同冈"。③关于此二字的区别，《咬文嚼字》2014年第6期，锤华发表过相关文章。

在当代语文中，"井冈山"可以写成"井岗山"吗？从尊重汉字历史的角度来说，应该是可以的。但是，随着语言生活的发展，实际上这两个字已经渐行渐远。因此，答案是否定的。

"冈"字用于山冈。"大山曰陵，小山曰冈"，所谓山冈，通常指的是海拔不高、坡度不大的山。我国不少地名中带有"冈"字，如江西的古龙冈、湖南的武冈、广东的佛冈，都是有这样的地形特点。

"岗"字用于高坡，凡隆起的坡地，习惯上可称之为"岗子"。广州有一座黄花岗，因埋葬有七十二烈士的遗骸而名垂青史。至于"岗位"一词，则与士兵和警察值勤有关。士兵或警察值勤时，为了及时掌握远处的动静，总要站在高处，这便是所谓"站岗"。他们站立的地方便是"岗位"。如果还修有建筑物那便是岗亭、岗楼。"岗位"虚化以后，也可泛指工作的职位。

《文摘报》（2014年06月19日05版）

"敬"的古意是："严肃，慎重；尊敬，尊重；用草做成的鞋垫；包裹。"④在《当代汉语词典》中意为："尊敬，尊重，恭敬；有礼貌地送上（饮食或物品）；虔诚地供

---

① 王力等.古汉语常用字字典[Z].北京：商务印书馆，2014.
② 莫衡等.当代汉语词典[Z].上海：上海辞书出版社，2001.
③ 王力等.古汉语常用字字典[Z].北京：商务印书馆，2014.
④ 王力等.古汉语常用字字典[Z].北京：商务印书馆，2014.

奉。"①

"业"在古文中，常见的意思有："古带悬钟磬用的大木板；事业，功业；职业；学业；产业；已经；高大雄壮的样子；担心害怕的样子。"（详见《古汉语常用字字典》，同上。）在《当代汉语词典》中，"业"字解释为："行业，职业，学业，事业；产业，财产；佛教徒称一切行为、言语、思想为业，包括善恶两面，一般专指恶业；从事（某种行业）；已经。"（详见《当代汉语词典》，同上。）

了解了这四个字各自的古今常用义之后，不难发现"爱岗敬业"中的"爱"应该为"对人或物有深厚的感情"，对什么有深厚的感情呢？对"岗"，即工作的职位、岗位，要对自己工作的岗位有深厚的感情。这份感情是什么样的呢？是"敬"，要以严肃、慎重、尊敬和尊重的态度，去对待学业、事业的"业"。

结合起来看，"岗"和"业"的意思有相似之处。"业"是在"岗"位上要做的工作、事业。对待"岗"位上的事"业"时，要"爱"要"敬"。爱岗敬业就是认真对待自己的岗位，对自己的岗位职责负责到底，无论在任何时候，都具有尊重自己的岗位的职责，对自己岗位勤奋有加。爱岗敬业是人类社会最为普遍的奉献精神，它看似平凡，实则伟大。

对教师来说，爱岗敬业就是：教师在自己的岗位上，以热爱和尊敬的态度对待自己教育的对象，从事教育事业。

二、教师与责任伦理

马克斯·韦伯提出了"责任伦理"和"信念伦理"。"其中，'责任伦理'指的是行为准则必须顾及行为的可能后果，'信念伦理'指的则是行为准则只执着于行为信念本身而不计虑行为后果。"②与教育有关的是"责任伦理"，可以理解为行为的选择和选择此行为可能带来的后果，放在教育中，就是教育者从事教育活动以及在教育活动中种种选择带来的结果。

将爱岗敬业与责任伦理相结合，选择教师这个岗位，就意味着选择从事教育事业，成为教师就意味着遵守教师的行为准则，并且教师要严肃认真地对待在教育活动中可能产生的好的或不好的结果。分析以下一则案例。

案例

婷婷就读于陕西省商洛市商丹高新学校初中一年级。自从她转学到这所学校，因成绩不好，班主任总是用侮辱性语言辱骂她。婷婷给家人反映，家人都无法相信老师会说那样的话。直到婷婷开始录音：6月14日到7月5日，婷婷断断续续录下来100多条录音，总时长超过20小时。录音中，这名老师在课堂上公然频繁辱骂学

---

① 莫衡等.当代汉语词典[Z].上海：上海辞书出版社，2001.
② 马克斯·韦伯.学术与政治[M].北京：三联书店，1998：107.

生,还诱导全班同学一起对婷婷进行人格侮辱。另外一段录音显示,男子两次发问他人"咱班同学谁贱",学生集体回答"婷婷"。资料显示,商丹高新学校是商州区政府与西安高新一中在2013年9月联办的一所集小学、初中、高中为一体的全日制学校。学校公布的老师资料中,该老师为区级优秀班主任、区级优秀教师、区级教学能手。之前,有记者电话联系了婷婷的班主任王老师询问情况,对方表示批评过婷婷,但否认辱骂一说。①

分析:案例中婷婷的班主任因为婷婷成绩不好,从而对她进行语言上的攻击、谩骂,这就是没有遵守教师行为准则的表现。作为教师他在面对学生成绩不好时,没有与学生一起找问题、探究进步的方法,代之以较为极端的方式。在教育的责任伦理中,班主任没有遵守教师行为准则,由此产生的后果就是打击了学生的学习热情,更严重的话也会对学生的心理发展产生影响。将马克斯·韦伯的"责任伦理"与"爱岗敬业"相结合,就是说教师选择了"岗",就要完成与此相关的"业",且要在教育活动中用"爱"和"敬"的态度去处理教育结果。

第二节 爱岗敬业与玩忽职守

一、时代楷模张玉滚

2018年9月,中宣部授予南阳市镇平县高丘镇黑虎庙小学校长张玉滚"时代楷模"称号。2019年感动中国人物给他的颁奖词是:"扁担窄窄,挑起山乡的未来;板凳宽宽,稳住孩子们的心。前一秒劈柴生火,下一秒执鞭上课。艰难斑驳了岁月,风霜刻深了皱纹,有人看到你的沧桑,更多人看到你年轻的心。"

张玉滚,一个"80后"小学校长。他扎根黑虎庙小学,先后教过500多名孩子,培养出22名大学生。黑虎庙的环境是什么样呢?老一辈人说:"上八里,下八里,还有一个尖顶上。羊肠道,悬崖多,一不小心见阎罗。"四周都是海拔一千多米的群山。大学毕业后,他放弃在城市的工作机会,回到家乡,从一名每月拿30元钱补助、年底再分100斤粮食的民办教师干起,一干就是17年。学校地处偏僻,路没修好时,他靠一根扁担,一挑就是5年,把学生的课本、文具挑进了大山。他是这里的全能教师,手执教鞭能上课,掂起勺子能做饭,握起剪刀能裁缝,打开药箱能治病。由于常年操劳,"80后"的他鬓角斑白、脸上布满皱纹。手执教鞭能上课,掂起勺子能

---

① 搜狐.陕西初一女生频遭班主任欺凌[EB/OL].(2019-01-15)[2021-12-04] https://www.sohu.com/a/326838858_100011858.

做饭，握起剪刀能裁缝，打开药箱能治病，他所做的每一件事，所历练出的每一项技能，都是山区学生所用、所急、所需。由于常年高强度操劳，不到40岁的张玉滚鬓角早已斑白，脸上布满皱纹，经常被错认为是快退休的老教师。

"不耽误一节课，千方百计上好每一节课"，是张玉滚给自己定下的铁的纪律。缺少师资力量，他就把自己磨炼成"万金油"，打造成"全能型"教师。没有丰富的教学资源，缺少先进的教学设施，他硬是凭着自己练就的扎实本领，悉心培育每一个学生，所教学科成绩在全镇一直名列前茅，学校整体教学质量逐年攀升。张玉滚爱教育、爱学校、爱孩子。"白天当老师，晚上当家长"，张玉滚和学生同吃同住，在生活上对学生体贴入微、关怀备至，让他们感受到家的温暖。山里的孩子父母大多在外打工，谁家孩子在哪儿居住，谁家孩子爷爷奶奶多大年纪，谁家孩子需要接送，他都一一记在心上，背着学生上山下河已是家常便饭。

2010年暑假的一天，暴雨倾盆，在校值班的张玉滚想到留守儿童张明明家可能遇险，就立即冲过去，从坍塌了一大半的房子里，把明明和他的爷爷转移到安全地带。大家都不敢相信，这个文弱书生竟同时扛起救出了两个人。

十八年来，他利用微薄的工资，先后教学500余名儿童。他劝说新婚妻子放弃镇里的工作和不菲的收入，到学校里义务做饭；劝说从南阳工院毕业的亲侄子从富士康辞职，和他的媳妇一起到学校任教；成功地劝说两对夫妻，让他们高高兴兴地来学校帮助工作，没有让一个学生因贫困而失学。十八年里，他让500多名孩子走出大山，其中21人考上大学，还有一名学生考上了研究生……

当地人把他的事迹编成歌曲传唱，感动了无数人。2021年4月30号，纪念五四运动一百周年大会在北京人民大会堂隆重举行，习总书记说"奋斗就是青春最亮丽的颜色"，坐在底下的张玉滚正是这句话的完美体现。

看完张玉滚老师的事迹,相信每一位教育者的心里都会有很大的触动。在如此艰难困苦的环境下,既做教师又做家长,一干就是十几年。在这漫长的岁月里,他埋头苦干,毫无怨言。作为一名基层人民教师,他做的远远超过了教师的本职工作。在这平凡的岗位上做出了不平凡的成绩。他被称为"十八弯山路上的一轮明月"、"点亮大山深处的明灯"。

教师这个行业是社会中众多行业之一,是最普通最平凡的岗位。据国家数据显示,截至2021年,中国有专任教师1732.03万。[①]在一千多万教师中,有很多像张玉滚老师一样默默地、尽自己最大努力地去教书育人的老师。他们成为孩子们教育路上的指明灯,他们用教育在遥远的土地上开出希望之花。

能遇到一位好老师,是学生和家长的幸运。如果教师自身不认真,对待教育事业消极懈怠,对学生就会造成很大的负面影响,以下是几个案例。

二、反面案例分析

案例一

范跑跑事件:2008年5月12号,四川汶川发生了大地震。当时,范美忠正在四川都江堰光亚学校上语文课。地震发生的时候,他不顾学生的安危,自己非常快地跑出教室。学生们反应过来是地震,纷纷跑向操场,幸运的是没有学生受伤。因为他没有顾及学生安危自己先跑出教室的做法,他被称为"范跑跑"。[②]

案例二

2008年6月12日上午,安徽省长丰县吴店中学七·二班第四节是地理课,授课老师是杨经贵。上课十多分钟,杨老师面对黑板写字,同班同学的杨涛和陈康互相推打,厮打起来。杨老师看到后说了一句:"你们要是有劲,下课去操场打。"随后班里的男同学把两人拉开。后来,杨涛回到座位后,突然头部向后仰起来,同时全身颤抖、口吐泡沫、脸部发白。同学觉得杨涛不对劲,准备将他背起来送去医院,但此时杨涛已经全身发软,背不起来了,后来几位同学把杨涛送去医院,虽然医院进行了抢救,但当时杨涛已经没有了生命特征。一条年轻的生命就这样离开了。据同学回忆,杨涛口吐白沫时,杨老师仍然继续上课,当杨涛被抬出去后,杨老师一直上课到下课铃响起。杨老师面对两位学生如此激烈地打架没有制止,杨涛被抬往医院时,也没有想办法给予帮助,而是仍然上课。因为这件事,杨经贵就

---

① 中华人民共和国教育部政府门户网.2020年全国教育事业发展统计公报[EB/OL]. http://www.moe.gov.cn/jyb_sjzl/sjzl_fztjgb/202108/t20210827_555004.html.

② 百度百科.范美忠事件[EB/OL].(2008-06-12)[2021-12-04] https://baike.baidu.com/item/%E8%8C%83%E7%BE%8E%E5%BF%A0%E4%BA%8B%E4%BB%B6/5481240?fr=aladdin.

成了"杨不管"。

这两个案例都是轰动一时的大事件。作为教师，"范跑跑"和"杨不管"都没有做到真正地爱岗敬业，学生的身心健康没有得到保障。教师爱岗敬业的基本要求大体共有六个方面："必须遵守宪法、法律和职业道德，为人师表这是基本规范；要时刻不断提高思想政治觉悟和教育教学业务水平；对学生进行宪法所确定的基本原则的教育和爱国主义、法制教育以及思想品德、文化、科学技术教育，组织、带领学生开展有益的社会活动；关心、爱护全体学生，尊重学生人格，促进学生在品德、智力、体质方面全面发展；制止有害于学生的行为或其他侵犯学生合法权益的行为，批评和抵制有害于学生健康成长的现象；贯彻国家的教育方针，遵守规章制度，执行学校的教学计划，完成教育教学工作任务。"①

《论语·泰伯》中有一句："子曰：不在其位，不谋其政。"反过来说，即是："在其位，谋其政。"孔子曾经说过："执事敬、事思敬、修己以敬。"朱熹也有"专心致志，以事其业"的讲法。② 教师代替国家和父母教授孩子知识、培养孩子的能力。教育工作者都知道这样一句话：教书是良心活。教师的对象是人，是有思想有生命力的人，教师的一举一动都会对学生产生影响，所以教师这个岗位又是特殊的。这就决定了教育工作者必须要爱岗敬业，这是对教师最本质的要求。

第三节 爱岗敬业怎么做

一、尊重学生是原则

不知道大家是否还记得本章刚开头的那个案例。就读于陕西省商洛市商丹高新学校初中一年级的婷婷，因为成绩不好，就受到班主任的辱骂。作为教育工作者，我们都知道，成绩可以成为衡量学生学习掌握度的标准，却不能成为衡量学生的标准。学生是独立的个体，是充满无限发展可能的个体，案例中的班主任因婷婷的学业成绩对婷婷进行辱骂的做法显然是不可取的。首先他没有尊重婷婷的人格，其次面对学习成绩不理想的婷婷，班主任不仅没有想办法为婷婷提供学习建议，反而言辞激烈地批评。教师的爱岗敬业，首先就是要尊重学生。

---

① 中华人民共和国教育部政府门户网. 2020年全国教育事业发展统计公报[EB/OL]. http://www.moe.gov.cn/jyb_sjzl/sjzl_fztjgb/202108/t20210827_555004.html.
② 王燕.新时代的爱岗敬业[A].《决策与信息》杂志社，北京大学经济管理学院.决策论坛——政用产学研一体化协同发展学术研讨会论文集（下）[C].《决策与信息》杂志社，北京大学经济管理学院.《科技与企业》编辑部，2015：1.

本章中范美忠的案例，事情曝光出来后，人们议论纷纷。有人认为，范美忠的做法不道德，但却也没有违法，不应该成为他无法再从事教育行业的理由；也有人认为，范美忠作为教师，当地震这种突发性自然灾害来临时，自己以最快的速度跑向安全区，却没有顾及教室里的几十位学生的安危，这样的做法是不当的，没有保障学生的人身安全，这样的人没有师德，不配做教师。这里的争论就与上一节我们提到的"教育中的责任伦理"相关了。范美忠选择了教师行业，在教师行为准则中就提到"教师应该关心爱护学生"，在危险来临的时候，他没有思考如何确保所有人员的安全，反而弃学生性命于不顾，做出错误的选择，就要做好承受错误选择带来的后果。作为教师，他的确没有触犯法律，但再次进入教育行业也是不合理的。本章第二节中的第二个案例"杨不管"，学生面临着生命危险，没有帮助学生脱险，在教师该担当的时候没有站出来。综上所述，教师首先要做到尊重学生，善于、敢于承担教师责任，这是爱岗敬业的原则。

二、启发学生是使命

时代楷模张玉滚，在那么艰苦的教学环境中，为了让学生尽可能地全面发展，把自己逼成了"全能教师"。希望自己的"全能"能启发学生，尽可能全面发展学生的思维。"孔子主张'不愤不启，不悱不发，举一隅不以三隅反，则不复也'，也就是说，孔子认为教育要能够启发学生思考，使学生举一反三。教师的启发对学生的学习有十分重要的意义，生成性教学具有启发性的特征。在生成性教学理念下，学生在教师的启发与引导下，自主建构知识体系，形成自己独特的学习过程。苏霍姆林斯基曾在书中写道：'在课堂上教师不能什么东西都讲，要有所讲有所不讲，以便为学生的思考和探索留下空间。他还反复提醒和告诫教师，不要以为越是把教材讲解得明白易懂、让学生感到毫无困难、没有疑问，这样的教学就越好，因为那样的话，学生的脑力劳动就失去了运用和锻炼的机会。'"[1]

---

[1] 王思予.试论生成性教学的内涵与特征中国高等教育学会大学素质教育研究分会.素质教育与立德树人——中国高等教育学会大学素质教育研究分会2018年年会暨第七届大学素质教育高层论坛论文集[C].中国高等教育学会大学素质教育研究分会，中国高等教育学会大学素质教育研究分会，2018：7.

所以，作为教师，在尊重学生和勇于、敢于担当教师责任的基础上，要将教书育人、启发学生作为自己的使命，踏实地带着学生走入知识的海洋。

三、教育情怀是追求

教师是学生知识来源的主要渠道之一。"问渠哪得清如许，为有源头活水来。"教师有源源不断的活水，才能给学生的教学注入活力。张玉滚将自己"逼成""全能型教师"正是这一体现。除此以外，还有近期出现在大众视野的"一位教舞蹈的语文老师"。

贵州毕节大方县理化小学语文老师晏风景前段时间在网上火了，连《人民日报》都说："晏风景，你是最美的风景！"作为一名语文老师，他在课间带着全校1600多名学生跳舞。从2021年5月开始，他将当地的民族舞编排成课间操，带全校1600多名学生在操场上一起跳舞，学生们充满活力的舞步感染了许多网友。晏风景本科学习的是舞蹈专业，所以在工作之余，他一直思考怎么才能更好地加强学生们的身体素质。他自己研究、练习，最后发现通过跳舞的方式可以让孩子们既有趣又主动地锻炼身体。①

---

① 澎湃．晏风景老师，你是最美的风景[EB1OL]．: https://m.thepaper.cn/baijiahao_14629660.

通过案例，我们也可以发现，及时更新教学资源和自身教育方式的教师会更好地促进学生们的成长，在平凡的岗位上做出不平凡的成绩。

除此以外，研究教育情怀的专家们发现，每一次与中原名师和其他地方的优秀教师的交谈，都会听到这样一个词——"教育情怀"。张桂梅的事迹同样令人感动，从幼儿园到女子高中，她希望的只是能让更多的女孩走出大山，这就是伟大的教育情怀。张玉滚在黑虎庙小学一干就是十几年，他也曾迷茫过、彷徨过、痛苦过，有好几次也想离开，但他说："我是山里人，深知教育对孩子的重要。"所以正是这样的信念，他留了下来，让山里的孩子也能通过读书走出去，过上好日子。这就是教育情怀。

我们要永远记住，学生是独立的个体，他们在任何方面的才华都不该被成绩掩盖。成绩可以作为衡量学生学习程度的标准，但绝不能成为评判学生的标准。作为教师，我们也是普通人，在平凡的岗位上工作。可是，我们教育的对象是人，这又决定了我们工作的特殊性。只要热爱这份工作，以我们最大的努力去完成我们的职责，成为优秀教师定会指日可待！

本章小结

走上教师的岗位，就意味着我们要终生忠诚于人民教育事业，志存高远，勤恳敬业，甘为人梯，乐于奉献。对工作高度负责，认真备课、上课，认真批改作业，认真辅导学生，不得敷衍塞责。选择了教师，就要兢兢业业地教书育人。爱岗敬业是教育工作者的本质要求。通过学习时代楷模张玉滚的事迹，通过对比爱岗敬业和玩忽职守，相信大家对爱岗敬业已经有了更深层次的理解。尊重学生是教师从事教育工作的原则，启发学生是教师的使命，再到教师的教育情怀，一步一个脚印，踏实向前，才能真正地实现教育工作本身的意义。

思考题

1. 爱岗敬业的内涵是什么？
2. 作为教师，应如何做到爱岗敬业？
3. 结合正反两个方面的案例，说明深层次爱岗敬业这一教育工作者的本质要求。

参考文献

[1] 杨超，沈玲.《中小学教师职业道德规范（2008年修订）》培训读本[M].北京：中国轻工业出版社，2009.

[2] 徐廷福.教师职业道德修养[M].北京：北京师范大学出版社，2015.

[3] [美]Kenneth A.Strike，Jonas F.Soltis：教学伦理[M].黄向阳，余秀兰，王丽佳 译.上海：华东师范出版社，2018.

[4] 王建路，高建华，陈红梅.学校教学评估如何落到实处[J].基础教育课程，2008(12)：51-56.

[5] 马季，李春晖.论新时代教师责任伦理的培育[J].教学与管理，2020(21)：45-49.

第六章　关爱学生：教师职业的灵魂

〔本章提要〕

关爱学生是教师职业的灵魂，是教师职业道德的重要内容之一。如果把教育说成是骨架、是肉体的话，那么爱就是血液、是根本。作为一名教师，其神圣职责并不只是在于向学生传授书本知识，更在于对学生精神世界施加影响力，这种影响力度首先取决于对学生的爱，没有爱就没有教育，爱是教育的前提和基础。首先要从学生的生命开始，从关心他们的身心健康开始，他们的生活学习都是基于作为生命个体存在的根本之上。在教育教学的过程中，要将保护学生的生命安全放在首位。对此，本章节主要从正反两方面的案例呈现以及笔者亲身的经历来帮助理解关爱学生的规范和要求，进而培养关爱学生的意识和能力、形成正确的道德判断能力。最后，重点从教师方面提出促进教师关爱学生的要求。

〔学习目标〕

1. 帮助学生理解关爱学生的规范和要求。
2. 引导学生分析评价正面典型案例和反面典型案例，形成正确的道德判断能力。
3. 培养学生关爱学生的意识和能力。

〔知识导图〕

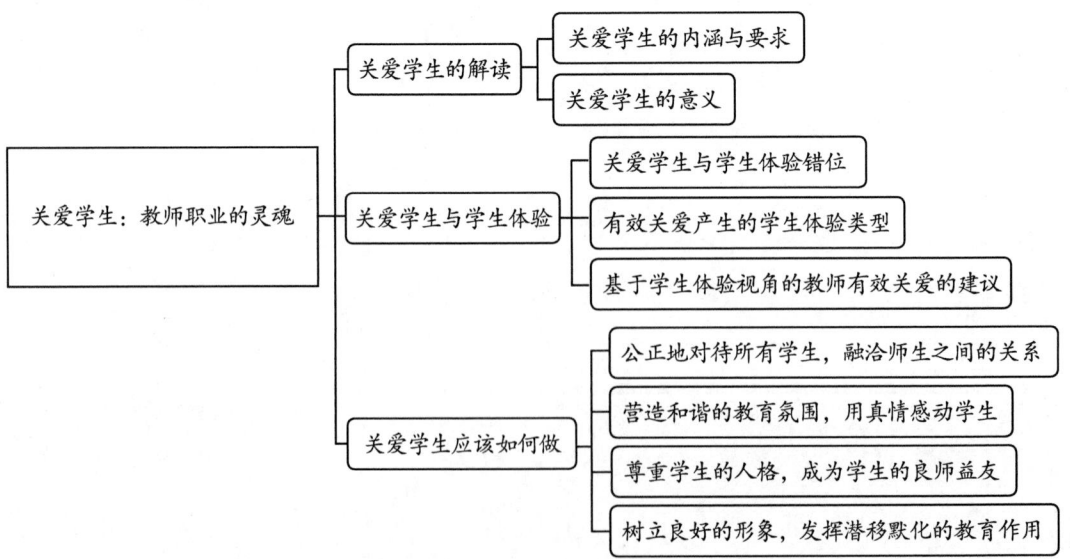

第一节　关爱学生的解读

"没有教师对儿童的爱的阳光,学生就会混成模糊不清的一团。"[①] "野蛮产生野蛮,仁爱产生仁爱,这就是真理,待儿童没有同情,他们就没有同情,而以应有的友情对待他们就是一个培养他们友情的手段。"[②] "凡是教师缺乏爱的地方,无论品格还是智慧都不能充分地或自由地发展。"[③]

类似这样的表述很多很多,出现在无数教育家的论述中,被很多优秀教师奉为圭臬,着力践行。某种意义上,爱是教育的主题,没有爱就没有教育。关爱学生是对教师的职业道德要求,是调整教师和学生之间关系的职业道德规范,也是社会主义教师职业道德重要的规范。1984年、1991年、1997年和2008年,教育部、全国教育工会联合颁发的《中小学教师职业道德规范》或《中小学教师职业道德要求》都把"关爱(热爱)学生"作为中小学教师职业道德的重要规范。从这个意义上说,关爱学生是教师职业的灵魂。

一、关爱学生的内涵及要求

《中小学教师职业道德规范》对关爱学生有以下规定:关心爱护全体学生,尊重学生人格,平等公正对待学生。对学生严慈相济,做学生良师益友。保护学生安全,关心学生健康,维护学生权益。不讽刺、挖苦、歧视学生,不体罚或变相体罚学生。

这一段话有四句,代表了对关爱学生的不同要求。

(一)总体要求

第一句是总体要求,有三个关键词:全体学生、尊重、平等公正。尤其需要强调的是关心爱护全体学生,这是关爱学生的前提,一位教师只有关心爱护全体学生,才是真正地关爱学生。现实中有些老师对成绩不同的学生区别对待,虽然对部分学生也有关爱,但同样违反教师职业道德规范的要求。教育、教师应该"普度众生",而不是"佛渡有缘人"。

北京的一所国际学校,有来自30多个国家的100多名学生和10多位美、英、法、

---

① 赞科夫.和教师的谈话[M].北京:教育科学出版社,1980:36.
② 斯宾塞.教育论[M].北京:人民教育出版社,1962:107.
③ 华东师范大学教育学系,杭州大学教育学系.现代西方资产阶级教育思想流派论著选.人民教育出版社,1980:104.

澳等国的老师。很多来这所学校参观的老师都会问同样的问题:"校长先生,这所学校学生来自世界上好多个国家,对学生的评价标准有很多差异,你们学校好学生的标准是什么?"校长一脸茫然和诧异,想了半天才说:"啊!孩子都是可爱的,他们各有各的特长和优缺点,在我们看来,没有好学生、差学生之分,因此也就不存在好学生的标准问题。"还有老师问:"从来不评好学生、三好学生什么的吗?"校长的回答是:"从来不评,因为学生不是学习好就好,或者打球好就好……这样不行。每个人都有自己的特长、品质、人格,包括很多方面。有的这方面好,有的那方面好,今天他这件事好,明天他那件事好,特别是小学生,成长变化更大,怎么可以轻易断言谁就是好学生,谁就是坏学生呢?"

"学习不好总是缺点吧?"有的老师这样问道。校长的回答是否定的,他果断地说:"所谓学习不好,很难有个科学的标准。例如,有的孩子英语成绩不太好,可他进校的时候一点英语都不会说,他做了很多努力,有了很大进步,这不能说他学习不好,更不能叫缺点,这是优点。只有神才是完美无缺的,但尘世间没有神。"[1]

校长的做法很好地诠释了关爱学生的总体要求。校长真正做到这三个关键词:全体学生、尊重、平等公正。现实中有些老师对成绩不同的学生区别对待,但这位校长却面对老师的提问"学习不好总是缺点吧"果断否定,他更加注重学生的进步,肯定学生的努力,他是以一种成长型思维的观点来看待学生,更加注重学生的学习过程。具备成长型思维模式的教育工作者坚信,所有的学生都可以凭借努力、毅力和心理韧性,获得更大的成就。

(二)师生关系

第二句话是对理想师生关系的描述,关键词是严慈相济,这也是对关爱学生的要求。苏联教育家赞科夫曾说:"不能把教师对儿童的爱,仅仅设想为用慈祥的、关注的态度对待他们。这种态度当然是需要的,但是对学生的爱,首先应当表现在教师毫无保留地贡献出自己的精力、才能和知识,以便在对自己的学生的教学和教育上,在他们的精神成长上取得更好的成果。因此,教师对儿童的爱应当同合理的严格要求相结合。"[2]

教育现象学也有类似观点。教育现象学中把师生关系描述为"替代父母"是同样的道理。教师替代父母,但不是父母,还要代表国家、社会对学生进行方方面面的规范和引领,教师在爱学生的同时,也要时刻牢记自己的使命,对学生严慈相济,成为学生的良师益友。

---

[1] 杨春茂. 师德启思 [M]. 北京:人民日报出版社,2012:131.
[2] 赞科夫. 和教师的谈话 [M]. 北京:教育科学出版社,1980:30.

（三）正面要求

第三句话是对关爱学生的具体要求，三个关键词：保护安全、关心健康、维护权益。教师对学生的关爱不能仅仅停留在口号上，要落实到具体的行为中。尤其是保护学生安全，无论是从法律角度还是从教师职业道德规范角度，保护学生都是教师责无旁贷的责任。面对未成年人，教师要承担更大的责任，在面对困难、危险时，教师要冲在前面，不惜牺牲自己也要保护学生的生命安全。现实中，很多优秀老师都做到了这一点，英雄教师李芳的故事就是一个例证。

（四）底线要求

第四句话是关爱学生的底线要求，是不可碰触的红线。不讽刺、挖苦、歧视学生，不体罚或变相体罚学生。学生是发展中的人，有缺点和犯错误是在所难免的。面对学生的缺点和错误，教师绝不能做出上述体罚学生的行为。这些行为不仅违反教师职业道德规范，更有害于学生的身心健康。早在18世纪，英国教育家洛克就曾指出："儿童从导师方面受了无情的言语或鞭挞，他的心里，就充满了恐怖，恐怖立刻就占据了他的整个心理，使他再也没有容纳别种印象的空隙了。"[①]

其实这种伤害不仅仅是即时的，还是持久的。洛克紧接着还说了一句话："我相信读了我这段话的人一定会回忆到自己从前受了父母或教员的粗率专横的斥责，思想是何等的紊乱；当时脑筋因此变成了一个什么模样，以至对自己说出的和听到的话都茫然无所知。"讽刺、挖苦等会成为心理阴影，挥之不去，不仅影响学生时代，还影响成年后的生活。这其实是教育中的灾难。我做的学生厌学体验研究中，很多学生厌学就是因为教师的讽刺、挖苦或体罚。

关爱学生共四句话85个字，却把教师与学生相处中应该如何做、不能做什么表述得准确到位，也希望同学们能够牢记这四句话，今后走上工作岗位真正践行。

在正面要求中提及关爱学生的具体要求，三个关键词：保护安全、关心健康、维护权益。2008年修订的规范将1997年规范中的"保护学生合法权益，促进学生全面、主动、健康发展"改为"保护学生安全，关心学生健康，维护学生权益"。保护学生安全，首次被写入教师职业道德规范之中，是教师关爱学生这一职业道德的最低要求。

保护学生安全，尤其是中小学生安全，是教师应尽的第一义务。保护学生安全包括：一是教师组织学生参加各种各样的教育教学活动时，必须保证学生的安全。二是教师在学生安全受到威胁时必须挺身而出，保障学生安全。三是教师必须尽可能地防止校园暴力的发生。四是积极开展生命教育，通过生命赏识教育、生命安全教育、生命价值教育等引导学生认识、尊重、珍惜、热爱生命。

---

① 洛克. 教育漫话 [M]. 北京：人民教育出版社，1986：165.

5月12日下午,吴忠红老师正在上课。突然大地剧烈地抖动,吴老师当即向班上学生大喊:"同学们不要慌,什么都不要带,往下跑!"他自己则牢牢地将摇晃得很厉害的门框扳住。听到有学生掉队,他义无反顾返回四楼,楼体突然垮塌,他和另外几名学生被永远地留在了废墟中,临死前他还抱着2名学生。

2008年5月12日,汶川大地震发生时,时任四川省都江堰市光亚学校老师的范美忠正在给国际文凭一年级班上语文课,他丢下学生先行逃生,撤至学校操场。班上的十几名高中生随后才反应过来,陆续来到操场。5月22日,范美忠在天涯论坛发表《那一刻地动山摇——5·12汶川地震亲历记》一文,写道:"在这种生死抉择的瞬间,只有为了我的女儿我才可能考虑牺牲自我,其他的人,哪怕是我的母亲,在这种情况下我也不会管的。"

思考:同样的危急情境,两位老师的表现为何如此不同?

也许像范美忠所说的,地震来临逃跑是瞬间的本能行为,作为普通人,其他人没有立场站在道德制高点上评判什么。但是,范美忠是教师,并且是正在给学生上课的教师,他比学生早意识到危险的时候,竟舍弃学生率先逃跑,这种行为是不可原谅的。因为教师面对的是需要保护的未成年人,他们因年龄小,缺乏一定的自我保护能力,更加需要教师的精心呵护。教师对学生担负着责任和义务,保护学生安全也是教师的使命担当。从教育角度来说,保护学生的安全是教师的第一责任,是教师的天职。从法律角度分析,保护学生、保护未成年人是法律赋予教师的义务。

当我们选择了某种职业,其实就选择了一份责任。教师职业区别于其他社会职业的地方就在于所面对的是活生生的个体,是缺乏自我保护能力的未成年人。当学生的身心安全受到威胁时,教师应责无旁贷地担负起保护他们的责任与义务。

二、关爱学生的意义

关爱学生是促进学生身心健康发展的重要力量。马斯洛的需要层次理论把人的需要分为七个层次:生理需要、安全需要、归属与爱的需要、尊重需要、求知需要、审美需要、自我实现需要。归属与爱的需要中,爱的需要包括接受他人的爱和给予他人的爱,不被满足就会使个体产生孤独感和空虚感。而这些需要一旦被满足就会使学生产生积极的情绪,进而转化为催人奋进的动力,事实证明,学生从小是否生活在充满爱的环境中与他们的性格形成有着密切的关系。在每一个家庭中,每一位学生一般能够得到正常的父爱与母爱,而进入学校以后,教师成为他们生活中最重要的人之一,他们希望教师能够像父母一样关心、爱护他们,因而教师成为他们成长的重要影响源。对处于成长期的儿童来说,成人的爱具有非常重要的意义,一声名字的呼唤,一句轻轻的问候,都会使他们感到来自教师的关心和喜爱,良好的师生关系就能很快建立起来。加深师生之间的情感交流,进而把学生吸引到教育中去,就会推动他们进行自我教育。因此,教师对学生的爱能满足学生爱的需求,成为学生身心健康发展不可或缺的因素。

是老师更是妈妈

张桂梅到了华坪县中心中学,看到报名表上,大多数学生是傈僳族,还有其他的少数民族。他们都来自边远的贫困山区,家庭条件很差。来自永兴乡的一个小姑娘,身上的衣服很少换洗,性格内向,总是呆呆地坐着,经常发出长长的叹息声。在她的身上看不到少女的活泼与欢快,功课多门不及格。于是,张老师把她叫到自己的宿舍里,慈母般地和她交谈。终于,她流着眼泪向老师倾诉了压在心底的秘密:"我爸爸也是一名教师,但因病早已去世,母亲一个人辛辛苦苦支撑着我们兄弟姐妹的生活,真不知今后怎么办?"张老师鼓励她要勇于战胜困难,表示一定会全力帮助她。张桂梅马上翻箱倒柜给她找了两套衣服,还把丈夫最后一次给她留下的花衬衣拿出来给小姑娘穿上,并且帮她交了书费。姑娘生病,张桂梅就掏钱领她去看病,细心地照顾和关心她,使小姑娘激动地喊出了:"张老师,你就是我的妈妈!"慢慢地,这位小姑娘恢复了少女的天真与快乐。后来,以优异的成绩考上了高一级的学校。

请思考:教师应如何做到关爱学生?

关爱学生是学生接受教育的心理前提。教师如果对学生拥有一颗火热的心,就能够有效激发学生生活、学习的热情和积极性,使学生乐于亲近教师,喜欢和教师交往,乐于向老师请教问题,并能够按照老师的要求严格要求自己。可见,教师对学生真诚的爱是学生接受教育的前提。

关爱学生是一种积极的教育手段。关爱学生不仅仅要满足学生对爱的需求,还有一个重要的目的就是培养学生爱的情感、增强他们爱的能力。檀传宝教授说:"对学生而言,教师的仁慈意义重大。意义之一就是'动机作用',认为教师的仁慈会以积极的情感为中介影响教育对象,教师对学生的友善、亲近和期望,在促进学生的学习积极性和鼓励学生的道德生长等方面起着重要作用;意义之二则是'榜样效应',认为只有教师的仁慈才能培养学生积极的人生态度,教师公正让学生学会公平,教师仁慈让学生学会友善,通过教师的仁慈,学生能够体验到伦理生活的全面技巧,形成积极的人生态度,对人的信任与关怀品质,对人的友善、慷慨和宽恕。"[①]教师的爱是"动机"和"榜样",它能感悟、教化学生。教师对学生多一点爱意、多一份爱心,在学生心灵的深处就多种下一粒爱的种子。同样的,只要家长、教师以及社会公众用爱心去关心体贴青少年,启迪他们,让他们生活在一个充满爱的环境

---

① 檀传宝.教师伦理学专题——教师职业道德范畴研究[M].北京:北京师范大学出版社,2000:97-97.

里，他们就会慢慢地学会爱己、爱人，并逐渐养成关心他人、与人为善的习惯。

在学生的轻声呼唤声中，李芳[①]老师走出房间，表示由于大家在这个学期的学习成绩有了很大的进步，要兑现开学的承诺，送礼物给大家。在大家的欢呼声中，李芳老师提议搬上小板凳坐到院子里一边看星星，一边发礼物，并诉说心里话。李芳老师拿出送给学生的外套、书包，并且从学生角度出发奖励学生与父母通电话。当有学生提出想要的礼物是"想叫老师一声妈妈"时，李芳老师将学生深深拥入怀中。

学生们开口向李芳老师诉说心中的疑问："老师，您平时爱穿高跟鞋，可是每到教室您就换成平底鞋，是怕打扰我们学习对吧？老师，我知道，我书包里的新的文具盒是您偷偷放进去的对吧？老师，那次我没考好，可是您在爷爷那还夸奖了我对吧？老师，去年，爸爸妈妈不回家过年，可是后来他们又回来了，是您给他们打的电话对吧？……"面对这一个个的疑问，李芳老师笑道："这些啊是秘密，不能告诉你们。老师给你们这些礼物，是希望你们能够好好学习，做一个听话的好孩子。你们的班主任刘老师是刚到咱们学校工作的老师，大家一定要上课认真听讲，听刘老师的话。如果你们能做到这些，李老师还会有礼物送给你们的。"学生们齐声谢谢老师，并且表示一定做到。

从以上的场景中，可以看出李芳与同学们相处的点点滴滴。你从这些场景中能够感受到什么？如果让你穿越时空与李芳对话，你最想和那时候的她说些什么？

第二节 关爱学生与学生体验

教师关爱学生体现在教师与学生的日常点滴学习生活中，教师对学生的关爱场合是否恰当、言语态度是否真诚等影响着教师关爱的有效性。

一、关爱学生与学生体验"错位"

"婷婷，你下学期再来，把你摔死在教室里！""你咋这么不要脸！"婷婷表达内心深处想法："我就是学习差了点，也不能天天骂我，我只想离开这个魔鬼般的地方，像地狱一样把我困着，我真的想摆脱这个地方，一分一秒都不想多待，想死的

[①] 李芳，女，中共党员，河南信阳人。生前系信阳师浉河区董家河镇绿之风希望小学教师。2018年6月11日17时50分，李芳在护送学生放学回家时，一辆满载西瓜的摩托三轮车突然闯红灯，急速冲向正在过马路的学生，她奋不顾身用自己的身体挡护学生，并奋力将学生推开。学生得救了，她却遭受严重撞击，不幸殉职，年仅49岁。教育部和河南省分别授予李芳同志为"全国优秀教师"、"河南省优秀教师"。

心都有了。"家长表示："我现在都不敢听老师的录音,我一听就浑身颤抖,就说不了话。"当记者采访政教处老师,得到的回复是："老师这是关爱学生,他用词不当,也是为了学生好。"

教师的辱骂让学生不堪忍受,甚至有了"想死的感觉"。但是,学校其他教师又是如何看待这件事的呢?让学生痛不欲生的事情,政教处老师认为是"爱孩子",为什么会出现这样的反差?教育中又有多少教师打着"爱"的旗号做着伤害孩子的事情呢?《中国教育报》曾刊发过一个调查,问教师是否爱学生,99%的教师都认为自己"非常爱"学生;但是,当问学生教师是否爱自己的时候,认为"非常爱"和"爱"的不到10%,学生更多的感受是批评。学生的体验和教师的感受为什么会不同?为什么教师的爱学生感受不到?这是值得反思的事情。

学生能够感受到的"爱"是什么样的呢

河南大学附属小学的一位校长提及自己亲身经历的一个小故事:有位家长告诉校长,她家孩子每天盼望在校园里见到校长,原因是喜欢校长。当校长问孩子为什么喜欢自己时,孩子回答是因为校长尊重孩子。并且举例为证:有一天放学,孩子妈妈、孩子和校长一起从学校出去,当校长和孩子妈妈聊一些工作的事情时,突然孩子说了一句话,校长赶快对孩子妈妈说:我们先听孩子说。具体说的什么内容校长表示自己不记得了,但就这件事让孩子觉得校长尊重小孩儿,喜欢小孩儿,所以小孩也喜欢校长。可见,孩子对教师的要求并不高,他们需要的只是关注、尊重。

河南大学附属小学每年都有会十几个孩子跟着父母一起出国访学一年或两年,他们就是小留学生。这些孩子回校后,校长都会和他们聊聊,其中聊的话题之一就是国外教师和国内教师的区别。孩子们无一例外地说:国外的老师关心自己。比如自己生病后老师给自己做了一个小卡片,上学迟到了老师说"欢迎回来",都是很小很小的事。但这些小事却让孩子感受到了教师的关爱,有些时候真的是细节决定成败!

二、有效关爱产生的学生体验类型

学生对教师关爱的初衷、理据、场合及言语四个方面的体验可划分出学生认知有效关爱的类型,分别为"老师为我好的关爱初衷,让我感到温暖"、"老师有理有据的关爱,让我感到心服"、"老师选择适当的场合关爱,让我感到善意"和"老师真诚的言语态度关爱,让我感到尊重",说明学生自身体验到的关爱直接影响教师关爱的有效性。

(一)教师为学生好的关爱初衷让学生感到温暖

有位同学回忆道:"初三时,我没交作业,老师苦口婆心,告诉我,父母供我读书是多么不容易,我应该好好珍惜,认真学习,感恩父母,我当时很感动。在老师的批评中,我能感受到老师是真的为我好,我也愿意做出改变。"(摘自学生作业《印象最深刻的一名老师》)可见,教师关爱学生的初衷对学生的体验有着深刻的影响。学生感受到老师的关爱是善意的,实质是感受到教师有教育目的指向的批评动机。批评动机是推动个体做出批评行为的心理驱动力。一名教师,若基于"一切为学生好"的出发点批评学生,并在批评中表现出对学生的关爱,让其感受自己的"良苦用心",那么这样的批评效果往往是积极的,能在学生心中激起波澜,并唤起学生自我改善的决心。相反,在批评过程中学生觉得老师"只是为了维护规章制度",往往会抵触批评,这样的批评难以真正起到教育作用,甚至会引起学生的逆反心理,损害和谐的师生关系。

(二)教师有理有据的关爱让学生感到心服

教师做到有理有据的关爱,是基于充分的事实对学生进行教育,学生才能心服口服地接受并改正,若老师没有了解清楚事实就批评,学生会生发"委屈"的情感体验,质疑批评的公正性,这样的批评不能达到教育目的,还具有伤害性。"我记得是三年级的一节自习课,我同桌一直在跟我说话打扰到我,我没有理他,老师却认为我们在偷偷说话,直接就批评我。明明我没有错,可是老师不给任何机会解释,直接批评我,这深深地伤害了我,这么多年过去了,我依然觉得很委屈。"(摘自学生作业《印象最深刻的一名老师》)教师缺乏理据的批评给学生带来的不仅是当下的委屈体验,更是多年深埋在学生心中的伤痕,教师"一次想当然的批评"却成了学生"心灵永远的痛"。相反,教师耐心地向学生询问犯错原因,学生能够感受到老师的用心,能够坦然地向老师反映真实情况,往往也乐于接受批评,对批评心服口服,甚至感激老师的理解,从内心深处感受到教师的关爱。批评的效果也会事半功倍。"初一时,我语文作文离题了,分数很低,就被老师叫去办公室。当时我很紧张,以为老师会大骂我一顿,没想到老师先了解我的近况,问我是不是发生了什么事影响了学习,我感受到老师的用心,坦然地告诉老师当时有家人去世了,我很难过。老师先安慰我,然后严肃地跟我谈了学习问题,教会我如何处理感情和学习的关系。我当时很感动,过后我很努力地学好课程,最后也达到了老师的要求。"(摘自学生作业《印象最深刻的一名老师》)

(三)教师选择适当的场合让学生感到善意

李·艾科卡提出:"假如批评一个人我会用电话,假如赞扬一个人我会用广播。"理想的批评场合是公开还是私下值得教师思索。在学生看来,被批评是比较丢人的事,不愿被很多人知道。在实际教育中公开批评和私下批评哪种方式更适切呢?在被批评时,学生的体验鲜有人问津。"初中时,我成绩很好,可上课常做小动作,有天就被老师直接点名,我当时觉得很难受,那是我第一次被老师公开批评,老师的语气很重,他对我的当众批评让我有深深的挫败感,同学们看到我被批评,我觉得很狼狈。"(摘自学生作业《印象最深刻的一名老师》)批评时的场合地点选定直接影响学生被批评时的体验。私下批评是更理想的场合,说明老师有照顾学生的情绪,顾及学生的"面子"问题,这样的批评更容易让人接受。无论是私下批评还是公开批评,老师主动考虑学生的情绪而选择适当的批评场合和时机,这样的批评才可能有效,学生会体验到教师尊重自己,感受到教师对于自己的关爱。

(四)教师真诚的言语态度让学生感到尊重

《中小学教育惩戒规则(试行)》中明确教师在教育教学管理实施教育惩戒过程中,不得有辱骂或者以歧视性、侮辱性的言行侵犯学生人格尊严的行为。教师批评时的语言态度也是学生在接受批评时十分关注的。"一次课上,我回答不出问题,觉得很尴尬,老师还骂我笨。后来这件事常被同学拿来耻笑,我非常难过。"(摘自学生作业《印象最深刻的一名老师》)小小一个"笨"字是对学生最无情的伤害,批评的语言可以严厉,但绝不能涉及人身攻击。不当的批评用语给学生留下的阴霾,通常是教师意想不到的。教师在批评时语言既要有教育作用,更要尊重学生,保护学生的内心。教师不应在批评中失去师者风范,甚至忘却对人最基本的尊重与体谅。

三、基于学生体验视角的教师有效关爱的建议

教师关爱学生,正确把握批评的方式,通过了解事实、灵活应变、持续跟进等方式实现有效批评,可以促进学生的身心健康发展,真正做到教育与人性陶冶的统一。

(一)批评的初衷是关爱学生

批评只是教育的手段,批评的初衷是关爱学生,学生不应因学习成绩、家庭背景或脾气性情等而受到区别对待。同时,教师应认识到,道德评判不应为外界的条条框框所限制,批评的重点也不限于维护冰冷的条例制度,而应从人本主义的角度出发,关爱孩子。出于热爱学生的批评教育才能让学生感到善意。

(二)批评的前提是了解事实

批评应立足于事实,是在了解学生的犯错动机后所做出的价值判断与行为干预。教师在对学生进行批评前,应对学生行为背后的原因进行掌握。在此前提下,充分理解"对事不对人"的含义,基于事实的批评教育才能让学生感到信服。

(三)批评的艺术应注重灵活应变

教师的批评应从批评的场合、批评的方式、批评的态度、批评的手段、批评的

语言等方面着力，灵活地处理好批评的过程，实现对学生的有效批评。一是教师应选择适合的批评时机、场合和方式。二是教师应秉承富有情感的批评态度。苏霍姆林斯基指出："造成教育青少年的困难的最重要原因，在于教育实践在他们面前以赤裸裸的形式进行。"①满含情感的批评能让教师的批评如春雨般滋润学生心田，使学生感到温暖，而非伤害。三是教师要实施有针对性的手段。教师面对不同学生，同一种批评模式是不合适的，批评的手段需要变化，即"对症下药"。四是巧用恰当的批评语言。教师应宽严有度，不轻易评价孩子。教师无意的一个眼神、一个动作、一句话，给学生带来的影响可能是一辈子。因此，教师批评时需深思熟虑，不妄加揣测，不随意对学生进行评价。

（四）批评过后需做好延续性的跟进教育

教师的批评不仅是指出学生的错误，还应给予学生建设性引导。批评过后，对于学生不良行为的改进情况，教师须积极跟进、及时督促，为学生提出阶段性的建议。教师要及时表扬学生的良好表现，鼓励其不断保持；对于进步较慢的学生心存耐心，细心引导，帮助其持续完善。

总之，完善学生个人品格，呵护学生健康成长，是教师实施批评教育的最终目的。教师要坚持热爱教育的本心，以学生体验、学生的成长为先，关注学生受批评时和受批评后的体验，以己心度他心，给予学生积极温暖的体验；教师实施有针对性的批评教育，做到因时、因地、因事、因人而变，灵活处理批评的过程，给予学生可接受的有效指导。

第三节 关爱学生应如何做

关爱学生是一种重要的教育力量，直接关系到学生德、智、体、美、劳等的全面发展以及整个教育事业的利益。关爱学生对教师、社会媒体、家长都提出了要求。而教师作为学生进入学校后的重要影响源，对于学生的关爱和学生的全面发展都有着重要意义。具体的教学实际中，教师该如何践行？本章节归纳出以下三点用来作为教师践行关爱学生的着力点。

一、公正地对待所有学生，融洽师生之间的关系

按照马斯洛的需求层次理论，人皆希望得到他人的关爱。马克思指出："人的本质不是单个人所固有的抽象物，在其现实性上，它是一切社会关系的总和。"师生相

---

① [苏]苏霍姆林斯基.教育的艺术[M].肖勇，译.长沙：湖南教育出版，1983：255.

互依存,彼此构成发展共同体。要融洽师生之间的关系,教师就必须平等对待各种类型的学生,用爱去欣赏所有的学生,包括学业和品行优劣不一的学生。真正关爱学生的教师不会整天埋怨学生,他们乐于和不同类型的学生打交道,并从中体验到作为教师所独有的责任感、荣誉感和成就感。

张天是个违纪大王,以前的老师都让他烦透了。面对这样的学生,魏书生老师怎么办呢?这天班会课,魏老师给大家布置了一道家庭作业——"找优点"。第二天,本子交上来后,魏老师一查,果然没有张天的。魏老师把张天请到办公室,问:"张天啊,你怎么没交本子呢?"张天没有吱声。"怎么,忘记找了?"张天挠了挠头说:"老师,我没有优点。""怎么没有优点?我已经看出你有好几个优点了。"魏老师笑着说。"老师,我真没有优点,全是缺点。"张天把头低了下来。魏老师摸了摸张天的头,说:"那这样吧,你回去再找找,明天来告诉我。"第三天,张天如约来到魏老师办公室。他不好意思的对魏老师说:"老师,我找到了,可只有一个——我心眼好。""心眼好,这是很大的优点啊。"魏老师高兴地说,"而且,你不止心眼好,你能遵照老师的吩咐,回去认真找了,这不也是优点么?还有,你非常诚实,有一说一,这也是优点。还有……"魏老师连着帮张天找了好几个优点。"老师,"张天脸有点红,"我没有你说的那么多优点。"听到这里,魏老师话锋一转,严肃地说:"张天啊,你只有七八个优点,不像有些同学有几十个优点,他们随便丢掉一个优点没关系,可你丢不起啊。优点越少就越要珍惜,你说是不是?"张天懂事地点点头。自此以后,张天就像换了个人似的。渐渐地,他的优点越来越多,而他的学习成绩也一点点升起来了。

思考题:魏老师面对张天的违纪教育方法与其他老师有什么不同?在这个过程中魏老师是如何做到公平对待学生的?

《学记》中有句话:"教也者,长其善而救其失者也。"在教育中,越是难管理的学生,就越需要我们学会"长其善",如此方能"救其失"。古人云:数子十过,不如奖子一长。魏老师可谓深谙其中真谛。对于像张天这样的学生,魏老师没有排斥,更没有放弃,而是戴上了"放大镜",帮助他寻找自身的闪光点,进而去放大这些闪光点。魏老师用激励唤起张天们的自信,用自信来促进他们的成长。

另外,让我们来一起分析和分享一下故事中的两处细节:(1)张天一开始为什么连一个优点都找不出?一个孩子,正是不知"天高地厚"的年龄,却认为自己一无是处,说明越是行为不良的孩子(受到的批评和否定多一些),内心越敏感、越自卑。这样的孩子需要我们给予更多的关注、更多的尊重和欣赏。(2)当张天找不到自己的优点的时候,魏老师没有急于说出他的优点,而是让孩子自己回去再找。试想,如果魏老师看到张天找不到优点,急于激励他,就把他的优点都数了出来,教育效果会怎么样?这样做,孩子失去了最宝贵的自我反省、自我肯定、自我教育的机会。这样做，也有可能让孩子觉得，魏老师的教育"假"。所以教育者需要用爱心来唤醒学生内心的真、善、美，需要处处用心想方法，更重要的是要有耐心陪伴、等待学生的成长。

欣赏"每一个"学生——刺丛中也有花

花园里，同学们都纷纷说了自己喜欢的花，这时全校闻名的"调皮大王"李刚发话了："老师，我最喜欢的是仙人掌，它虽然全身长满了刺，但它的生命力最旺盛，而且刺丛中还能开出美丽的花儿呢！"他的话立即遭到同学们的反驳。"你们就看到它的刺了！你仔细看看人家刺中也有花，也值得我们去喜欢呀！"平时从不受欢迎的调皮大王，见同学们都不赞同他，便据理力争。"刺中有花！刺中有花！"调皮大王的话如一股电流触动了我的神经，赏花与育人不也同样吗？我激动地走到李刚身边，搂着他的肩对同学们说："李刚说得对。仙人掌虽然浑身是刺，但是他刺中也有美丽的花，我们不能只看到它的刺，就看不到它的花啦！更不能因为它刺多就不喜欢它的花。我们对待同学也应像赏花一样，特别是对缺点多一些的同学，更应该正确看待他身上的潜在的闪光点。'花'有千万种，各有优缺点，你们说对不对！"说着我拍了拍李刚的肩，我的话赢得了一片掌声，李刚也不好意思地低下了头。

思考题：老师面对李刚同学与别的同学不一样的回答，是怎样做到欣赏每一个学生，并如何对全班学生进行教育的？

同样面对仙人掌上的刺与花，有的同学只看到刺，有的同学刺与花都有看到了，但因为讨厌刺，进而连花也不喜欢了。而李刚却有着与众不同的认识，能从欣赏的角度去看待刺丛中的花，应该说他的认识对每个教育工作者来说都是很有启发的。他使教师认识到面对仙人掌刺中的花，首先应该去发现它，其次应带着欣赏的眼光去看待它，辩证地去看待刺与花。其实面对缺点较多的学生，教育者也应该像赏花一样，去发现后进生的闪光点，进而去放大其闪光点。且不可只看到孩子的不足，而看不到孩子的闪光处。

学生生活在群体里，自然各有长短处，对个别学生教育要多鼓励、少批评，多指导、少冷落。个别学生转化的关键在于使其树立起自信心。作为教师要善于保护学生的自尊。因为自尊才能自信，自信才能自强。经验告诉我们，首先要走近学生，喜欢他们，成为他们的朋友；同时要引导周围的同学一起关心他，然后发掘闪光点，放大闪光点，注意谈话艺术，让激励唤起自信，进而培植闪光点；其次要重视个别学生的第一步，哪怕是微小的，也不能放过；最后要抓住反复点，促其飞跃。

二、营造和谐的教育氛围，用真情感动学生

学生在求学期间，基本上是家庭与学校两点一线，每天的活动除了听课就是做作业，学生往往希望有一些新奇的东西点缀其间，以缓解长期苦读的烦闷。想学生之所想，急学生之所急，"宽容理解"是一副灵丹妙药，它是心与心相互贴近、相互交融的催化剂。作为老师，有责任为学生提供最理想的成长环境，营造和谐的教育氛围。可以在班级管理活动中做文章，如实行班长负责制和小组长负责制，让大家参与管理，做到齐抓共管。这样不但能提高学生自控能力，而且还能培养学生的组织管理能力，达到学生自我教育的目的。此外，积极开展丰富多彩的文体活动，如"好书大家看"、"好歌大家唱"、"追星大家谈"、"才艺大家演"、"开心加油站"、"个性空间站"、"新闻发布会""知识抢答赛"等。这些融知识性、趣味性于一体的活动大大激发学生的参与热情，为学生的学习生活带来一股清新的空气，增强学生的集体观念，让学生体会到"团结就是力量"的含义，培养学生的核心素养。

老师，让我们自己来

为了让班会开得更成功，身为班主任的李老师为自己所在班级选了一篇课文并改写成剧本。第二天，当李老师把计划和大家说完之后，全班同学都很高兴，这时李老师听到了一段小声议论："老师怎么选这篇课文，又长又不好演。""你管呢，让你演什么你就演什么呗。""我可不想演。"听到这儿，李老师的心一沉，原来是王渺。下课，李老师把她叫到办公室请她谈自己对演课本剧的想法。她说："老师，我觉得您选的课文不好，而且您每次都是写好了剧本让我们演，您应该让我们自己来试一试。"她的话让李老师突然意识到他们并不希望老师什么都是"包办代替"，他们长大了。于是，李老师把导演的任务交给了王渺同学，她高兴地接受了任务，开始和同学商量演哪一课，然后找李老师做参谋，帮李老师做道具。课本剧表演得非常成功，身为班主任的李老师和孩子们一同品尝到了成功的喜悦。

问题：这个案例给我们留下的思考是什么？对于我们落实"关爱学生"有何启示？

这真正把学生放在主体地位——使每个孩子在班集体中都感受到了自己的重要地位，每个学生共同努力为实现班集体最终的目标而奋斗。在奋斗过程中实现自己的价值，同时也塑造了一个个富有极强凝聚力的优秀团队，营造了和谐的教育氛围，为学生的成长提供了理想的环境。而真正要落实关爱学生，就是要从营造教育氛围着手，利于教育从全班逐渐渗透到个人。

教育是面对心灵的事业，教师的工作无法绕开学生的心灵。教师可以经常深入

到学生群体中，穿梭在孩子们中间，与优生畅谈理想，鼓励他们勇攀高峰，帮助学困生树立信心，勉励他们上进。事实上，毕业之后经常和教师来往的学生以学困生居多。这些学困生在学业上有时难以达到教师的期望，但能真正感受到教师的关爱，并不在意教师对他们曾经的严厉。受传统观念影响，很多学生对老师总会或多或少存有畏惧心理，师生之间有着一道无形的鸿沟。如何填平这道鸿沟呢？那就要用真情感动学生。真心实意是打动人心最有效的方法，教师对学生真诚的爱会产生巨大的感召力，能引起学生内心的强烈共鸣。这样教师才能及时了解学生的精神世界，才能有的放矢地及时给予指导和帮助，使他们健康成长。正如高尔基所说："谁不爱孩子，孩子就不爱他，只有爱孩子的人才能教育孩子。"教师的关爱可以使学生由灰心变为振奋，由怯懦变为勇敢，从而可以获得学生的尊敬与信任。所以，教师的真正力量并非源于丰富的知识、高超的技能，而是源于对学生的真情。

三、尊重学生的人格，成为学生的良师益友

对于学生来说，教师既是知识的传播者、技能的传授者，也是心理的关怀者、心智的开启者，更是道德的引领者。当然，教师关爱学生并不意味着不能对学生严格，但必须严而有格、严而有度、严而有效。做到严与爱有机结合，才是真正意义上的教育。生活中不乏这样的教师，他们带生病的学生回自己家照顾，有的教师经常给贫困学生衣物，他们都在学生身上倾注了爱心，但他们对学生的要求也是非常严格的，不放过一点错误，及时进行教育，促其不断进步，这才是善爱。此外，在"以严导行"方面，更注重"以章育人"。教师如果只用单一说教去教育学生，很难做到"长治久安"，必须通过建立科学的班规和制度去强化管理。在每个学期开始时，制订或完善公正、公平、科学严密的班级制度，奖勤罚懒，鼓励先进，鞭策后进。方案既能够发扬民主，又能够充分考虑到学生的优点和弱点。最重要的是让他们明白，每个集体都要有自己的规章制度，作为集体的一员，每个人都有义务去遵守制度，冲动所受到的惩罚并非来自老师，而是来自制度。平等、民主、尊重、信任会使教师更容易走进学生的心中，更好地帮助他们成长。

撰写"自我教育说明书"

魏老师的学生，如果违犯了班级常规，或者某项任务没有及时保质保量完成，那么，这名学生就要写一份说明书。说明书的字数不固定，根据具体情况而定。说明书不同于检讨书，说明之所以违犯了班级常规，或者某项任务没有及时保质保量地完成的原因、过程、结果。让同学、老师或家长知道，以得到其了解、理解或谅解。因学生所站的角度不同，所以，写的情感及其效果固然不同。魏老师的一个学生说："我爱淘气，小学时常写检讨书，越写越恨老师；现在写说明书，越写越恨自己！"

思考题：魏老师让学生写说明书的目的是如何利用规章制度来进行教育学生的？是如何体现尊重学生人格的？

通过写说明书来达到学生自我教育的目的。写说明书，是让学生做自我心理裁决，让学生心平气和地思考这样做的利弊关系，这样有利于将师生矛盾转化为学生的自我矛盾，学生"新我"与"自我"斗争，正是自我教育的最佳方式。

在一次数学课上，全班同学在做课内练习时，刘老师观察到一名女同学的神态有点不对头，做作业有点儿偷偷摸摸的样子，刘老师没作声，和平时一样慢慢地从她的后面走到了她的旁边，才发现她在做语文作业。为了不伤她的自尊心，刘老师当时并没有戳穿她。若无其事地走到讲台前，再仔细观察，那位同学还在聚精会神地做语文作业。为了提醒她，这一次有意咳嗽一声从正面走向了她，她听到咳嗽声，唰地一下用数学练习本盖住了语文书。当学生抬起头时，脸一下子红了起来并迅速地低下了头，立即做起了数学练习。刘老师还是没说一句话，慢慢从她旁边走了过去。课后，这位同学主动找到刘老师说，她知道错了，认真道歉并且解释原因，她非常感激刘老师并没有当着全班同学的面戳穿她和批评她。这样无声的教育真正起到了很好效果。在以后课堂中，刘老师发现她在学习上劲头比以前更足了，学习比以前也更自觉了。四十分钟的课堂学习，都能专心致志、踊跃发言，作业质量明显提高，并且能主动向好同学学习，有问题时能主动和同学交流或者来问老师，她的学习成绩有了明显提高，在期末考试中取得了良好成绩。

从以上事例中可以看出，学生犯了错误，不一定指责、批评才是唯一的解决方法，有时无声的批评教育要比有声的批评教育效果要好得多，必要时给学生一个"台阶"下，往往会达到事半功倍的效果。作为老师，只有用爱心去拥抱学生，少一些埋怨、指责和训斥，多一些理解、鼓励和赞扬，给予他们最平等而又博大无私的爱，学生才有可能出自内心地、主动地和老师交朋友，我们才能得到他们的尊敬和信任，走进他们的内心世界，去了解和洞察他们的需要，有的放矢去引导和帮助他们，从而达到好的教育教学效果。

四、树立良好的形象，发挥潜移默化的教育作用

教师的言行举止应当成为所有学生的学习榜样，教师要始终给予学生积极的影响，用真诚的笑容感染学生，用真挚的语言打动学生。教师要言出必行、表里如一，在潜移默化中用自己的人格魅力影响学生的一生。在教学中，渊博的知识、风趣的语言、严密的推理、灵活的教法能使教师成为学生心目中的偶像。在管理上，良好的品德修养、一视同仁的态度、雷厉风行的作风能使教师在学生中树立威信。在生

活中，要无微不至地关爱学生，慢慢地让学生感受到教师的真情实意，渐渐赢得学生的信任。成为学生的良师益友之后，学生有什么烦恼事或困难都会悄悄地告诉老师，团结在老师的周围。师生"拧成一股绳，劲往一处使"，就能达到"亲其师，信其道"的教育效果。所以，教师的笑容、良言和对学生的欣赏眼神都能充分体现出对学生的关爱。只有这样，教师才能关爱所有学生，才能最终达到"随风潜入夜，润物细无声"的境界。

90后汶川地震幸存女孩成老师

唐紫寒是汶川地震北川中学的一名幸存者，当年地震发生时，她正在读初三，因为去拉跌倒的同桌而没能及时跑出教室，是班主任牺牲自己救了她们。唐紫寒永远记得当年班主任转身向她跑来的模样，那是一种怎样的力量，让一名老师宁愿牺牲自己的生命也要守护学生！唐紫寒一度陷入深深的自责与愧疚，感觉班主任是因为自己才失去生命。经历了大量的心理斗争，她决定继承曾经班主任的意志，成为一名人民老师。在往后的学习和生活中，唐紫寒始终记得是老师给予了自己第二次生命，她不敢松懈，生怕辜负了老师对她的期待。如今她成了陕西师范大学实验小学的一名语文老师，她穿着整齐的白衬衫，在窗明几净的教室中，在学生渴望又好奇的眼神中，做着当年班主任也曾做过的事情——教书育人！

思考题：班主任的行动深深影响了这位幸存女孩。回忆生活中你身边有哪些老师的行动也曾深深影响过你。

班主任当年用行动在幼年的唐紫寒心中播下了一颗种子，如今多年过去，这颗种子破土成长，也能够舒展枝叶，成为庇护另一方水土的参天大树。"老师没能做完的事情我来做"，这是坚定的声音，不乏传递出一种坚定、一种责任，相信她一定能够成为一名和当年班主任一样能教书也能育人的好老师！

爱是教育的前提，是师德之魂。教师只有关爱学生，才会全身心地奉献于教育事业。以爱为师德之魂，教育这片热土的天空一定晴空万里。以爱为师德之魂，就能为国家培养担当民族复兴大任的时代新人。

本章小结

关爱学生是教师的天职，是教育工作的起点，是衡量教师职业的道德水准的标尺。在学生成长的过程中，教师对于学生的爱使学生归属与爱的需要得到满足，是学生接受教育的前提，保护学生安全是教师关爱学生这一职业道德的最低要求，因此教师在坚持做到关爱学生的同时，要关心学生的身心健康保护学生的安全，在此过程中，可能会遇到各种各样的情况，"学生感受不到教师的爱"，为此，需要教师自身加强修炼，注意方式方法，真正从学生角度出发，公正地对待所有学生；营造和谐的教育氛围；尊重学生的人格，成为学生的良师益友，致力于学生身心健康发展。

思考题

1. 围绕正面案例讨论关爱学生的意义和价值。
2. 围绕反面案例讨论教师不关爱学生的危害。
3. 你认为教师应如何做到关爱学生。

参考文献

[1] 徐廷福.教师职业道德修养[M].北京：北京师范大学出版社，2015.

[2] 刘亭亭.教师职业道德[M].北京：北京大学出版社，2017.

[3] 孙菊如.新时期教师职业道德与专业化发展[M].北京：北京大学出版社，2006.

[4] 钱焕琦.教师职业道德[M].上海：华东师范大学出版社，2008.

[5] 蔡辰梅.中小学教师的偏差性师德认知及其重建[J].中国教育学刊，2019（06）：83-89.

[6] 刘稳风，夏江雯.如何发挥高校师德先进典型效应[J].学校党建与思想教育，2019（10）：29-31.

[7] 朱晓伟，周宗奎，谢和平，褚晓伟.中小学教师师德的社会期望与评价[J].北京师范大学学报，2019（01）：53-59.

[8] 翟博.树立新时代的家庭教育价值观[J].教育研究，2016（03）：92-98.

[9] 刘稳风，夏江雯.如何发挥高校师德先进典型效应[J].学校党建与思想教育，2019（10）：29-31.

[10] 杨浩.关爱学生——师德的灵魂[J].成才之路，2020(10)：32-33.

[11] [苏]苏霍姆林斯基.教育的艺术[M].肖勇，译.长沙：湖南教育出版社，1983：255.

第七章　教书育人：教师职业的恪守

〔本章提要〕

教书育人充分体现新时代对师德的要求，教书育人是教师的天职，也是教师的基本使命和主要工作。教什么样的书，育什么样的人，不同的境界体现不同的育人结果。本章节将通过教书育人的典型案例，解读教书育人的内涵及时代要求，从正反两个维度，深入理解教书育人和成绩至上两种不同的理念，学而思，思而行，形成教书育人的实践策略，明白应该怎样做，引导学生掌握教书育人的真意和目的。

〔学习目标〕

1. 明确教书育人的规范和要求。
2. 理解教书育人与成绩至上的现状。
3. 掌握教书育人的策略。

〔知识导图〕

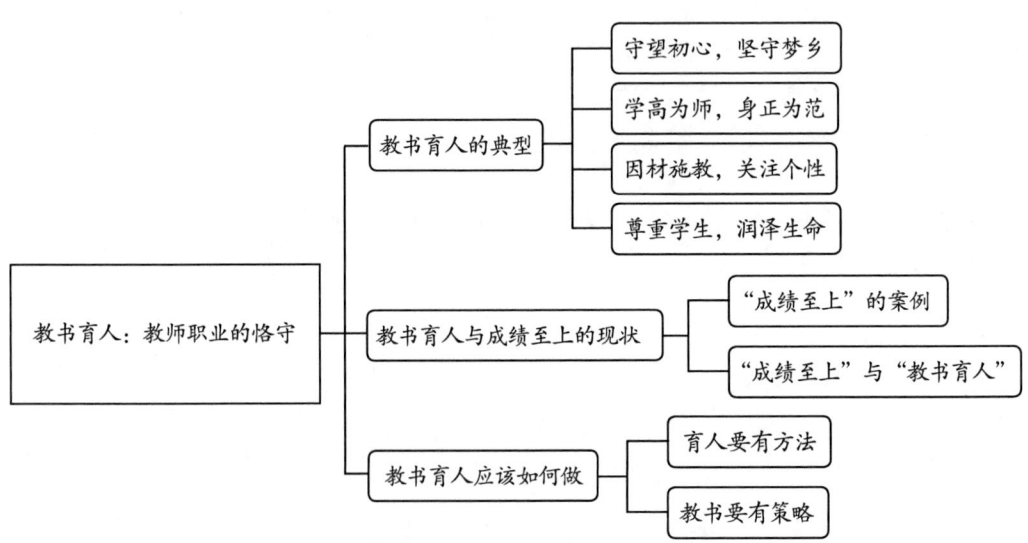

第一节 教书育人的典型

"教书育人是指教师关心爱护学生,在传授专业知识的同时,以自身的道德行为和魅力,言传身教,引导学生寻找自己生命的意义,实现人生应有的价值追求,塑造自身完美的人格。"①

2016年12月7日,习总书记在全国高校思想政治工作会议中强调,教师不能只做传授书本知识的教书匠,而要成为塑造学生品格、品行、品味的"大先生"。

"教书"是为了什么?很多人认为"教书"是教师实实在在的具体任务,"育人"看起来比较抽象,从某种层面上来看,有点虚无缥缈。人民教育家于漪曾说:"育人"是大目标,"教书"要为"育人"服务。教书育人中,"教书"说到底是教书匠,在"教书"的同时"育人",才有可能成为塑造学生灵魂的工程师。

教师教给学生的知识,多年以后可能会过时,可能会遗忘,但教给学生为人处世的道理是学生一生的财富,会让他们终生难忘。教师要成为学生做人的镜子,以身作则、率先垂范,以高尚的人格魅力赢得学生敬仰,以模范的言行举止为学生树立榜样,把真善美的种子不断播撒到学生心中。

一、守望初心,坚守梦想

教书育人,需要教师做教育初心的守望者,是回归最初的梦想,是找寻到了最真实的自己。坚守初心,把教育做成自己毕生的事业,静心做教育,精力用在教学上,自然会心无旁骛的追求下去,自然形成自己的"小世界",绝对不会轻易选择其他道路。

"有那么一群小孩在一大块麦田里做游戏,我呢,就站在悬崖边。要是孩子们都在狂奔,也不知道自己是在往哪里跑,我得从什么地方出来,把他们捉住,我整天就干这样的事。"这是美国作家塞林格写在《麦田里的守望者》中的话,也是教育者的守望。

当今的时代,丰富又多元,纷繁又复杂,自我又多样,机会和挑战让人眼花缭乱。选择是每名教师具备的权利,但相伴而生的是迷惘和犹豫。教书育人,应该守望教育梦想,做有教育情怀的老师,不会受困于纷繁的世界,能够守住最朴素、最本真的教育心。静静地陪伴孩子,守住彼此的教育梦,走出人生的精彩,这是做教师的幸福!

---

① 百度文库.尊师重道,薪火相传[EB/OL].(2021-01-08)[2021-12-04] https://wenku.baidu.com/view/8558d71859eef8c75fbfb345.html.

案例一

从讲授数学学科知识到用数学教育润泽学生生命

以中原教学名师刘忠伟为例,来感受刘忠伟老师如何守望初心、坚守梦想。

17岁,师范毕业的刘忠伟,来到了全乡最差的一所偏远农村中学,教室只有窗户,没有玻璃,墙壁和屋顶千疮百孔,夏天漏雨,冬天通风。办公室由寺庙大殿改造而成,这里的学生仅仅有百十人,全部是本乡其他中学选拔之后剩下的"身怀各种绝技"的问题学生。第一次踏进教室,他看到了儿时的玩伴,看着年龄比自己还大的"老大哥",心中涌出"出师未捷身先死"的无力感,腿在打哆嗦中上完了第一节课。

基层学校师资匮乏,他除了教数学,还要兼职上英语、音乐、历史,但他乐意承担,用阳光的心态和敬业的精神感染着每一位老师。

许多人不理解他,说他傻,但他的决心丝毫没有动摇,他认为,年轻就得接受磨炼,越是艰苦的地方,越能磨炼人的意志,坚定人的信念。

当时有人善意提醒:这么年轻来到这样的学校,有什么奔头?面对始料未及的艰苦条件,年少的他有过短暂的迷茫和徘徊,但看着课堂上一双双纯净的、渴望求知的眼神,他依然决定留下,他告诉自己:人生之路无坦途,走出困境天地宽。

他在上班两周后才发现,自己是学校唯一一名四十岁以下的年轻教师,年轻就是值得"骄傲"的资本,他觉得虽然自己是一只"丑小鸭",但绝不能迷失自我,一定要走出自己的路,在寂静的环境中去仰望星空,找寻属于自己的春天。

刚开始,他明显感到自己在学校里所学的知识远不能适应这里的教学实际,他努力地读书,一年的时间读了一大堆教育书籍,各种教育杂志到处借阅,四年的摸爬滚打,让他学会了怎样与学生和谐相处,怎样让这些学生在一点点地进步中感受到学习的快乐,怎样培养他们浓厚的学习兴趣,怎样让他们的成绩由原来的二三十分一步步地提高。

慢慢地,刘忠伟融进了班级,感觉和他们在一起也很有意思,成了班级的"孩子王"。四年里,刘忠伟和这群被人们称之为"问题学生"的孩子建立了深深的友谊。在坚守中,找到了自己的价值所在。

这些可爱的学生,带给刘忠伟许多感动。刘忠伟在这所中学年年都会度过一个"假生日",学生们不知道从哪里知道11月18日是他的生日,其实他的生日根本不是这一天。每年的这一天,学生都会唱着生日歌,排着队给送他们自制的生日贺卡。孩子们自制的贺卡成为刘忠伟做教师最珍贵的礼物。"假生日"被学生一届一届地传递着,刘忠伟每年也多了个怎么解释都阻挡不了的生日,看着孩子们那份高兴和快乐,这种幸福的滋味也永远留在刘忠伟的心中。

在农村中学的摸爬滚打,让他学会了怎样与学生和谐相处。在学生眼中,他就是个孩子王,他天天陪着孩子一起学习,一起田野里玩耍,一起班级里歌唱,一起田间小路赛跑……他和这群被人们称之为"问题学生"的孩子建立了深厚的友谊,让这些学生在一点点地进步中感受到学习的快乐,成绩大幅度提高,连续四年超过乡一中,获得学生、家长和社会的认可。

10多年的农村教育生活单调而贫乏,刘忠伟却觉得这样的环境更有利于自己用心去思考,更能让自己的内心与大师对话,可以说,宁静的乡村生活为他提供了良好的学习环境,培养了他的韧性。看着学生在自己努力下有所改变时,他下定决心:要在寂静的环境中坚守教育梦想,脚踏实地中仰望星空,成为最好的自己,成为学生的榜样。

二、学高为师,身正为范

孔子说过:"其身正,不令而行,其身不正,虽令不从。"好的老师是学生学习的榜样。《论语·述而》讲:"志于道,据于德,依于仁,游于艺。"这句话传递的是孔子的教育理念:以探寻宇宙真相、天理天道为方向,以培养美德为立脚点,以涵养仁爱之心为根本,发展六艺等生活技艺,让学生能够得到全面发展。

教书育人,不仅期待学生有高远的境界,最重要的是,教师也需要有高远的境界和高超的教学艺术,在不断突破自我的过程中,提升教书育人的能力。

案例二

从一节节课的成功到有教学主张的课堂构建

工作的第一年,中心校领导听了刘忠伟的一节公开课后,摇了摇头,没做任何评价。刘忠伟知道,不评价就是最坏的评价。刚参加工作的凌云之志和猝不及防的失败,在他内心产生了巨大的落差。他质疑自己:我的课如果学生不喜欢,我的梦想难道不就是"南柯一梦"吗?

经过了几个夜晚痛苦地煎熬和冷静地思考,他与现实握手言和,与梦想并肩而行,他给自己鼓劲:年轻就有无限可能,只要踏实备课、上课,就一定能成为一名会上课、上好课的老师。

此后,晚上备课成为他的必修课,多少个夜晚,他认真查阅资料,研读教参,深悟课标,吃透教材。埋头苦干、默默无闻地度过了工作的第一个七年。2002年,来到一所新学校后,他天天缠着领导要上公开课,最终得到一次讲优质课的机会。刘忠伟事后谈起那次讲课的尴尬,那是他第一次进城讲课,也是他第一次讲优质课,别人用电脑,他还是用手写的幻灯片;别人课件中播放精美动画,他呈现的只是粗糙的图片。可他没有灰心,他相信,他能成为一名会讲课、讲好课的老师。

在失败面前,他越挫越勇,四年后的2006年,他以县第一名的优异成绩,参加市级优质课选拔赛。虽然在市级比赛的舞台上没有成功突围,但刘忠伟始终相信:

自己能讲好课，并且一定会成为一位有教学主张的好老师。

为了让自己的数学课上出特色，让一批批可爱的粉丝学生享受到大城市一样的数学教育。读书、研究名师案例、外出听课这些方法他都不放弃，借助网络学习的平台，坚持每年聆听一百场专家报告和课例，将自己学习后的所思所悟用在教学中，凝练课堂、反思课堂，让自己的思想在思考中更加清晰。

厚积而薄发，2009他获得了代表许昌市参加河南省优质课比赛的机会。为了上好这节课，他整整设计了50多遍，一次次备课，一次次试讲，一次次修改，时间最紧张的时候，往往是下午修改教学设计，晚上熟悉教学流程，准备教具，第二天上午进行试讲。有时周末都是在修改教案、揣摩教学，找几个学生一起练课。每到周末，他们班的孩子都自发来到学校，陪着老师练课，每一次，学生都会对他说：老师您歇歇吧！一次试课失败后，可爱天真的孩子给他写了一封封鼓励的信件，"老师，我喜欢你的课堂"，简单的几个字成了他"磨课"的最大的源泉和动力。

为了多一些试讲的机会，他几乎讲遍了全乡的所有学校。为了设计出一个精彩的课堂练习，他查遍了苏教、北师大、新世纪版本的所有教材，上网观看能查询到能观看的所有教学视频，几乎试遍了自己知道的所有可行方式。他痴迷于数学课堂教学研究，为了锤炼教学艺术，家成了"特别"的课堂，家人和孩子是他"特别"的学生。他在家进行了上百次的自我演练，每一位家人都是他的忠实听众，即使和孩子上街，嘴里也在念叨着教学实录，无数次的演练竟让他四岁多的儿子都说："爸爸，我给你讲这节课吧。"

上天总会偏爱辛勤付出的人，这节课最终获得了河南省优质课大赛一等奖，这次在"意料之中"出现的"意料之外"，让他深刻感受到，要想让学生喜欢自己的课堂，要有深邃的教育思想，要有鲜明教学特色和独特教学风格。

十年的时间，他多次在全国和全省的优质课大赛中脱颖而出，相继获得全国优质课、部级优课等荣誉，三次获得省优质课一等奖，并获得26项省、市级技能比赛、说课比赛等一等奖。

他努力让数学课上出与众不同的味道，他购买了不同年份不同版本的所有教材，把重心放在小学数学概念教学课例研究上，参加河南大学在职研究生研修班提升理论素养，不放过任何一次与专家交流的机会。

2014年开始，刘忠伟就把打磨教学风格、提炼自己的教学主张作为研究的主线，不断凝练、感悟、提炼教学主张，构建属于自己的"理论体系"。他倡导的"质朴数学"，基于核心问题，让学习真实、真正有质量地发生，传递数学的教育价值，突出了质朴的教学特色和真实、简洁、开放、大气的教学风格，构建属于师生的数学生活，给孩子创造一片理想的天空。

每年，他都会选取50节典型课例进行研究，选取有代表性的精品进行构建，在工作室主持人和成员之间开展不同版本教材的同课异构，以概念教学为突破口，他深入研究团队成员140多节课例以及近1000节名师案例，开展了不同版本之间的深度"同课异构"活动，在课堂中不断演绎、建构，让教学经验逐步具有理论的因子。

围绕教学主张,打磨了一系列的精品课,他在全国各地进行了近100次的公开课展示教学,发出了河南小数教师的"中原好声音"。

从一节公开课的成功到一系列精品课的构建,上好课的"梦想"照亮了"现实",有个性、有特点、有特色的质朴数学突破平庸,夯实生命的厚度,开阔视野的拔线,让学生深深爱上了他的数学课。

三、因材施教,关注个性

于漪老师曾说,古今中外研究教育的大家都认为教育的本质是完善人的精神世界。现代教育使教育对象受教育的长度增加,即实施终身教育,与此同时不能忘记教育的深度,教育最终为人的精神生活服务。

为人的精神生活服务,就要真正在教书育人的过程中,需要教师关注学生的个性成长,读懂学生;从儿童的视角,理解学生;站在主观的角度,包容学生;站在客观的角度,善待学生;用教师教育人的眼光,关注学生;用既是教师又是家长的眼光,审视学生……全方位、立体化地聚焦,编织了对学生教育的智慧教育网,这张网,能用一方小世界,容下孩子的大成长。

苏格兰诗人史蒂文森在《点灯的人》中写道,不停地点燃别人心中的灯,也点亮自己心中的明灯。需要教师把生命中的积极因素积极与孩子的生命衔接,让他们远离浅薄,让成长更纯洁、更纯净,把美好融入她们的精神世界中,让学生不断去体验、改变、思考、调整自己,体会到生命成长的意义,对学生成长来讲,这是教师给予他们永恒的财富。

因材施教,读懂孩子的差异,读懂学生的错误,读懂学生的问题,读懂他们的做法,读懂孩子的内心世界,不放大学生的"缺点",不用暴风骤雨般的方式,让学生背负不应有的"罪名"。针对每一个孩子,用不同的教育策略,引导孩子慢慢成长,遵循自然的教育规律,让每一个孩子都能够茁壮生长。

案例三

走近学生心灵世界

刘忠伟的班级里曾有一名学生,爱把唾液、鼻涕涂在别人身上,课堂上总是不认真听课,课下作业也不完成。刘忠伟通过阅读他的数学日记,发现孩子有强烈的想当数学组长的意愿,刘忠伟力排众议,任命他当班级数学小组长。

后来,他因为在班级捣乱,被班主任撤销了小组长的职务,便在教室撒泼,躺在地上大哭大叫,无论班主任怎么哄劝,这个学生像"人来疯"一样,在教室内展现了自己"难缠"的一面。第二天,这名学生在"漫步数学"中写道:"同学们和家长都感觉我不优秀,小组长对我来说,是我证明给自己和父母自己能干的唯一一个途径，现在这个途径也没有了，我十分伤心和失望。"刘忠伟认真回复他："如果你能对自己负责，用自己的行动展现你的文明，相信你会理解宽容的含义，老师、同学们也会宽容你、理解你。"

"漫步数学"成了刘忠伟和他沟通的阵地，他把"阳光、包容、文明"等积极的词语写进回复里，融入了孩子的精神世界，慢慢地，这些回复似乎发生了"化学反应"。班级里，这位同学主动帮助组长收作业，主动帮助老师清理课桌上的灰尘；卫生区里，主动帮助值日生倒垃圾。班主任最终也恢复了他数学小组长的职务。

刘忠伟乐意用自己的行动改变一个个孩子，让他们体会到学习的幸福。每一年，开学的第一节课，总会和学生上一节特别的数学课"数学，我想对你说"，孩子们可以把数学学习中遇到的各种问题说出来，和老师、同学一起交流。

有一年，他发现，当很多孩子都争先恐后交流问题的时候，一个孩子坐在角落里低头默不作声，成了孤独的旁观者，刘忠伟走到他跟前，本想和他进行单独的交流。这时候，他头埋得更低了，下课时，孩子递给刘忠伟一张纸条，上面写了这样一段话：

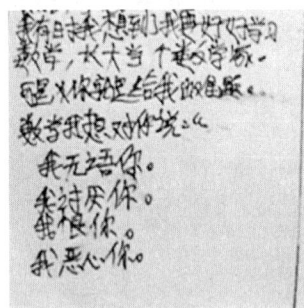 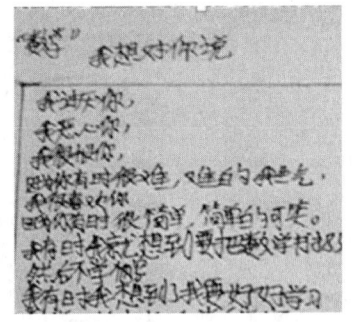

后来，刘忠伟从侧面了解了这位学生，每次考试成绩不到20分，课堂上课本经常不见踪影。

教育是慢的艺术，刘忠伟认为等待就是最好的方式。

改变一个孩子，空洞说教的效果是极其有限的，"随风潜入夜，润物细无声"式的教育才能达到更好的效果。每周，刘忠伟都会给这个孩子提一个要求，让他总结一个最讨厌数学的原因，把原因告诉老师。每次，都是欲言又止，他在默默地观察，长久的"讨厌数学"让他不敢轻易打开自己的心扉。

刘忠伟认为，仅仅教学科知识是不够的，更需要培养学生的学习兴趣，用数学教育润泽学生的生命。于是，他开始带领学生进行数学阅读、撰写数学日记，一步步走进学生心灵深处。通过阅读《数学西游记》、《数学童话绘本》等数学童话书籍，让孩子们远离数学恐惧；通过阅读《数学历险记》、《趣味数学游戏》等书籍，让孩子们对数学产生了浓厚的兴趣。除此之外，他还注重学生文学素养的积累，坚持开展"和学生共读一本书"活动，每月进行一次读书分享，让读书分享成为班级数学学习的常态。

当学生养成了阅读习惯后，刘忠伟开始在班里开展"漫步数学"日记交流活动，数学日记的撰写不仅成为学生写作的平台、和孩子沟通数学学习的桥梁，更是了解学生、解开学生心结的有效载体。这个特殊的孩子，在班级开展的数学阅读交流活动中，他第一次站上讲台，和大家分享了自己的阅读体会。

这节分享课上，看到了孩子喜悦的表情，看到了他自豪的眼神。

慢慢地，课堂上，他能够专注地听几分钟课了，也敢大胆地走到我跟前，问自己不懂的问题，虽然问题很简单，但我知道，他在试图改变自己。

期中测试，他拿到了52分，52分的成绩对于一个小学生来说，属于不太理想的成绩，属于老师应该保守的秘密，但刘忠伟却给了他52分的表扬。刘忠伟把班级进步大的孩子、表现优秀的孩子和这位孩子一起，走了一次班级的星光大道，在所有人的掌声中，从教室后面，走到讲台，接受同学们的祝贺，享受了一次隆重的"颁奖盛典"，星光大道很简单，简单到他只是班级的一条过道，星光大道很隆重，隆重到他是班级的梦想大道，每一次，都能看到这位孩子泪流满面。

在刘忠伟的班级里，学生总会自豪地说："刘老师最喜欢我！"这发自内心的言语，是孩子成长的感言，是对老师和自己最大的肯定。

泰戈尔说，不是铁器的敲打，而是水的载歌载舞，使粗糙的石块变成了美丽的鹅卵石。在人的成长过程中，期望得到表扬和尊重，它根深蒂固地存在于人的本性之中。因材施教，在每个孩子成长的过程中，给予充分的尊重，努力给孩子应有的表扬让学生爱上学习，需要大智慧。

刘忠伟老师是智慧型的教师，在他的班级，不仅仅有星光大道，还有漫步数学日记，更有班级的星星银行，还有学生考老师，一个个精彩的创意，改变了学生学习的方式，也让数学知识在不经意间内化于学生心灵。

不要希求学生一下子就会改正缺点错误，学生思想、行为上的偏差如同倾泻的洪水，挤塞之法只会使其更加泛滥，只有正确疏导，要给他们坡度，一步一步地让他们上来，才能纠正偏差。刘忠伟针对每一个孩子的特点，让每一位孩子体验成功，感受学习的乐趣，用触动心灵的感动让他们喜欢上学习，让他们品尝幸福的味道，刘忠伟在努力的过程中用伯乐般敏锐的眼光去发现，用玉人的利器去精心雕琢，用满腔的热情去精心浇灌，让教育生活充满了"爱"的底色。刘忠伟用"爱"陪着他，让成长具有更多可能性，从而使每个孩子都有美好的未来！

因材施教，关注个性，如同一道道亮光，照亮了学生智慧成长的前方。

四、尊重学生，润泽生命

蔡元培说："教育是帮助被教育的人，给他能发展自己的能力，完善他的人格。"① 无论花开得早晚,都需要静等花开。有时候教育孩子,就像手握一把沙子,你越是把它攥得紧,它越是留下来的少。

理查德·韦斯伯德在《守护孩子的幸福感》里这样说:"我们完全有能力将孩子培养成情感丰富并负责任的人,培养成正直守诺的人。"② 未来是长远的事情,让他成为正直的人,发展他的能力更重要,有理由相信,这些都是孩子健康成长的"生长点"。只要提供好成长的土壤、阳光、空气和水,相信给他时间和空间,他一定能寻找到光,向着阳光灿烂处漫朔。

成长中有太多的不确定,每一件事情都可能成为成长的"关键事件",每一个人都有可能成为"重要他人",他"不优秀",我们是他坚定的支持者,他"优秀",我们是他执着的"陪伴者",无论他怎样,陪着他,度过人生最美好的青春时光。希望成长具有更多可能性,使每个孩子都成为国家的栋梁。

案例四

几个故事

有这样一个故事,小男孩有两个苹果,妈妈对小男孩说:分给我一个苹果好吗?小男孩没有说话,把两个苹果都咬了一口。妈妈心中莫名凉了。小男孩把一个苹果递给妈妈,说:"这个苹果甜,给妈妈。"小男孩并不是吃两个苹果,而是选择一个最甜的苹果给妈妈吃。

小男孩的故事,让我们从一个侧面,了解到读懂一个孩子内心世界的重要性。心灵上的平视,是遵循教育的规律和学生的年龄发展特点,是为了发现孩子未来更好或者最好的可能,不让孩子对童年留下痛苦的回忆。

著名作家毕淑敏讲过小时候的一个故事,小时候她参加学校合唱团,音乐老师说她唱歌走调,让她不要参加比赛。由于队形的比例需求,缺一个女生,于是又把她叫回来了,但要求她站在队伍里不要出声,只做一个口型就行。经过这件事情后,再遇到唱歌,毕淑敏都回应不会唱歌,小时候的这件事,伤害了她的心灵,唱歌不再是美好的事情,而是成了她的恐惧。

苏霍姆林斯基讲过这样一个故事,五·一班班主任对待学生很认真也很严厉,上课时教室里鸦雀无声。全班33个孩子纹丝不动,两眼直直地望着女教师。孩子们的温驯给了女教师以莫大的成就感,只有米沙老是坐立不安,摇头晃脑,嬉皮笑脸。女教师常气得罚他站墙角,甚至要把他赶出教室。有一次校长听课后说:要调5个学生到二班去,话音刚落,孩子们不约而同跑到隔邻二班去了,教室里只剩下一个学生——竟然是米沙,女教师惊愕得不相信自己的眼睛。她脸色惨白,悲痛万分,低声问:"你,米沙,为什么不走?"男孩眼里涌出泪水,低声回答:"我可怜您。"仿

---

① 高平叔.蔡元培教育论集.长沙:湖南教育出版社,1987:334.
② 理查德·韦斯伯德.守护孩子的幸福感[M].张筠艇,译.福州:福建教育出版社,2010:4.

佛直到这一刻，女教师才认识了米沙，才发现这孩子心灵深处的珍贵奥秘！

尊重，给予孩子未来发展无限可能，我们看刘忠伟老师是如何让爱生气的孩子爱上数学学习的。

案例五

爱生气的学生

爱生气的事件1："不被关注"。

一天数学课上，刘忠伟讲完课后，让同学们练习，他在巡视过程中检查学生的练习情况，学生们都非常有秩序地等他检查，有一个孩子拿着练习本递到刘忠伟的面前说："老师，先检查我的。""不要着急，先等一会儿，一会儿就轮到你了。"刘忠伟一边检查着另一位同学的练习题一边说。只见他头一甩："不检查算了！"没想到，孩子生气了，撅着小嘴坐到座位上了。

爱生气事件2：弃权事件。

在刘忠伟的课堂上，有小老师讲课环节，为了给更多的同学机会，刘忠伟会尽量让更多的孩子走上讲台，体会"兵教兵"的学习方式。这个孩子是班级展示次数最多的同学，连续三节课，她都没有机会展示。心理的落差让她出现了不正常的反应，不再申请课堂展示，每节课，脸上的表情都是"多云加阴天"，私下嘟囔着："谁爱展示谁展示！"她又生气了。

爱生气事件3：一封特别的来信。

有一天，刘忠伟的办公桌上多了这样一封信：

要想了解孩子，一定要触摸孩子的思维轨迹，知道孩子是怎么想的，这样沟通有的放矢，也才能真正知道孩子爱生气的原因。刘忠伟老师每周都要给孩子写一封信,孩子慢慢都打开了心扉。

这名孩子家庭情况比较特殊,父母外出打工,每年难得见上父母几次面。这样的环境让她养成了争胜好强的个性,什么都不允许别人比她强。这名学生在信中写道:"我讨厌我处的环境,我讨厌我的家庭。"在和她的笔谈中,孩子写道:"我要成为老师眼中最优秀的学生。"她的生气是为了博取老师更多的关注。刘忠伟对她写道:"一个人不可能永远受到表扬和关注,不可能永远一帆风顺,希望你能做一个阳光女孩,能勇敢地面对困难和挫折。老师有一句座右铭,你的心里没有阳光,你的教育注定不会辉煌。今天,老师把这句话也送给你,希望你能悟出其中的道理。"

有一天,刘忠伟把孩子叫到办公室,送孩子了一朵美丽的花。刘忠伟对孩子说:"从今天起,每当你生一次气,你就去掉一个花瓣。"孩子在放学的时候找到了刘忠伟,对他说:"老师,如果每次去掉一个花瓣,这朵花就只剩下花柄了,我不忍心去掉花瓣。"刘老师对她说:"孩子,我们的数学学习就像美丽的花,如果每多一次负面情绪,就会增加一次破坏的机会,只有我们减少负面情绪,不去破坏它,才能让花朵更加持久地绽放美丽。"看着她默不作声的样子,我知道她有点懂了。

在人民教育家于漪教育生涯中,她曾经带过许多乱班和乱年级,她打比喻称之为"考问感情与责任"的难题:"千人千样,一个学生就是一个多彩的世界。没有水磨的功夫,没有爱心,就不可能拨动学生的心弦,奏出悦耳的乐曲。""要从思想上、感情上尊重学生的人格、尊重学生的个性,教师要练就敏锐的目光,善于发现每个学生身上的长处与潜力,长善救失,把隐藏的种种潜力变为发展的现实。"她按照这样的思考在教学中践行,最终把最差的班、最乱的年级带成了上海市的先进集体。

总之,尊重学生,在教书育人的过程中,要让孩子们远离学习的焦虑,保持阳光的心态,有乐观和豁达的态度。在孩子的成长路上,都会遇到困难和挫折,关键是这个时候,要有战胜困难的信心和勇气,尽快地恢复元气,走出学习的低谷。

第二节 教书育人与成绩至上

一、"成绩至上"的案例

案例六

成绩由第一名变成第20名,高二女生跳楼自杀

17岁的吉林九台市一所高中高二女孩王鸽(化名)从宿舍6楼窗户跳下。8日早6时，当王鸽被人发现时，她已经永远停止了呼吸。

8日早5时50分许，一位学校食堂的员工路过女生宿舍楼时，突然发现一个小女孩一动不动趴在宿舍楼下，他连忙报警。6时许，当民警赶到现场时，女孩早已停止了呼吸，法医初步认定女孩死亡时间在7日的午夜。

据了解，死亡的女孩名叫王鸽，今年17岁，是高二学生。王鸽在初中时，每次考试在学校里都是第一名，而进入高中后，上一次考试，她排在了全校的第20名，对她的打击很大。王鸽觉得她学习压力太大，加上从小远离父母，才决定了结生命。

在成绩至上、分数至上的价值观念影响下，青少年将成绩至上作为自己的价值取向，把分数作为衡量自己成功与失败的标志。家庭教育中，一部分父母也仅仅把分数作为孩子成长的重要标准，过分重视考试的成绩，不太重视孩子基本的生活自理能力，对孩子的健康发展没有做到全面关注，孩子只要把所有精力投入到学习中，成绩好就代表什么都好，不做家务，不去劳动，不去思考衣食住行。从孩子发展的角度来看，不仅不利于学生的身心健康发展，而且片面追求成绩，甚至成为孩子今后发展的阻力，就像是温室的花朵，经不起任何风春雨打，一旦经历挫折和困难后，没有走出来的信心和勇气。

案例七

考试成绩低于平均分，道歉承认自己"拖后腿"

云南省昆明一小学教师，让期末考试成绩未达到班级平均分的学生站上讲台道歉，承认自己"拖后腿"。

对此，有的家长对老师的做法表示支持，认为应该多让孩子认识什么叫责任心，多吃一点苦。老师这样做是在培养孩子们为集体争光的意识，对自己的行为负责以及有担当的意识，同时这也是一种挫折教育。

也有的家长认为，叫学生到讲台上向其他同学道歉一事"太过了"，没有顾及孩子的自尊心。因为，考得不好，孩子自己心里也难过，更何况没考好的话，最对不起的也是孩子自己，没理由要向全班同学道歉。

在极度重视学业成绩，唯学业成绩至上的背景下，部分学校片面追求分数，以学业成绩论断好学生、坏学生，成了很多学校、教师和家长的评判标准。孩子成绩不理想的时候，不是去鼓励、找寻原因，用发展的眼光看待孩子成绩，而是发泄情绪，对孩子发怒，并公布成绩到微信群，让孩子道歉、让家长说明情况等做法，以对孩子负责的名义做着伤害孩子的事情，背后仍然是分数至上的理念在作怪。

二、"成绩至上"与"教书育人"

一个个看似"偶然的事件"，让我们惊呼"意想不到"的同时，发现背后"成绩至上"的因素是用一把尺杆、一个标准要求所有的孩子，让原本快乐的学习旅程，潜滋暗长出复杂的"意料之外"，成了阻碍孩子成长的主阵地。

（一）成绩至上的危害

1. 成绩至上不利于学生德智体美劳全面发展

学习成绩不错就是优秀的孩子，以后就会大有作为。若孩子成绩一般或差，其他方面再优秀，也会被扣上差生的帽子，通过学习的好坏来判断其未来发展的"光环效应"。成绩至上的认知误区扼杀了许多孩子的个性发展。社会对人才的需求也不仅仅局限于成绩，即使孩子成绩出色，很难说其他方面一定全面发展。社会对人才的需求更加多元化，这也要求个人能力的多元化。一个人拥有成绩之外其他方面的特长和技能，如果条件成熟，也能创造出一番作为。

习近平总书记指出，希望广大教师不忘立德树人初心，牢记为党育人、为国育才使命，积极探索新时代教育教学方法，不断提升教书育人本领，为培养德智体美劳全面发展的社会主义建设者和接班人做出新的更大贡献。教师不唯分数论，在关注智力发展的同时，也要转向关注人的全面发展。

2. 成绩至上不利于发展的眼光看待成长

每一个孩子都是有着巨大潜力的人，孩子在学习过程中，始终处于不断发展的状态。成绩只是相对单一的评价方式。即使孩子在学习上有困难，很多问题都是可以慢慢找寻到解决问题的办法。近代著名教育学家叶圣陶曾说："教育是什么，往简单方面说，只需一句话，就是要养成良好的习惯。只要学生有阳光的心态和正确的学习习惯，学习也会逐步取得进步的。"

每一个孩子在成长的过程中，都会有不同的问题出现，衡量教育是否成功，不是仅仅看分数，简单的道理，不同的心态，决定了我们教育的成功和失败。

苏霍姆林斯基曾说，请记住：远不是你所有的学生都会成为工程师、医生、科学家和艺术家，可是所有的人都要成为父亲和母亲、丈夫和妻子，假如学校按照重要程度提出一项教育任务的话，那么放在首位的是培养人，培养丈夫、妻子、母亲、父亲，而放在第二位的，才是培养未来的工程师或医生。每一个儿童，都是一个完整的世界。让每一个从自己身边走出去的人，都拥有终生幸福的精神生活。这是苏霍姆林斯基的教育理想。在苏霍姆林斯基眼中的人，绝不只是少数有可能成为科学家、艺术家等名人的天才少年，而是包括了未来只能成为普通劳动者的孩子。

3. 成绩至上不利于学生身心健康发展

教育是人的灵魂的教育，而不是知识和认识的简单堆积。成绩至上是一种错误的观念，个别地方片面追求升学率的背景下，如果只注重孩子的学习成绩，忽略学生人格的发展，对孩子期望过高，脱离其实际情况，盲目攀比、跟风、从众，对孩子高标准、严要求，而忽略孩子身心健康和品德养成，严重不利于学生身心健康发展。待孩子长大后才发现，成绩至上的教育育不出真正的人才，而有才无德身心不健康的人也是社会的"危险品"，有的孩子成绩一直名列前茅，偶尔滑坡心理落差大时，会控制不住自己的情绪，出现自暴自弃、精神孤独等现象，造成心里压力很大，甚至导致一些悲剧现象发生。例如，众所周知的"马加爵案件"，马加爵是贫寒农家子弟，曾经是一位被老师和家长们赞扬的三好学生，以优异的成绩考入省级重点中学，高中期间成绩优秀，被评为省级三好学生，全国物理奥数二等奖，后考入省重点大学攻读生物技术。但是，在大学的时候，马加爵竟然残忍地杀害了四位同学，后被执行死刑。著名的李玫瑾教授在《马加爵的犯罪心理分析报告》中指出，这个悲剧毁了五个家庭，导致他杀人的，不是因为贫穷而引起的自尊问题，马加爵自己也讲了，是他做人的失败。由此看来，成绩再好，如果不会与同伴交往，不能适应社会环境，都是身心不健康的表现。

4. 成绩至上不利于减轻学生的学习负担

为了追求成绩，小学生甚至都开始刷题，大量的机械劳动，无形之中，加重了学生的学习负担。教育部发布"双减政策"，减轻中小学生的学习负担，同时促进教育的公平发展。教育部政策公布："为了保护学生的隐私和自尊心，减少因分数导致的攀比和歧视，缓解应试压力，禁止学校和教师公开学生的成绩和排名。"双减政策从顶层设计方面，减轻学生的负担，减少学生之间的相互攀比，确保每一位学生在轻松的氛围中接受良好的学校教育。

（二）教书育人的内涵

1. 内涵

教师的职业性质决定了教书育人是教师最基本的职责，也是师德的基本要求和具体原则。

教书：是指教学生学习功课，即把自己的知识、学问传授给学生。

育：是指教育。

育人：是指培养学生具有社会主义的道德观、人生观、世界观，使学生成为正直、善良、有益于社会的人。

教书育人：是指教师关心爱护学生，在传授专业知识的同时，以自身的道德行为和魅力言传身教，引导学生寻找自己生命的意义，实现人生应有的价值追求，塑造自身完美的人格。

"教书育人"出自《礼记·学记》："为人师者，必先正其身，方能教书育人，此乃师德之本也。"意思也就是说，教师在教书育人中，除了言传，便是身教，用自己的日常行为来影响教育学生这便是为人师表。《尚书·兑命》中说：教育别人所起到的效果，其中一半就是使自己增长德行学识。足以说明育人的重要。

《中小学教师职业道德规范》(2008年修订)对"教书育人"的具体要求是：遵循教育规律，实施素质教育。循循善诱，诲人不倦，因材施教。培养学生良好品行，激发学生创新精神，促进学生全面发展。不以分数作为评价学生的唯一标准。对于学校教育教育来说，教书育人的主体是教师。

教书育人还可以简称为"教育"，其主要内涵有两个方面，一个是教，一个是育。教书是手段，育人才是目的，二者是紧密相连的，教书的目的就是为了育人，而育人工作做好了，反过来必将对教书产生很大的促进。

进入新时代，教育育人又有了新的含义。2021年3月6日，习近平总书记看望医药卫生界、教育界委员并参加联组会，他指出：做好老师，就要执着于教书育人，有热爱教育的定力、淡泊名利的坚守，就要有理想信念、有道德情操、有扎实学识、有仁爱之心。

2. 特点

1993年颁布的《中华人民共和国教师法》把教书育人作为教师的使命，指出，教师是履行教育教学职责的。教师的职责分为教书和育人两部分，其核心是育人，教书是手段，育人才是目的。教书与育人既有区别、又有联系。

教书是传授知识和技能，而育人是指培养学生的人生观、世界观、价值观，教导学生今后如何做人、做事。教书育人二者又是因果关系，又是互动关系，又各自独立。教易育难，教书比较容易做到，育人难以实现。"育人"育的是人格、品德，"育才"育的是才华、技能，只有人格、品德与才华、技能同时兼具，才是真正合格的优秀"人才"，正所谓要德才兼备、品学兼优。

3. 实现形式

（1）立德树人

习总书记在全国教育大会上指出："要把立德树人融入思想道德教育、文化知识教育、社会实践教育各环节，贯穿基础教育、职业教育、高等教育各领域，学科体系、教学体系、教材体系、管理体系要围绕这个目标来设计，教师要围绕这个目标来教，学生要围绕这个目标来学。凡是不利于实现这个目标的做法都要坚决改过来。"这段重要论述为构建德智体美劳全面培养的教育体系、形成更高水平的人才培养体系指明了方向。

习近平总书记在与北京大学师生座谈时指出："要把立德树人的成效作为检验学校一切工作的根本标准，真正做到以文化人、以德育人，不断提高学生思想水平、政治觉悟、道德品质、文化素养，做到明大德、守公德、严私德。"总书记的重要讲话在为我国教育工作坚持立德树人根本任务提出新要求的同时，也为我们在新时代牢牢抓住理想信念铸魂这个关键环节完成立德树人根本任务指明了方向。

（2）循循善诱

教师要有远大的理想信念、正确的价值取向和高尚的师德魅力、艺术的教学方法，让学生亲其师、信其道。教师在日常教育教学工作中提升教学技能、提升思想境界、提升爱护学生意识，在传授专业知识的同时，循序渐进，以自身的道德行为和魅力，言传身教，引导学生在日常教育教学工作中，树立正确的世界观、价值观，自己寻找生命的意义，实现人生应有的价值追求。

（3）诲人不倦

包容孩子，体现宽容，在师生的人格感染、心灵碰撞中，听到孩子生命拔节的声音。理解孩子，抓住改变孩子的微小机会，让学生在试错中，完善想法，尝试改正，化解错误，在错误中"成长"，经历失败走向成功。以潜移默化的方式滋润学生的内心世界，在学生内心慢慢留下成长的印记，让成长不经意间种植于心灵。

（4）因材施教

教师要将育人的要求贯穿于教育教学工作中，针对不同的学生，采取不同的教学策略，发挥学生的特长，尊重孩子的差异性，让没有发过光的学生发光，让不爱学习的学生主动学习，让学生享受学习的过程，努力让学生实现"育人者自育"，促进学生人格发展，实现学生德智体美劳全面发展。

第三节 教书育人应该如何做

老子在《道德经》中说："知人者智，自知者明。"细细想来，教书育人的过程中，教师需要具有两方面的智慧：

一方面，事关孩子的成长。凡涉及教育学生的问题，教师要有超乎常人的"明智"，因"智"生"慧"。聪慧的教育工作者，在和孩子相处的过程中，不仅能机智地化解矛盾，和孩子们一起去找寻教育的美好，成为让学生喜欢的教师。更重要的是，他们时刻用清醒的头脑，智慧地解读孩子的成长，尊重自然成长规律，呵护孩子的童年，培养孩子的自信，保护孩子自然生长的节奏，给孩子构建一个五彩缤纷的儿童世界。

另一方面，事关自己的成长。在涉及自身成长的问题上，教师要有独到的思考，因"智"而"明"。教师成长的过程首先是精神成长的过程，精神成长的核心是梦想和目标。只有追逐梦想，才能诗意地栖居在教育的大地上。只有坚定了目标，才有前行的方向，才能主动进行自我规划，制定出发展路线图，完成《发展规划书》，落实好个人成长记录档案，明确今后自己专业发展的目标和步骤，制定未来发展蓝图，将自己的教育人生规划得有声有色。

习近平总书记2016年在全国高校思想政治工作会议中强调，教师不能只做传授书本知识的教书匠，而要成为塑造学生品格、品行、品味的"大先生"。

作为一名教师，不妨做塑造孩子品行的"大先生"，明智地观察，智慧地抉择；明智地表态，智慧地处事。对教育有远见，把问题想周到，成为学生精神世界的引领者、健康成长的陪伴者，引导学生在平淡中寻找光亮。在帮助孩子成长的同时，不断提升自己，修炼学术、愿景、心智，让自己成为有理论、有深度、有思想的"专家型"教师，在教书育人的过程中，不断"突围"，成为大家眼中的"明师"。

一、育人要有方法

（一）成为学生精神世界的引领者

做塑造孩子品行的"大先生"，教师需要成为学生精神成长的引路人。教育，应该是师生之间不断遇见美好的过程，是师生关系中生命高度融合的过程。诺贝尔文学奖得主大江健三郎在《为什么孩子要上学》中说道，孩子来到学校是为了和过去的人们进行生命的衔接，在互动中体验自己的生存意义，实现个体特殊经验的创造和拓展。而在影响孩子成长的所有因素中，"无形"的身教胜过"有形"的言传。

案例八

人民教育家于漪的故事

人民教育家于漪在教学时，曾接到一个任务，学校要把一个屡次逃学、偷窃、打群架的学生放到她带的班级。班级同学尤其是小干部全反对。于漪静下心来反复叩问自己：他是不是学生？他生下来就带着这些坏习气的吗？不挽救，不施以良好的教育，对他本人、对他家庭乃至对社会可能带来怎样的后果？

"生命本来没有名字，没有高低贵贱之分，坏习气不是胎里带出来的，而是社会上的污泥浊水侵蚀的结果，我做教师的责任是帮助他洗刷污垢，要像对其他同学一样满腔热情满腔爱。"第一步把这位学生请到学校来。这位学生一起床，人就无踪影。为此，于漪组织了6名学生分3个小组每天轮流到他家等他起床，然后陪同他到学校。先是连拖带拉，后来犟劲逐步少了，愿意与接他上学的同学一起来校了。学习用品全无，书和簿本发下来就卖掉换香烟了，得一样一样给他买起来。于漪第一次对他要求只有6个字：不打人，不骂人。但要做到谈何容易？这位学生开口就是脏话，需要一而再、再而三提醒。经过几个月的努力，谈心，鼓励，批评，指导，上课总算能静下心来，作业也开始做，慢慢地和班级同学融合了。

一天，这位学生郑重地对于漪说："老师，我自己来学校，不要同学来陪。人家笑话我，说我上学还有'勤务兵'……"事物的发展总是曲曲折折，更何况思想行为有如此偏差的学生？一次，这位学生与父亲争执被揍后离家逃走。于漪焦急万分，与几个同学找了他一天。找到后，怎么办？送他回家，只有两个可能，一是再逃，一是旧毛病复燃，依然故我。带他回自己家，他会偷，怎么办？一想到这里，于漪立刻自责起来："我首先想的还是自己，还是以私为重。对他有如此的戒心，缺少起码的信任，还谈什么教育、什么爱护？"感情上的事来不得半点虚假。教师对学生是全心全意、半心半意，还是三心二意，学生心知肚明。须知：血管里流出来的是血，水管里流出来的是水啊！于漪决定带他回自己家。在路上，这位学生对于漪说："我这个人是枪毙坯子，改不好了，你吃力，我也吃力，算了！"于漪稳定他的情绪，鼓励他要树立信心，能看到自己的不好，就是有进步的表现。

住在于漪家一段时间，于漪上班，他上学，放学跟着于漪回家做作业，和于漪的孩子一起玩耍，做朋友。于漪以心换心，以情激情，以理疏导，经过多次拉锯战，这位学生逐步安静下来，走上正道。

人民教育家于漪有一句名言：知心才能教心。教育针对性越强，教育的效果越好。学生处在变化发展中，思想、道德、观念正在形成中，故而调查了解、不断研究十分必要。要研究和深入到学生成长中的三个世界：生活世界、知识世界、心灵世界。三个世界要和谐发展，不能只重其一，不重其他。不仅要把握学生年龄段的特点，更要把握时代、社会、家庭因素在他们身上的影响与反映。教育要尊重学生的个体性、独特性、多样性，要努力发现每个学生心中那根"独特的琴弦"，在沟通理解上多下功夫。

社会上一些负面消息往往容易影响孩子价值观的形成，我们要在学校生活中和学生进行生命的对话，把生命中的积极因素主动与孩子的生命衔接，让他们远离浅薄，让成长更纯洁、更纯净，把美好融入他们的精神世界中，让学生不断去体验、改变、思考、调整自己，从而感受到教师陪伴的价值，体会到生命成长的意义，对学生成长来讲，这是教师给予他们永恒的财富。

案例九

老师的口头禅

刘忠伟上初中的时候，有一位老师课堂喜欢发出语气词"哦"，每次上课，班级的同学，都要比赛，看谁数的"哦"多，每当下课，大家交流最多的不是学习，而是看谁数的"哦"的次数最准确。我们经常数"哦"，引起了老师的"恐慌"，老师没有对学生严厉呵斥，每天老师都拿着录音机录讲课的声音，慢慢地改变自己。后来，数不到"哦"，他用行动，告诉了学生，好习惯是慢慢养成的，只要努力，一切皆有可能。

案例中，孩子在观察着教师的细节，点滴行为都可能被学生无限放大，潜移默化地影响着孩子。教师要用阳光的心态，时刻把教育中所有的遇见变成刻骨铭心的美好回忆，把彼此的美好镌刻于心田，无论何时想起，都是满满的温暖。

加拿大教育家马克思·范梅楠说："看待儿童其实是看待可能性，看待一个成长过程中的人。"成为学生成长的陪伴者，发现孩子未来的发展可能。每一个问题学生的背后，一定有家庭教育、社会教育的影子，教育孩子，尤其是"问题学生"，灌输容易激活难。要改变学生自由状态，需要我们用自己的学识、言行陪伴着孩子精神世界的成长。

（二）成为学生健康成长的陪伴者

教育的过程是不断地引导孩子慢慢成长的过程，在成长的过程中，学生犯错也是正常的现象。学生犯错时，教师的态度以及处理方式就显得异常重要，也直接影响师生的关系。教师应持重、明达、和善，要注意方式方法，不伤害学生的自尊和感情。

成功的教育取决于多钟因素。其中一个最重要的因素就是教师与学生之间的沟通质量。高质量的心灵沟通有利于建立良好的师生关系，产生良好的教育效果。

著名的教育家陶行知先生曾说："你的教鞭下有瓦特，你的冷眼里有牛顿，你的讥笑中有爱迪生。"只有教师真正理解、宽容、原谅犯错误的学生，温暖学生的心灵，相信学生也终会感受到被关怀的温暖，从而喜爱和尊敬老师，成为一个有"温度"的人。

案例十

从特殊学生到体育明星

刘忠伟老师曾教过一个情况特殊的孩子，很多老师提起这个孩子都直摇头。这个孩子平时的表现实在让人伤脑筋。上课吵闹，玩文具，有时干脆一屁股坐在地上，自己不听课还影响别人的听课；原来的任课教师每次把他叫到办公室，批评教育，也只能维持一两天，过后依然如故。电话打了，家长也请了，可是孩子已经养成了这些坏习惯，家长也没辙。

偶然一次学校运动会，他参加长跑比赛，中途摔倒，膝盖擦伤，却依然带伤跑完全程。刘忠伟老师在班里郑重表扬了他，和体育老师一起，帮助孩子发展体育特长。后来语文老师说，他第一次在作文中表述：看来我并不是一无是处的。后来这个孩子已成为学校足球队队员，多次代表学校参加比赛，已成了学校的"体育明星"。

案例中，刘忠伟老师以尊重、关爱、欣赏的心态与学生去交流与沟通，当学生犯错，智慧地运用教育技巧教育学生，不是彼此冷漠和批评，学生感受到教师的付出，明白教师的关爱，并以感恩之心回报这份爱。

案例十一

"失而复得"的钱

刘忠伟曾经教过一名学生，入班成绩只有40多分，他父亲、母亲外出打工，年少的他只靠着爷爷照顾他，他心生怨言，开始对学习不感兴趣，课本发下来之后，经常撕得粉碎，课堂不听、作业不做、课下打架，成了他日常学习的常态。

有一次，他拿了一百多元钱到学校，课间操刚结束，就不知道自己的钱丢在了哪里。一个贫穷家庭的孩子，一百多元钱，可能是他一个月的生活费，刘忠伟看到他哭得很厉害，没有多想，给了他一百多元钱。对他说，找到了钱还给老师，找不到，吸取个教训。

也仅仅是一次带给他的"美好"，就触动了他内心柔软的世界，刘忠伟发现了他的改变，为了鼓励他，给他写信，每周一封，慢慢地，他变得愿意与老师接近，逐渐打开了心扉。孩子跟老师更加贴心，学习也更加努力，用孩子的话说，发现老师是爱自己的。

有时候触动孩子心灵的，往往是一件小事，伤害孩子的，有可能仅仅是一句话。育人有策略，就是希望教师把"育人"放在重要的位置，给予孩子成长中无限动力，让他们遇见生活中的阳光，遇见成长中的"温暖"。

高尔基曾经说过："谁最爱孩子，孩子就最爱他，只有爱孩子的人，他才可以教育孩子。"对于学生来说，教师的爱是一种神奇而又伟大的力量，是除了母爱之外，世界上又一伟大的爱。

对教师来讲，要用陪伴式的守望看着学生一天天长大，在温暖的教室里面涂满了幸福的颜色，撒满水、播撒希望的种子，老师给予孩子温暖的陪伴，塑造了孩子美好的精神世界，如同蒲公英的种子，播种更多的温暖和美好，教师成就学生幸福人生的同时，也让自己的教育之路无限宽广。

二、教书要有策略

教书育人的过程中，每一位教师也要不断修炼自己，争取成为一名"明师"。明师的核心不在于是否有"名"，关键是能否做到"明"，"明师"之明，不仅体现在对成长的思考、教学思想的梳理、教育智慧的表达、教育梦想的追求、教学艺术的诠释，而且有自己独到的理解和思考，更体现在教书育人的过程中，对成长、对教育、对学生、对课堂的"大彻大悟"，能够发光发热，照亮自己，影响他人。

（一）教师有信仰

2014年第30个教师节前夕，习近平总书记在北京师范大学师生座谈会上发表重要讲话，强调要引领培育广大教师争做党和人民满意的"四有"好老师。即，"有理想信念、有道德情操、有扎实学识、有仁爱之心"。因此，我们心中要有国家和民族，要有"捧着一颗心来，不带半根草去"的奉献精神；要有高尚的道德情操和深厚的师德修养，潜心教书育人，能用"四有"好老师的标准要求自己，把立德树人作为根本任务，在学科、教学、活动、管理等教育教学中落实育人任务，做立德树人的好老师。

（二）教学有策略

（1）有大课程观，拓宽学科素养边界，对学科课程有精准的把握，不断完善并构建学科课程体系。

（2）教学有主张，有鲜明教学特色和独特教学风格，对课堂教学有见解，能够梳理提炼并逐步形成教学主张，学科教学有风格。

（3）科研有成果，以问题为导向，懂如何科研，能持续不断物化研究成果。

（三）发展有格局

（1）个人专业发展有规划，语言表达能力强，写作能力突出，读书积累丰富，文化修养高，有明晰的专业发展的路线图。

（2）团队发展有策略，能够引领青年教师成长，发挥辐射引领作用，从个人发展走向群体发展。

（四）思考有深度

（1）与时俱进，关注教育新热点，能够传播先进教育思想，对时代精神深刻观察，对国家推行的政策做到精准把握，身体力行。

（2）对教育教学问题、教育现象理性思考，认识有深度、广度、高度，具有大视野和大格局。

（五）教育有思想

（1）理论素养高，学以致用，能将前沿教育理念应用到教育教学中。

（2）能够在实践中思考、发现、探索教育规律，产出教育思想，构建有自己的理论体系。

亲爱的同学们，每个人的生命都是一段旅程，有目标才会有成功，有奋斗才会有精彩。抬头看到的是梦想，脚下展现的是舞台。我的世界很精彩，一切都是最好的安排。教学的过程，真的是一个和孩子一起成长的过程。趁着我们还年轻，把教书育人看作我们的使命,以满腔的热情和旺盛的精力在教育这块沃土中不断种下希望,收获成功。

本章小结

教师是崇高的职业,教书育人是老师的职责和使命,更应该是终生追求的目标。今天,我们赶上了新时代,建议大家给自己提出新的要求,那就是:做"四有"好老师,帮学生扣好人生第一粒扣子,要牢记习近平总书记"为党育人,为国育才"的谆谆教诲,珍惜当下,坚守课堂,做一名幸福的教育人。

思考题

1. 结合案例一,根据刘忠伟老师的具体行为谈一谈,他在哪些方面体现出了"教书育人"?并尝试概括你对"初心""梦想"的理解。

2. 在案例二中,刘忠伟老师为了教好书,成为会上课的好老师,付出了常人难以想象的艰辛,他牺牲休息时间争取一切学习的机会,从打磨课堂到提炼教学主张,这样做的价值是什么?

3. 在案例三中刘忠伟带领学生们在数学课堂上走星光大道、开展数学阅读、撰写数学日记,在其他人看来或许有点"不务正业",请思考,其做法是否有违"教书育人"的基本要求?对于问题学生你有哪些好的建议?

4. 结合案例五分析,于漪和刘忠伟老师教育学生的做法与其他老师的做法有哪些不同?对我们践行教书育人有何启示?

5. 结合案例六,思考出现"成绩至上"问题的根源,你认为应该如何看待学生的成绩?

6. 根据文中对成绩至上的危害的描述谈一谈,在哪些方面违背了教书育人的原则?对你有什么启示?

7. 根据文中对教书育人的内涵、特点和实现形式的解读谈一谈,教师应该在哪些方面体现出"教书育人"?并尝试概括教书育人的具体含义。

8. 结合案例十一思考,文中两位老师践行教书育人的过程中与学生的沟通方式带给你什么启发?除此之外你还想到哪些有效地与学生沟通的方式?

9. 分析,文中给出的教书策略的观点对你有哪些启示?如何在教育教学中落实这些可行性的策略?

10. 尝试制定个人教师职业愿景规划书,想一想怎样付诸行动,在教书育人中收获美好。

参考文献

[1] 苏霍姆林斯基. 给教师的建议 [M]. 北京教育科学出版社，1984.

[2] 成尚荣. 做教师是一篇大文章——于漪老师的为师之道 [J]. 中国教师，2020(09)：5-8.

[3] 刘忠伟. 名师的起跑线——做好"明师"的五项修炼 [M]. 大象出版社，2018.

[4] 肖凡. 从美国教育文化角度透视《麦田守望者》——霍尔顿的呼唤 [J]. 南京理工大学学报 (社会科学版)，2009-22(05)：92-94，117，123-124.

[5] 中华人民共和国教育部政府门户网. 关于重新修订和印发《中小学教师职业道德规范》的通知 [EB/OL]. http://www.moe.gov.cn/srcsite/A10/s7002/200809/t20080901_145824.html.

[6] 鲁凤. 高校"三育人"实践与探索 [M]. 大象出版社，浙江大学出版社，2007.

[7] 余慧娟，赖配根，李帆，施久铭，任国平. 人民教育家于漪 [J]. 人民教育，2019(20)：6-35.

[8] 李振良，李肖峰. 教书育人思想渊源与内涵的再思考 [J]. 河北北方学院学报 (社会科学版)，2015-31(03)：94-97.

第八章　为人师表：教师职业的内在要求

〔**本章提要**〕

为人师表是教师职业的内在要求，它从道德品行、仪表言行等多方面对教师做出了一定规范，是教师职业道德区别于其他职业道德的显著标志。随着时代的发展，教师角色不断丰富，为人师表的内涵也在不断地更新。本章节将借助正反两个维度的实际案例，帮助学生理解为人师表的内涵及要求，把握为人师表与教师个性张扬之间的尺度，引导教师在具体的教育教学过程中更好地践行为人师表，成为一名合格且优秀的人民教师。

〔**学习目标**〕

1. 明确为人师表的规范和要求。
2. 培养为人师表的意识。
3. 把握为人师表的尺度。

〔**知识导图**〕

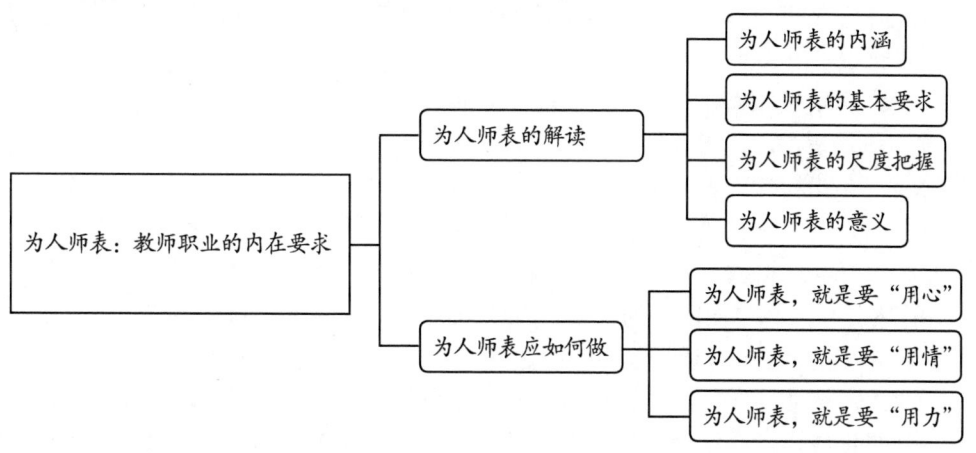

第一节　为人师表的解读

师德规范为教师指明：应该做什么，不应该做什么；应该怎样做，不应该怎样做；怎样做是对的、善的、道德的，怎样做是错的、恶的、不道德的。改革开放以来，我国于1985年、1991年、1997年先后三次颁布和修改了《中小学教师职业道德规范》，对教师职业道德的发展起了积极的推动作用。但是，少数教师师德的缺失与滑坡引起了人民群众强烈不满，引起了党中央和国务院的高度重视。为了进一步贯彻落实党的十七大精神，进一步加强基础教育阶段教师队伍建设，全面提升中小学教师队伍的教师道德素质和专业水平，2008年9月1日，中华人民共和国教育部颁布了新的《中小学教师职业道德规范》（以下简称《规范》），并正式开始实施，这是我国继1997年国家教委和全国教育工会联合印发《中小学教师职业道德规范》之后的首次修订。与旧版本相比，从原来的八条改为了六条；在保留原来内容的基础上，新增了一些条目。新颁布的《规范》在继承我国优秀师德传统的基础上，根据时代发展需求，充分反映了新形势下社会、经济和教育发展对基础教育阶段中小学教师的道德品质与职业行为的基本要求。具体包括：爱国守法，爱岗敬业，关爱学生，教书育人，为人师表，终身学习。需要特别指出的是，虽几经变化，但"为人师表"一直稳居其中，这也在一定程度上说明为人师表是教师职业的内在要求。

一、为人师表的内涵

在社会公众的心目中，教师是道德的楷模、文明的使者、智慧的化身。为人师表是教师职业的内在要求。

"为人"：是指做人、处事、接物的一切活动。

"师"：是指学习、仿效。

"表"：是指榜样、表率。

"师表"：可以效仿的表率。

为人师表，是指教师不但要在知识、学问、技能等方面能够为人师，而且要在道德、行为、做人等方面能够为人表。"为人师表"是指教师用自己的言行做出榜样，成为学生学习和效法的楷模、表率，即做到"学为人师，行为世范"。

"为人师表"出自《北齐书·王昕书》："杨愔重其德业，以为人之师表。"后来变成一个四字成语，是指对教师个人品德、修养、学识等方面提出的要求，即教师从事教育工作要做到"学高为师，身正为范"，这是教师在社会上和学生心目中应当树立的形象。古今中外的教育家都把"为人师表"作为一条重要的师德规范加以倡导。我国古代教育家孔子最早论述了"其身正，不令而行；其身不正，虽令不从"、

"己不正，焉能正人"的教育理论。法国思想家卢梭说："在敢于担当培养一个人的任务之前，自己就必须造就成一个人，自己就必须是一个值得推崇的模范。"德国教育家第斯多惠曾指出："谁要是自己还没有发展、培养和教育好，他就不能发展、培养和教育别人。"美国心理学家布鲁纳认为："教师是教育过程中最直接的有象征意义的人物，是学生可以视为榜样并拿来同自己作比较的人物。"

在我国，第一次使用"师表"二字的是汉朝的司马迁，他在《史记·太史公自序》中说："国有贤相良将，民之师表也。"意思是：国家的贤明相臣和将领是黎民百姓学习的榜样。由此可知，所谓"师表"就是学习的榜样。为人师表常被作为教师在道德方面的要求。汉代杨雄说："师者，人之模范也。"唐代韩愈提出："道之所存，师之所存也。"这些都说明，教师职业为人师表的实践主流已成为中华民族教育的一个优良传统。教师既是学生的楷模，又是社会的表率。所以，现代著名教育家叶圣陶以结论式的语气说："教育工作者的全部工作就是为人师表。"所谓"师表"，就是为人师者用自己的言行积极践行教育思想，并成为学生的楷模和表率。教师的天职是育人，但学生全面人格的形成不是一朝一夕，必须循序渐进，要以潜移默化之功，宛如清风徐来，涵养化育，润物无声。因而，"身教"重于"言传"，只有"为人师表"，才能"涵育化人"，造就英才。

新时期，为人师表有了新的含义，要以习近平总书记提出的"好教师"的五条标准严格要求自己，做到爱国、爱党、爱人民、爱教育、爱学生，有理想、有追求，敬业爱岗，品德高尚，诚实做人，守公德，严私德，遵纪守法，恪守家庭美德，学识渊博，严格按照《中小学教师职业道德规范》要求自己，时时做学生的表率⋯⋯如果能达到这些要求，教师就堪称"为人师表"。归根结底，要做到为人师表，人品和学问两个方面都必须下足够的工夫。2008年汶川地震时，就有不少好老师，他们用自己的身体保护住身下的学生，用自己的双手和肩膀扛起倒塌的水泥板，救出了学生。有的甚至用自己的生命诠释了他们心目中的"为人师表"。当然，我们不能认为，只有那样的老师才有资格称为"为人师表"，其实当一个好老师，既简单，又不简单。

（一）学品高

所谓"学品"，是指教师要在知识、学问、技能等方面能够为人师。苏霍姆林斯基说，只有当"教科书在你眼前浅易得就像识字课本一样"的时候，才能做到："占据你的注意中心的将不是关于教材内容的思考，而是对于你的学生思维情况的关心。"[①] 这就要求教师为人师表要做到学识渊博，要给学生一杯水，教师就要有一桶水，而且是源源不断的活水。学品高的教师是什么样的呢？我们就拿2019年河南最美教师郑美玲来作简要说明。

---

① 苏霍姆林斯基.给教师的建议[M].北京：教育科学出版社，1984：171.

教学能力超强。郑州枫杨外国语学校是家长眼中最向往的初中，而郑外也是媒体人眼中的河南省基础教育航空母舰，在以教学成绩为绝对领先优势的学校里，郑老师自入校至今，教学成绩永远都是第一，在人才济济的郑外能做到这一点，不仅仅因为丰富的知识量，还有她极强的学习能力、教学能力和令人赞叹的工作态度。即便在2013年被评为中原名师，她在来自各方面的、愈多的工作任务面前，也从来不曾懈怠过教学工作，永远心系课堂教学工作。郑老师对待每一节课，都是用"大国工匠"的精神精益求精，用极强的学习能力促使自己不断自我超越。

知识储量丰富。她所教的学生不仅仅成绩优异，还具备很好的高阶思维，这是因为她自身便有着丰富的知识储备。她从教21年，所教的每一届学生中招成绩都遥遥领先，到了高中、大学甚至工作中，都显示出了极强的学科素养和能力，持续发展能力非常强；学生不仅学习成绩好，更令人称道的是学生的视野和内心的格局。她在教育学生方面有着不可比拟的超能力，学生认为她会读心术，是加油站，是最可信任的人，不管多叛逆、多调皮的学生，在她的影响下，都会被激发出发展的内驱力，其中，不是一个、两个个体的进步提升，而是整个群体的优秀攀升。她影响的绝不只是学生的学习能力、学习品质，还对学生的生涯规划起到了重要作用，她用自己的人格魅力去感召、拓宽学生的三观，进而重塑学生的高尚人格，拓宽人生格局。

郑美玲对学校状元生班学生进行辅导

获取奖项众多。郑老师不但教学成绩优异，而且是一位当之无愧的科研型老师，她先后获得过多种奖项：2008年荣获全国优质课一等奖；2003年荣获河南省语文优质课大赛一等奖，2007年荣获河南省语文优质课大赛一等奖；2008年荣获市优质课特等奖，先后两次荣获市优质课大赛一等奖第一名，三次荣获市优质课大赛一等奖；2004年荣获河南省教育系统教学技能竞赛一等奖，2005年荣获河南省优秀课堂教学示范课一等奖，2008年荣获河南省教育系统教学技能竞赛一等奖；2010年荣获河南省教育系统教学技能竞赛特等奖。2008年作为全国优质示范课，在省教研室推荐下，被人民教育出版社正式录入《义务教育课程标准实验教科书语文八年级上册 教学参考》。主编、参编16本教辅教材及素质教育论著。论文和教学成果、应用成果获得国家级一等奖一项、国家级二等奖三项、省一等奖十项、省二等奖九项、省三等奖一项、市一等奖十四项、市二等奖四项、市三等奖一项。自2006年以来在全国中文核心期刊《语文教学通讯》及其他CN级杂志上发表文章四万余字。参加河南省教育厅"十五"教育科学规划重大课题和教育部课题实验，并被评为先进实验工作者。2013年11月任中国教育学会"十二五"科研规划课题《中学语文新课程作文课堂有效教学的研究》总课题组副组长。曾作为第一主要成员参与实施了河南省教育厅科研课题《初中语文"综合性学习"的理论和实践探讨》，总结出"综合性学习八步走"，并在全省推广。2006－2015年主持省级课题一项、市级课题九项。2010年被市教科所聘为郑州市教学成果评审委员会委员，2011年被市教科所聘为郑州市优秀教科研论文评审委员会委员。

无疑，案例中的郑老师就是一位学品高的教师，不论是在知识、学问、技能方面，还是在科研方面，她都是教师中当之无愧的佼佼者。学生对这样的教师必然是倍加尊敬，教师无形中也就能够在知识、学问、技能等各方面为人师表。

（二）人品优

所谓"人品"，是指教师要在道德、行为、做人等方面能够为人师表。"普通的老师是教书，优秀的老师是教做人，而伟大的老师是让学生明白教育的真谛。"就如同著名画家周思聪回忆他的老师李可染时说："我热爱可染先生的艺术，它给予我的不仅仅是美的享受，正如亲切宽厚的大自然，它还给予我许多灵悟和启示。""可染先生对于学生，并非教授技巧，让你学会一种招数；而是赋予你一种精神，使你对艺术的真谛有所顿悟。"他对自己的要求是"不得真谛不教人"，他教给学生的全部技巧是"用思想感情画画"。同样的，"人品优"在2019年河南最美教师郑美玲身上也得到了别样的诠释。

师德高尚。2017年10月，2017届九班面临着没有班主任的尴尬，第二任班主任坚决不再代班主任，在初三这么一个关键期，没有班主任是多么令人焦虑，家长们忧心忡忡，学校领导虽然明知只有郑老师才能担任这个毕业意识不强的班级，但没有人敢想让郑老师担任这个班的班主任，即使她是最佳人选。因为她的母亲罹患晚期癌症，全身扩散转移已经3年；父亲五节腰椎全部突出，腰椎管狭窄压迫神经，已经行走不便，孩子正处于小升初的关键时期，丈夫因为同是郑州外国语学校的老师平时完全没有时间关注家庭，而她本身已经是年级长、教研组长，又是中原名师，担负着更多的培训任务。她已经是个超人，怎么忍心让她再担任这个被人嫌弃的九班班主任呢？最关键的是距离中招考试只剩下七个多月的时光，她一直那么优秀。如果这个班级的工作没做好，岂不是不利于自己的名声。但是，万万没有令人想到，她接下了这个班的教学工作，因为她考虑到的是六十五个家庭、六十五个孩子，当然她绝不是放弃了自己的家庭和孩子，而是承担了更多的责任。

行为示范。令人难以置信的是，这个班级硬是被她带成了年级的领头羊，最开始校长心疼她，对她说别给自己太大压力，只要这个班级平稳毕业就行，但郑老师兢兢业业、负弩前行，接手四个月后，就使这个班级逆袭为年级第一，用行动为我们树立了生动的榜样。校长说这是鲶鱼效应，她让领先的班主任不再有优越带来的安逸感，更让后进的班级看到了希望，她不仅及时把九班拉上了正轨，更带动了2017届的每一个班级，继而创造了枫杨外国语学校新的辉煌。她用自己的行动力征服了每一个家长，更改变了每一个九班孩子的人生轨迹，不仅仅是上学，还培养了学生"做一个对社会有价值的人"的人生追求。

2017年中考后《河南商报》记者到学校采访创造2017年中考奇迹的九班

这个堪称传奇的班级也引起了《河南商报》的关注，在2017-08-15专版进行了题为《一个班级的奋斗史：体育满分率50%，一半以上考生中考分数在650分以上》的报道。

担任班主任的十余年里，她所带班级年年被评为校级先进班集体，1999年被评为省级文明班集体，2004年评为市级先进班集体，2014年被郑州市教育局评为市级德育先进班级。郑美玲老师不但注重学生的学习能力，还注重培养学生的高阶思维和科学素养,培养出一批非常优秀的拔尖学生,2008年学生朱子翸郑州市中招考试第二名,2011年学生魏奕萌郑州市中招考试状元,2014年学生李怡瑶、杜昊清、霍浩然三人并列考取郑州市中招第二名,2017年学生陈奕臻考取郑州市中招裸分第二名。辅导学生在学科竞赛和科技创新比赛中,荣获省级一等奖八项、省级二等奖两项、省级三等奖三项、市级一等奖二十项。

看完案例,不得不为郑老师的所作所为深深震撼。郑老师克服自身家庭的一切困难,全身心投到学生身上,在道德、行为、做人方面为学生进行了良好的示范,也让学生从其身上学习到了最为贵重的美好字眼——努力、坚持、奉献……好像所有的词汇都不足以形容她带给学生的巨大影响。

为人师表是教师职业的内在要求。倡导"为人师表"就是要求教师言传身教、以身立教。"为人师表"对教师工作具有特别重要的意义。教师要坚守高尚情操,在各个方面率先垂范,做好学生的榜样,以自己的人格魅力和学识魅力教育、影响学生。为人师表是教师职业道德区别于其他职业道德的显著标志,是对教师的特殊规范。

二、为人师表的基本要求

那么,为人师表具体要做到哪些要求呢?

（一）理想层面

教育部于2008年颁布的《中小学教师职业道德规范》对教师提出"为人师表"的基本要求是:

知荣明耻,严于律己,以身作则。衣着整洁得体,语言规范健康,举止文明礼貌。谦虚谨慎,团结协作。平等对待学生家长,认真听取意见和建议,不以粗鲁言行对待家长。廉洁奉公,自觉抵制有偿家教,不利用职责之便谋取私利。

每位教师都应当从理想层面出发,首先从自身意识出发,树立起为人师表的远大理想,积极调整自身言行,努力契合教师职业道德规范中对为人师表所提出的要求,做一名有理想的、合格的人民教师。

（二）原则层面

原则层面以理想层面为基础,是一种受理想层面制约的、指导教师行为的准则,主要包括教师的语言表达、穿着打扮、行为举止、教师对学生的态度、管理方式、教学方式等。

1. 语言文雅，亲切自然

教学实践证明，教师的语言在对学生的教育过程中起着非常重要的作用，因此在教学的交流中，在评价学生的言语中，在与学生的交谈中，教师必须把好语言这个关口。特别要注意：表扬不能失实、超限，批评不能贬斥、刺伤。要很好地掌握分寸，要努力使自己的语言具有教育性、启发性、简练性和直观性等。

北京大学中文系教授孔庆东在其新浪官方认证微博大爆粗口，用三句粗口拒绝《南方人物周刊》记者采访，让人大跌眼镜，也引发网友强烈不满："大学教授就这点素质？记者有权采访，你也可以拒绝采访，就算观念不同、立场不同，也不至于开骂啊？还到微博上来炫耀？！"还有网友调侃孔庆东已经成为业余相声演员。

2011年11月7日下午3点21分，孔庆东发微博说："一分钟前，《南方人物周刊》电话骚扰要采访我，态度很和气，语言很阴险。孔和尚斩钉截铁答复了一个排比句：去你妈的！滚你妈的！X你妈的！"

作为北大这样知名学府的教授，如此狂飙脏话，激起网友一片愤怒。"潮起潮落"回道："你也算是一个文化名人，说出话来就这个素质，村痞一般，还不觉羞耻！丢人！""某男舒立"发问："堂堂北大教授怎么成了骂街的了？你是北大教授呀！怎么为人师表？"还有网友认为，学者和媒体有立场和观点上的不同，合不来很正常，也可以理解，但用如此三个排比，气势汹汹地在微博上公布自己的辱骂，还是太让人汗颜了，真是有辱斯文。甚至有网友建议北大应该"抛弃"孔庆东："北大的思想自由，兼容并包，难道连如此粗口也包容？"

2. 教态从容，彰显个性

学生每时每刻都注视着教师的言行举止。世界上再没有任何人受着像教师这样的严格监督，也没有任何人对学生的心灵产生如教师一样深远的影响。所以，作为一名教师应该时刻严格要求自己，不断注意自我修养，陶冶情操，自觉用师德规范自己的言行举止，自觉地增强教育事业心和责任感，要做到稳重、可亲、有识，只有这样，才能做到为人师表。

3. 仪表端正，格调高雅

教师的威信和尊严是通过"教书育人"的实践逐步树立起来的。所以，教师要注意自己的仪表服饰，着装庄重、大方、整洁、朴素，体现出教师的职业特点与美感。教师的仪容要整洁，教师的服饰要朴素美观，教师的举止要适度端庄。

4. 身教为主，言教为辅

青少年学生可塑性大，模仿性强，对他们的教育，喊破嗓子，不如做出样子。教师的思想、品格、情感、意志、举止、风度、仪容、仪表等，常常在不知不觉中被学生观察、琢磨和效仿。教师的每一个言行举止都会在学生心灵深处留下痕迹，对学生起着耳濡目染、潜移默化的作用。

西方有一句谚语：教师是一个危险的职业！所以说："学校无小事，事事是教育；教师无小节，处处是楷模。"教师一定要时刻谨言慎行、谨小慎微，甚至要有一种战战兢兢、如履薄冰的心态！

在日常生活中，教师只有把尊重师德规范变成自己深刻的信念，才能有为人师表的自觉行动。可见，教师的一举一动都是无声的命令。凡是要求学生做到的，教师必须身体力行，时时刻刻以自己的人格影响人，以自己的品行感化人，以自己的言行引导人，处处是学生的模范，事事是学生的榜样。

（三）规则层面

规则层面是在原则层面下教师必须遵守的底线要求，这是对教师最基本的要求，教师应当从以下六个方面做好本职工作。

（1）遵守宪法、法律和职业道德，为人师表。

（2）贯彻国家的教育方针，遵守规章制度，执行学校的教学计划，履行教师聘约，完成教育教学工作任务。

（3）对学生进行宪法所确定的基本原则的教育、爱国主义和民族团结的教育、法制教育以及思想品德、文化、科学技术教育，组织、带领学生开展有益的社会活动。

（4）关心、爱护全体学生，尊重学生人格，促进学生在品德、智力、体质等方面全面发展。

（5）制止有害于学生的行为或者其他侵犯学生合法权益的行为，批评和抵制有害于学生健康成长的现象。

（6）不断提高思想政治觉悟和教育教学业务水平。

——（中华人民共和国）《教育法》、《义务教育法》、《未成年人保护法》、《教师法》

此外，教师还必须做到正确处理个人与集体、个人与国家的关系，正确处理人与人之间的关系，弘扬兢兢业业、克己奉公、关心集体、团结同志、正直待人等社会主义道德风尚，坚决克服和摒弃那种损公肥私、文人相轻、闹不团结、工作敷衍塞责等不良的道德习气。教师还要懂得维护教师个人的合法权益，与那些侵害教师权益的现象做斗争。

总之，教师要从理想、原则和规则三个层面出发，从内、外两个角度把握为人师表的基本要求，做到"求真、向善、爱美"，使自己的生命始终处在向着"真善美"进发的过程之中。这才是一名教师应有的气质、风度、品格和素养，这才算真正做到了为人师表。

三、为人师表的尺度把握

不同于其他职业，教师职业带有极强的示范性。因此，长期以来，人们习惯于用"为人师表"一词对教师的行为举止等加以约束，提倡"以身作则"、"以身立教"。1997年，"为人师表"更是被写入《中小学生教师职业道德规范》中，成为教师职业道德规范的重要内容，在全国范围内进行推广。部分教师为了使自身行为符合规范，避免行差踏错，在教学工作中逐渐趋于标准化，"画地为牢"地压抑自身个性。这种"矫枉过正"其实是对"为人师表"的一种误读。为人师表固然强调教师对自身的约束，强调教师在道德品行、学问素养上的修正，但并不否认教师独特个性的张扬。为人师表与个性张扬，二者之间不是非此即彼的对立关系，相反，有度有术地张扬教师个性，才能更好地引导学生向教师靠近，发挥教师在教育中的示范作用，实现为人师表真正的意义和价值。

（一）新时代对教师个性的呼唤

随着信息化时代的到来，现代社会评价人才的标准已经由知识量的拥有度转化为独立精神与创新能力的获取度，因此，我国新一轮教育改革主张促进学生全面而有个性的发展。但是，正如俄国著名教育家乌申斯基所说："只有个性才能影响个性的发展和定型，只有性格才能养成性格。"现代教育若是想培养学生的独立人格、独特个性、独创精神，就需先鼓励教师实现"三独"自由。也就是说，21世纪教育的开放与包容不仅要面向学生，更要面向教育活动中的另一参与者，即教师。只有尊重教师作为活生生的人在教育活动中的个性价值，才能激活学生的个性生命。

案例一

"出格"老师重绘教师形象

2002年，武汉市三中一位名叫王泆朗的教师意外走红网络。其一系列"出格"行为引起了武汉市汉阳区关于教师形象问题的大讨论。

这位时年34岁的初中语文教师凭借"中考旗袍"声名远播。每逢中考，这位长发及腰、指甲修长的女教师都会好生打扮，身着"绿荷白莲"、"玉雪红梅"等不同款式的旗袍，蹬着高度在学校数一数二的高跟鞋，盛装出现在校园内，成为校园的焦点。除此之外，平日里这位教师还会用打响指的方式向学生借红笔；会以练笔为借口"骗"学生写日练；会把记录自己工作烦恼的日记读给学生；会利用假期游历200多个城镇而享受生活。

这一系列"出格"行为看似惊世骇俗，但背后也藏着一位教师的良苦用心。例如，身着"中考旗袍"的目的不过是为了给学生们减压，骗学生写练笔不过是想掌握学生每日的心理动态，倾吐工作烦恼不过是为了拉近与学生的内心距离，就连假期游历也都是在为教学积累素材。

虽然王泆朗这些行为的初衷都是好的，但毕竟形式少见，所以其一系列"出格"行为一经报道，立刻引起了汉阳区关于教师形象的大讨论。全区4000名教师，有2000位教师写下心得体会，认为教师不应该只是牺牲、奉献的代名词，而是要先做一个健康、快乐、有人格魅力的人才能教出优秀的学生。随后，汉阳区出台《塑造教师新形象若干意见》，档案提出，新时期教师应该具有独特的人格魅力，用汉阳区教育局局长胡家骥的话说，"出格老师"王泆朗正是新时期教师的优秀代表。

就这样，王泆朗的"出格"行为得到了肯定，国内先后有20多家媒体对她进行采访报道，中央电视台先后以《交流》、《中国著名教师》为题对其进行专题报道。

社会倡导为人师表，根本出发点是为了在品德和学识方面给学生们提供正面可参考的模范典例，引导学生实现自我发展。而实践证明，王泆朗带有个性化的行为并未给学生带来任何不良影响，她带领的班级连年创下中考高分奇迹，学生也都拥有健康自信的人格，热爱生活。从这一方面看，王泆朗的行为其实并未存在不妥。只是，随着时代的改变，传统的教师形象观念已然落伍，而大部分人却还没有来得及更新自身的认知，王泆朗作为这个时代觉醒较早的一批人，受到了短暂的误解。

当然，教师的个性不仅仅彰显于他的外在形象之中，更见于其教学风格和教学方式之中。如果一个教师的教学没有个性，那么他的存在和作用是有限的，又何谈以"为人师表"引导学生获得发展、进步。但现实是，受传统为人师表固化概念的影响，教师很少将自身的个性带入课堂教学中以打造富有个人特色的标志化课堂。不过，近年来，随着崇尚个性的90后逐渐走上教师岗位，走向教学舞台，这一现象已经有所改善。比如，他们会用炫酷的快闪ppt代替语言形式的自我介绍；用表情包代替试卷作业上的批语；用网络流行舞代替传统课间操；用漫画创作代替读后感等。这些颠覆传统的创意做法，其实都蕴含着当代教师的个性化特点。而从目前社会舆情的反馈来看，大多数人对新教师的在教学当中展现出的这种个性化因素不仅表示认可和接受，甚至倾向于鼓励。

案例二

上课讲段子唱 rap 的 90 后化学老师[①]

2014 年，22 岁的赵镭成了重庆市育才中学的一名化学老师。

像大多数教师都会做的那样，初涉讲台的赵镭收敛起个性锋芒，努力维持着大众眼中教师的正统形象，在课堂上稳扎稳打，平铺直叙。可是慢慢地，赵镭发现，这种教学模式下的学生学习积极性并不高涨，于是，乐于探索的赵镭最终决定另辟蹊径。

他开始将段子和教学结合起来。从网上搜集各种段子进行记录，每积累十条就整理列印出来贴在自己电脑前的墙壁上；观看综艺节目获取灵感，寻找化学知识和段子的结合点；面对镜子练习讲段子时的表情神态。他努力打破常规，将自己的课堂变得生动有趣起来。渐渐地，学生的学习兴趣有所提高。可赵镭的探索之路却并没有随之停止。

2017 年，随着《中国有嘻哈》的热播，节奏感强的嘻哈音乐成了学生们课下讨论的热点。本身就喜欢唱歌，有一定的音乐底子赵镭在捕捉到这一讯息之后，立即联想到可以把融合了化学知识点的 RAP 歌曲搬到课堂上，让学生们通过说唱的形式记住零散的化学知识。于是，一首以元素周期表为主要内容、融和了地域特色的四川方言 RAP 歌曲在学生中传唱开来。而原来被学生戏称为"猪儿虫"的化学老师摇身一变，成了学生眼中多才多艺的新一代"亚洲男神"。

传统的教师形象是正经而严肃的，是端庄而规矩的，是架神坛之上不容靠近的。但是，时代是在变化的，个性日益丰富的学生也需要个性日益丰富的教师。正如苏霍姆林斯基所说，一个无任何特色的教师，他教育的学生也不会有任何特色。只有打破为人师表传统概念对教师施加的禁锢之锁，鼓励教师合理发挥自身个性，将个性变为特色，将特色融入课堂，打造属于教师个人的教育品牌，才能在课堂中以个性带动个性，帮助学生寻得自我生命的独特价值。

（二）为人师表规范下教师个性张扬的失度

目前，教师个性的适度张扬是得到社会认可和鼓励的，但这并不意味着教师可以在教学过程中无所顾忌、任意妄为。教师仍然需要从教师职业的特点出发，在一定范围内对自身的行为举止进行规范，把握好个性张扬的度，切忌变张扬为张狂，切忌将个性变"唯我"。常见的教师个性张扬过度主要表现在以下两个方面。

[①] 搜狐网.南方都市报·上课唱 rap 讲"段子"90 后化学老师的 Freestyle[EB/OL].（2017-09-15）[2021-12-04]https://www.sohu.com/a/192078583_161795.

1. 着装打扮张扬过度

随着物质生活条件的逐渐改善，人们穿着服饰的可选范围不断扩大，越来越多的人通过穿衣风格打造个人形象。在服装选择上，教师同样拥有自由决定权，但这种自由是相对而言的，是建立在一定的要求规范之中的。教师的服饰着装可以适当体现自身的审美个性，但这种个性首先要建立在大众可接受的审美规范内，切忌怪、漏、透、短。而有些教师，过于强调个人审美感受，罔顾教师着装规范，着装选择过度张扬，如领口过低、裙装过短、服装造型过于浮夸等。教师尤其是中小学及幼儿园教师，他们所面对的工作对象是正在发展中的人，是具有天然向师性的模仿学习者，是尚未形成学习自觉的孩童，因此，过于张扬夸张的衣着服饰会引起他们持久的关注和讨论，夺取他们的学习注意力，使其偏离教学中心。

2. 言语行为张扬过度

言语作为人类传递知识情感的重要方式，在教育教学活动中一直受到教育从业者的关注。为人师表的基本要求之一就是教师的语言要规范健康，而在现实的教学环境中，有部分教师错把讥讽当幽默，错把羞辱当调侃，言语行为张扬过度，为学生做出了错误的示范，甚至对学生的心灵造成了一定的伤害。

案例三

教师挖苦学生，学生被迫辍学

某校初二年级三班女生徐莲平时学习很刻苦，但脑子反应比较慢。一次，她被班主任齐老师提问，因未能给出答案，齐老师当场就是一顿讽刺："哼，就你这样的还想上大学？我看你就能上家里蹲大学，修理地球系，拉锄钩子专业……"顿时，全班哄堂大笑，而徐莲却在一片笑声中把头越埋越低。后来，有学生认为齐老师点评徐莲说的话十分好笑，又将其扩散到了其他班级，一时间，徐莲成了众人的笑柄。面对老师和同学们的嘲笑，徐莲对自己也产生了深深的怀疑，继而丧失了学习的信心，回到家又哭又闹，死活也不肯再去上学。父母架不住女儿的坚持，一周后，为徐莲办理了退学手续。此时，班主任齐老师却在班上再度公开发言："她早就该回家了，再学也是白费！"

案例中齐老师针对学生徐莲所做出的一系列评价，是典型的张扬过度、言语失当。首先，他出口伤人，以过激的言语行为侮辱徐莲同学的人格，打击徐莲同学的自信，给徐莲同学带来不可估量的心理伤害，这是教师失德的表现。其次，从班内学生以"有趣"为由将齐老师的侮辱性话语转述给其他学生的现象中可以看出，其借"伪幽默"行"真侮辱"的行为已经对班内其他同学正确价值观的形成产生了不良影响,这是教师失职的表现。寥寥数语却毁掉了整个班级的学生,这足可以看出教师的言语行为在教学中的地位和作用。因此,身为教师,务必要谨言慎言,时刻约束自己的言语表达。

（三）在追求教师个性中彰显为人师表

正如前述所言,为人师表一词所蕴含的基本要求的确会对教师个体特性的发挥起到一定的约束作用,但这种约束是合理而有度的局部约束,它并不影响教师个性魅力的整体发挥。即为人师表与个性张扬二者之间并不存在非此即彼的对立关系,只要把握为人师表的内涵,明晰为人师表的要求,广大教师完全可以在追求自我个性中彰显为人师表。

1. 充分认识自我,挖掘个性潜能

为人师表强调身先作范、以身为仪,强调教师作为模范榜样对学生的感染和引领作用。然而,个性生命只有个性生命才能激发和带动。如果想要独立的学生个体全然地接受教师所传递的教育内容,接受教师的引领和带动,那么教师首先要成为具有鲜明个性的独立思考者。但是,我们不得不承认,受个体生命成长历程的影响,部分教师的个性并不十分鲜明。因此,该类教师要想在教育中充分实现为人师表的示范作用,须得先全面地审视自己,充分地认识自己,深入地挖掘自己,合理地利用自己。即教师要挖掘出自身可供发扬的特点,并以此为切入口,感染和带动学生。

前述案例中的90后教师赵镭曾在一次采访中表示,大学时期的自己,性格中并没有太多的幽默元素,为了在教学中更好地融入学生,为了让学生更容易接受自己的观点和言论,才刻意学习了幽默。而实践证明,正是赵镭这种刻意锻就的幽默个性,帮助其打开了"学生市场",赢得了学生的认可。学生亲其师,自然信其道。于是,赵镭所带的学生不仅有了成绩的提升,而且都养成了轻松乐观的心态。可以说,这在另一种意义上实现了为人师表的价值。

2. 剖析师表内涵,找准张扬方向

表即表率、榜样。为人师表即教师在道德品行、学识修养等方面对学生起到一定的示范作用,这种示范要求教师提供可供模仿和评价的内容,所蕴含的价值观必须是正确而积极的。因此,教师于教学过程中所体现的个性在彰显教师个人魅力的同时,也必须能够向学生传递出正确的价值观念。例如,有些教师崇尚自由、不喜约束,那么在他的教学过程中,便总会有意无意地涉及对于规则的探讨。此时,他可以通过言语或行为向学生们传达人要有打破常规、突破限制的勇气,但却不能一味地贬低规则的作用,向学生传达"人生就要百无禁忌"的观点。人是带有社会性的群居生物,在人与人交往的过程中规则发挥着重要的作用,罔顾社会规则的存在会导致极端的个人主义,这种个人主义与当前社会主义道德中所倡导的集体主义原则相悖，与中国社会主义国家的属性相悖，属于错误的价值观引领。所以，教师可以张扬自身个性，但前提是要把握好政治方向，不可偏激极端。

3.明晰师表要求，实现张扬有度

人的个性并不是一种可量化的物质，所以教师无法用一把具象的标尺去衡量自身的个性是否张扬过度，因此难免行差踏错。但是，《中小学教师职业道德规范》的出台和更新为教师个性发挥程度提供了一定的参照标准。该规范从对待自己、对待同事、对待家长、对待金钱四个方面对教师维持师表形象进行了要求指导。只要教师在遵循基本要求的前提下张扬自身个性，便不会影响其正面积极的师表形象。例如，前述案例中所提到的旗袍教师王洑朗在挑选旗袍时，会对旗袍的长度、开衩的高度、颜色及其他款式细节进行严格把控，去除旗袍的露骨性感而保留其端庄优雅，使得出现在学生视野中的旗袍都能符合整洁得体的教师着装要求。所以，虽然她身着旗袍上课的行为短暂地引起了人们的争议，但最终还是得到了大多数人的肯定和支持。毕竟，每个人都有追求美的权利，教师也不例外。

四、为人师表的意义

教师不仅要做到"学为人师"，还要做到"行为世范"。而"为人师表"，就是在人品、学问两方面做别人学习的榜样。这就是说我们做教师工作，必须要规范自己的言行举止，要以自己的"言"为学生之师，"行"为学生之范，言传身教，动之以情，晓之以理，导之以行。"为人师表"简单来说就是做出表率，更深层的意义是塑造人格。那么，为人师表的意义与价值何在呢？

（一）对教师的激励功能

为人师表有助于树立教师威信，激发教师教学工作的积极性。社会对教师的期待和要求影响了教师的自我期待。社会上对最美教师、感动中国人物的评选就是巧妙利用了教师评价机制来激发老师的内驱力。无论你原来站在哪里，不管你是否愿意，都要重新开始，即使站在最高处也不能安于现状。

河南最美教师评委会给郑美玲的颁奖词

借细碎的时光雕琢生命，以非凡的智慧创造奇迹。扎根讲台上，埋身学子中，中原师出有名。倾注半生情，只为一个爱，成就神话"老班"。你是"出彩河南人"之2019最美教师——郑美玲。

她对教师的理解不是传统意义上的悲苦，她可以把教师这个职业诠释得很光鲜、令人羡慕和欣赏，而不是让人感觉同情。她让很多人喜欢教师这个行业甚至羡慕这个行业。在她心里，教师不应是苦兮兮的，也不该是苦大仇深的，反而也可以很美，即便有坎坷，也要把日子过得铿锵；即便有烦恼，也要把日子过得诗意。

她没教过的学生称她是一姐，因为她神奇的教学能力让她自带光环；她教过的学生称她是郑姐，因为她满满的正能量让她像一束光照向每一个需要照亮的地方；接触过她的家长称她是女神，因为被她高超的育人艺术成功圈粉；没有接触过她的家长称她是传奇，因为他们总是能从其他接触过的一届又一届的人嘴里，传颂着她教学的智慧、育人的艺术以及高尚的师德。

让评价发挥引领的作用。社会对最美教师的关注和评选无疑给教师们树立了很好的、值得学习的榜样形象，也让无数心中有梦想、有追求的教师们心有所属，明确了今后教师职业进取的方向，更为数以万计想要以教师为职业的莘莘学子树立了一个远大的奋斗目标。

（二）对学生的教育功能

孔子说："其身正，不令而行；其身不正，虽令不从。"教师是学生模仿的对象，教师的人生观、世界观、价值观、情绪情感、意志行为等会对学生产生潜移默化的影响。因此，对学生的教育功能主要体现在教师用自己的言语行为为学生树立起良好的榜样，成为学生学习和效仿的楷模、表率。

学生借用爱尔兰诗人叶芝写在墓志铭的话评价郑美玲

比起教师，郑老师在我们印象中，更像是个骑者，是个医者。

叶芝在墓志铭上写道："冷眼一瞥，生与死，骑者且赶路。"她总是匆匆忙忙，如同叶芝笔下那个赶路的骑者，周身总是一股蓬勃的气场，让人不由自主地就信赖于她，像信赖一个利落而坚强、凌厉又内敛的女骑士。她的课，味美而鲜、肥而不腻，之后我才明白怎样准确形容她的课：是提高我们学科素养的一味药，教我们戢鳞潜翼，思属风云；还医我们思想上的癌，为许多同学接上精神的义肢，把我们班从"绝症"倒数第一拉到正数第一，又把班里面半数以上的同学都送进全省排名第一的高中。甚至很多同学半开玩笑地对我说："初中毕业后，不管干什么事情，总要想起美玲姐，一个激灵后又开始怀念。"有个女孩子认真地提议：不然编个郑美玲语录，把什么"假学习者、伪用功者"、"差不多就是差，不多！首先是差，只是差得不那么多"统统录进去，懈怠的时候方便对症下药。她是个超人，时光你别打败她。

——《2019河南最美教师郑美玲老师对学生的影响》

每当夜间疲倦正想偷懒时，仰面在灯光中瞥见他黑瘦的面貌，似乎正要说出抑扬顿挫的话来，便使我忽又良心发现，而且增加了勇气。于是点上一支烟，再继续写些为"正人君子"之流所深恶痛绝的文字。

——《藤野先生对鲁迅的影响》

从以上两个案例中不难看出，不论是书本里的鲁迅先生还是郑老师的学生，都深受其师影响，学生在教师个人的影响下不由自主向自己的老师看齐，教师身上的某些精神品质会被学生深深铭记并传承。因此，教师劳动具有示范性，教师职业道德具有深远影响性。

（三）对学校的发展功能

教师作为一种职业，其专业发展对工作单位整体的发展产生的贡献也是不可忽视的，为人师表即是教师朝着专业化方向发展的具体表现之一。

一个学校的教师都能为人师表，有好的品德，就会影响学生，带动学生，使整个学校形成一个好校风，这样就有利于学生的德、智、体全面发展，对学生的成长大有益处。

——叶圣陶《未知》

人格健全的教师能在教室里制造出一种和谐与温馨的气氛，使学生如沐春风，轻松无比。反之则如坐针毡，痛苦无比。

——钱频

正如叶先生所言，对于学校来说，从内部看，教师是班级文化、校园文化建设的主导者、领导者、组织者，在良好的为师之风下可以塑造学校良好的班风和校风，形成尊师重教的学习氛围和亲密无间的师生关系，教师的公正廉明、平等待人以及和蔼可亲都会使学生对其产生爱戴之情。为人师表是一种神奇的魔法，能让学生在轻松愉快的向师氛围中进行学习，有利于提高教学的质量，反之，不懂得为人师表的老师容易使学生产生逆反心理，进而厌恶老师；从外部来看，教师进行为人师表的专业化发展，则更能适应瞬息万变的现代社会，从而提升学校的办学质量、办学效率，有利于学校社会地位的提高、名望的塑造和未来的发展等。

（四）对社会的教化功能

教师的为人师表影响整个社会的前途和未来。

纵向看，教师今日所培养、影响的学生，明日就是社会主义的建设者和接班人。从这个意义上，教师的工作就是用自己的言行塑造国家的未来。

《长大后我就成了你》是一首感人肺腑的歌曲："小时候我以为你很有力，你总喜欢把我们高高举起。长大后我就成了你，才知道那支粉笔，画出的是彩虹，洒下的是泪滴。"道出了莘莘学子对老师的感恩与怀念。宋祖英的深情演绎唱出了对老师的深情厚谊。该曲也激励了现实生活中"曾为恩师、今为同事"的动人故事。

横向看，教师的言行不仅影响学生，而且可通过学生影响整个社会。教师不仅要当学生的表率，也应当成为全社会的楷模。

总之，为人师表蕴含着真、善、美，为人师表立足于追求真善美的理想人格。

德国哲学家雅斯贝尔斯说过：教育的本质意味着一棵树摇动另一棵树，一朵云推动另一朵云，一个灵魂唤醒另一个灵魂。每个孩子都在等待着他的"最美老师"，她会自带光环向你走来，告诉你生命的不同活法，带着你去看教室外的世界，用光照亮你的同时也照亮了她自己。从最美教师郑美玲身上，我们解读出了教师为人师表最重要的两个关键词：学品高和人品优。

苏联著名教育家苏霍姆林斯基说："在学生的脑力劳动中，摆在第一位的并不是背书，不是记住别人的思想，而是让本人去思考。"老师的每一次教育都是在引导学生的发展，你想学生成为什么样的人，就要尝试去"唤醒"藏于他心灵深处的这些特质。思维力是学生智能的核心，老师就是要成为在思维上给学生引导的那个人。而这些典型的案例正是给了我们充分的思考力，让我们去深度思考自己应该怎么做到为人师表。

师者，传道授业解惑也。对这句话，相信只要是中国人，都非常熟悉。为人师表，是我们都非常熟悉的为师定律，然而，"为人师表"如何理解呢？仅仅只是指为师者要做好的、正面的榜样吗？或者说好的、正面的榜样到底是什么意思？之所以为师者，是因为有一颗愿学习、成长的心，愿意分享出去，影响更多人一起成长。好的、正面的榜样的真正内涵不是你什么都比别人做得优秀、做得好，而是你有一颗谦卑受教的心，敢于面对真实的自己，承认自己优秀的一面，同时也看到自己不可能做到完美的一面，人都有可能犯错的时候，在犯错时要敢于在公众面前认错悔改。

教育路上，教师应成为这样的一个老师：站成一棵树，一半在尘土里安详，一半在风里飞扬，一半洒落阴凉，一半沐浴阳光。用树的坚韧陪伴学生，用树的形象感染学生！为人师表，是一种自觉的善。

第二节 为人师表应如何做

教师不仅要做到"学为人师"，还要做到"行为世范"。但在具体的教学实际中，教师又该如何践行，做到率先垂范、为人师表呢？本章节归纳出"三用"法则，即把"用心、用情、用力"作为教师践行为人师表的着力点。

一、为人师表，就是要"用心"

就为人师表的内涵来讲，学习品质乃至做人品质才是真正的核心竞争力。埋入尘土的珍珠一样闪光，摆上神坛的泥丸依旧黯淡。关键不是你在哪，而是你本质上是怎样的人。如果你过去没有关注过自己的内心，没有立志让自己强大，没有想过修行，那么从今天开始，用心去体味学生。关注学生的不同需求，关注不同学生的需求，关注学生发展中的个人尊严。要真正放下架子，蹲下来，用儿童的眼光来看待世界，来体会他们的所想、所做、所求，成为儿童幸福的创造者，成为儿童心灵创伤的医治者，学生才能亲其师，然后信其道。

案例四

请蹲下来，语气、眼神、想法都蹲下来

"童老师，裘裘不肯做作业，又在发脾气了。"新生入学的第二周，裘裘已经好多次被组长告状到我这儿了。

"好的，老师来和他讲。"我的火噌噌往上蹿，放下手中的作业本，抬头望去，只见裘裘趴在桌上，一脸的委屈样。

我来到他的桌前："裘裘，为什么不做作业？"

他依旧一脸的委屈样，不理睬我。

"是不会吗？"

犟孩子，回答我的依旧是沉默。

看着他快哭的样子，我的心咯噔了一下。"哇，上课赚到两张奖券了，一张是坐得端正得到的，一张是回答问题声音响亮得到的吗？"看着裘裘桌上的两张奖券，我惊叹道。

这下，裘裘抬起了头，慢慢坐直身子，看了我一眼。

"来，让老师看看，裘裘的作业做好了没有。"

"没有。"

"是不会做吗？"

"不是。"

"那是为什么？"

"我擦不好。"裘裘移开手，露出擦掉了一半的作业，看样子他已经擦了好久。因为笔迹很浓，好多地方没有擦干净。"擦不干净就没有奖券了。"裘裘说。

原来是这么一回事。"不做作业更得不到奖券了。我们可以一个字一个字地擦，一定能擦干净的。"

裘裘抬头看了我一眼，拿起手边的橡皮用力地擦起来。不一会儿，裘裘擦干净了作业本，并认真地完成了作业。我给他打了一个大大的笑脸。

其实，小小的作业风波过去了，可不同版本的小风波每天都在上演。学生的世界和我们成人的世界隔着岁月的距离。教师要以学生的视角，蹲下来，去看儿童的世界，才会缩短和儿童之间的距离，才会让这样的小风波一次次悄无声息地平息。"蹲下来"不仅是形式上的，而且是站在同一个心理高度上，把学生看成一个需要尊重的独立的人，努力理解学生的想法和感受，鼓励学生大胆探索与表达。如果教师能够蹲下来和学生一起欣赏，也会看到儿童眼中美丽多彩的世界。教师尝试蹲下来做一做学生，就更容易设身处地地替学生着想，更能理解学生的想法和感受，也更容易发现学生的错误值得原谅。

二、为人师表，就是要"用情"

俗话说："感人心者，莫先乎情。"为人师表，就要用情去感染学生。教师育人的过程首先是师生情感交流的过程，不少学生是因为热爱教师，才热爱他所教的那门学科。师爱是最神圣的，教师的情感对学生有直接的感染力，教师健康的情绪和积极的态度是亲密师生关系的润滑剂。教师对学生热爱、相信、尊重、关心、爱护，教师自身的人格魅力无一不深深地打动学生的心灵。有时，一些个别学生的行为确实让老师感到头疼，但当他与学生贴近以后，有了心灵的沟通，就能改变师生关系，有的甚至能影响学生的一生。著名教育家斯普朗格曾说过："教育之为教育，正在于它是人格心灵的'唤醒'，这是教育的核心所在。"

实践证明，教师对学生的爱不是物质上的给予，而是精神上的哺育。著名教育家苏霍姆林斯基也曾说过："只有能够激发孩子去进行自我教育的教育，才是真正的教育。"让我们用真心、爱心去对待"每一个"孩子。在教育教学中，我们会碰到些"屡教不改"的学生，可能就是我们还没有找到好的教育契机和突破口，未曾"唤醒"学生的人格心灵。每个孩子心中都有一个巨人，需要教师用情去真诚唤醒。

案例五

陶行知与三块糖的故事

教育家陶行知当小学校长时，有一天看到一个学生用泥块儿砸自己班上的同学，当即喝止他，并令他放学时到校长室里去。

放学后，陶行知来到校长室，这个学生已经等在门口了。可一见面，陶行知却掏出一块糖送给他，并说：这是奖给你的，因为你按时来到了这里，而我却迟到了。学生惊异地接过糖。

随之，陶行知又掏出一块糖放到他手里，说：这块糖也是奖给你的，因为我不让你再打人时你立即住手了，这说明你很尊重我，我应该奖给你。那个同学更惊异了。

陶行知又掏出第三块糖塞到他手里，说：我调查过了，你用泥块砸那个男生，是因为他不守游戏规则，欺负女生。你砸他，说明你很正直善良，有做斗争的勇气，应该奖励你啊！那个同学感动极了，他流着泪后悔地说：陶校长，你打我两下吧！我错了，他毕竟是我的同学啊！

从此案例中，我们发现陶行知先生在处理这个事件的过程中，没有使用任何的批评性语言，而是采用了表扬的方式，采用了用情去打动学生的方式。在案例中，陶行知先生一共表扬了三次：第一次表扬学生的诚信，遵守约定按时来与他见面；第二次表扬学生对老师的尊重，在听到制止后没有再动手打人；第三次表扬学生的正义，能够仗义执言，帮助弱小的同学。在这三次的表扬过程中，我们能够感受到虽然奖励、表扬的方式都是一样的，但其中分量最重、含义最深的是陶行知先生对这个孩子的第三次表扬——让学生自己认识到了在整个事件中所犯的错误，也就是学生对自己的自我教育。陶行知用情的感召力帮助这个孩子认识到自己的错误并从中汲取教训，未免不是一种为人师表的典型体现。

三、为人师表，就是要"用力"

为人师表要用力，此"力"不是要让教师用蛮力，而是要让教师尽全力。尽全力去丰富提升自己，尽全力去感染影响学生。教育家陶行知先生说："要想学生好学，必须先生好学。惟有学而不厌的先生，才能教出学而不厌的学生。"这要求教师要精通自己所教的学科，要熟悉所教学科中最复杂的问题，建构精深的广博的知识结构，广泛涉猎，博采众长，完善技巧，提高教学适应能力，为学生素质的提高奠定坚实的基础。这也是我们常说的"一杯水，一桶水，长流水"的关系。教师只有具备了渊博的知识、厚实的功底，讲话才能挥洒自如、引经据典、引人入胜，从而唤起学生的求知欲，使学生感到乐趣无穷。另外，根据学生模仿性强的特点，教师的表率作用非常重要。要求学生先做到的，老师应该先做到。身教重于言教，教师应从自身做起，一言一行、一举一动为人师表，使学生从小养成良好的心理素质，成为学生成长过程的良师益友。德国教育家第斯多惠要求教师："只有当你不断地致力于自我教育的时候，你才能教育别人。"教师只有以身作则，才能起到人格感化的作用。

案例六

备一节课需要多长时间

苏霍姆林斯基在《给教师的建议》第六条中，讲到一位历史老师上了一节课，讲得非常精彩。现场听课的老师听得入了迷，竟然忘记了做记录，坐在那里和学生一样，屏息静气地听。

课后，有老师问："请问您花了多少时间来备这节课？不止一个小时吧？"

那位历史老师说:"对这节课,我准备了一辈子。而且总的来说,对每一节课,我都是用终生的时间来备课的。不过,对这个课题的准备,或者说现场准备,只用了大约15分钟。"

这段话开启了一个视窗,使人窥见了教育技巧的奥秘。那么,我们教师怎样进行这种准备呢?那就是读书,每天不间断地读书,跟书籍结下终生的友谊。潺潺小溪,每日不断,注入思想的大河。

为人师表就是要和有些东西死磕到底。死磕教学,死磕知识点,用心去体味学生,用情去感染学生,用行动去教育学生,用知识去影响学生,用力去做好教育,用心用情用力,努力到感动自己,教师才会像磁铁一样吸引每个学生的心。

在实际中践行为人师表,用心、用情、用力三者缺一不可,它们分别在态度、情感和执行力方面对教师做出了要求。作为教师,从学生的世界路过,你不能只做一个路人或过客,要以身作则,做学生奋斗历程的见证者与支持者,要让学生知道,学路漫漫,却并不孤单。

本章小结

现代教育赋予了教师太多的身份,他既是人类文明的传承者,又是人类灵魂的工程师;他既要做经师,还要为人师。这多重身份下,教师背负的是传播知识、思想、真理的任务,是塑造灵魂、生命、时代新人的使命。这一切的一切,又都将通过为人师表的途径得以实现。在为人师表这一规范的约束下,教师需要不断地提高自身的道德修养、增长自己的学识才干、时刻约束和省察自己,力争成为一个完善的人。但是,为人师表所倡导的约束规范并不是让教师将自己做扁平化处理,压抑自身的个性,而是鼓励教师在合理的范围内张扬自身,以独特的人格魅力感染和带动学生,让学生在崇敬和向往的情绪中逐渐成为完善的人。

思考题

1. 结合案例,根据郑美玲老师的具体行为谈一谈,她在哪些方面体现出了"为人师表"?并尝试概括为人师表的具体含义。

2. 在案例一中,王洸朗身穿旗袍、脚蹬高跟鞋的形象似乎与大众认知范围内教师为人师表的朴素形象有一定出入,但其做法是否有违"为人师表"的内在要求呢?为人师表对教师着装形象的要求是否合理?请说出你的理由。

3. 在案例二中,赵镭带着学生们在化学课堂上大唱RAP歌曲的行为放到传统的为人师表概念中进行对照,似乎有些离经叛道。请思考,其做法是否有违"为人师表"的基本要求?

4. 结合案例三请思考,该教师有哪些"失德"行为?应如何规避?

5. 结合案例四，思考文中童老师践行为人师表的具体细节。除此之外还需注意哪些细节？

6. 结合案例五谈一谈，陶行知先生教育学生的方法与其他老师有什么不同？在这个过程中是如何做到为人师表的？

7. 结合案例六分析，文中历史老师的做法对我们践行为人师表有何启示？

8. 各列举正、反两个方面的案例，尝试对教师的为人师表展开讨论和分析。

知识链接

1. 中华人民共和国教育部政府门户网.《中共教育部党组关于认真学习贯彻全国教育大会精神》的通知[EB/OL].http://www.moe.gov.cn/srcsite/A27/zhggs_other/201809/t20180914_348818.html.

2. 中华人民共和国教育部政府门户网.《教育部中国教科文卫体工会全国委员会关于重新修订和印发〈中小学教师职业道德规范〉》的通知[EB/OL].http://www.moe.gov.cn/srcsite/A10/s7002/200809/t20080901_145824.html.

参考文献

[1] 杨超.《中小学教师职业道德规范（2008年修订）》培训读本[M].北京：中国轻工业出版社，2009.

[2] 陈玉祥.教师职业道德[M].南京：南京大学出版社，2016.

[3] 王淑芹.教师职业道德新编[M].北京：高等教育出版社，2016.

[4] 中华人民共和国教育部.教师职业道德[M].北京：新华出版社，2003.

[5] 张君.中小学教师：职业道德教育读本[M].沈阳：辽宁大学出版社，2009.

第九章 终身学习：教师专业发展的机制

〔本章提要〕

终身学习是现代教育的重要标志，习近平总书记多次强调教师要牢固树立终身学习理念。教师的职业特点决定了教师需要持续不断地学习新知识。陶行知先生说得好："要想学生好学，必须先生好学。有学而不厌的先生，才能教出学而不厌的学生。"一个教师要想永远让学生满意，那么他就需要不断地学习、与时俱进。本章节将通过生动的案例，帮助学生理解终身学习的特点、意义，了解职业倦怠与终身学习的关系，掌握终身学习的方式方法，立志成为一名优秀的人民教师。

〔学习目标〕

1. 理解终身学习的特点、意义。
2. 了解职业倦怠与终身学习的关系。
3. 掌握终身学习的方式方法。

〔知识导图〕

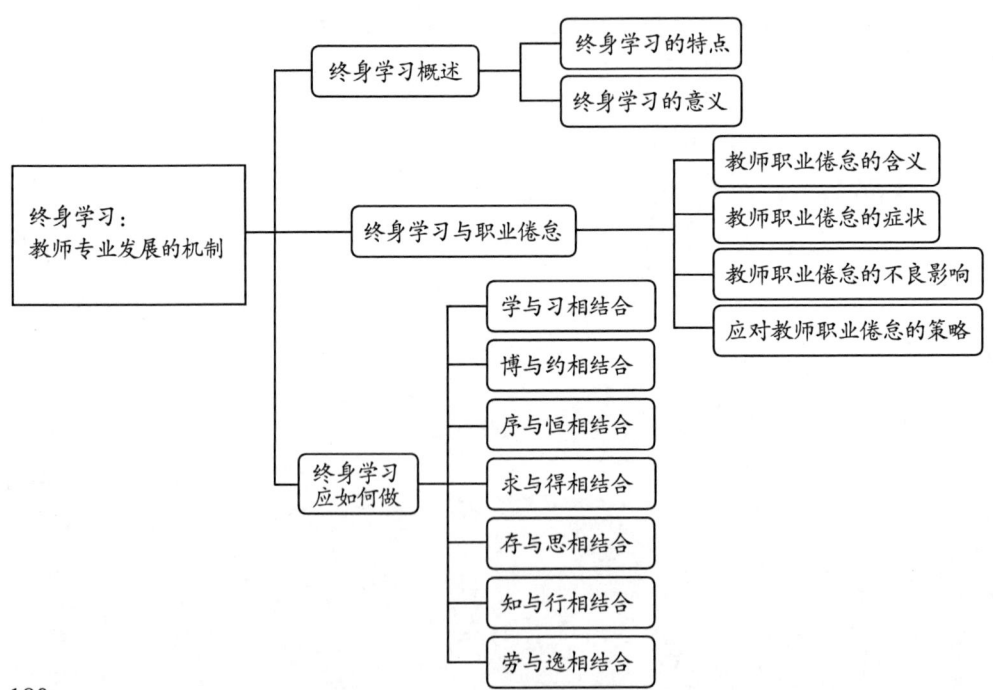

第一节 终身学习概述

一、终身学习的特点

终身学习是指每个社会成员为适应社会发展和实现个体发展的需要，贯穿于人的一生的持续的学习过程。即通常所说的"活到老学到老"或者"学无止境"。它具有终身性、广泛性、灵活性等特点。

（一）终身性

终身性是终身学习最大的特征。终身学习突破了正规学校的框架，把教育看成一个人一生中连续不断的学习过程，是人们在一生中所受到的各种教育的总和，它包括教育体系的各个阶段和各种形式。

我国古代著名的大思想家、教育家孔子，虽然学识渊博，但他从未停止学习。

孔子东游列国的时候，曾遇到两个小孩儿在争论不休。孔子便上前询问他俩为何事争执。

一个小孩儿说："我认为太阳刚刚升出来的时候离人近，中午的时候离人远。"

另一个小孩子认为，太阳刚升起的时候离人远，到中午时离人近。

一个小孩儿说："太阳刚出时像车的伞盖儿一样大，到了中午就如同盘子一样小了，这不是远的小而近的大吗？"

另一个小孩儿说："太阳刚出来时，天气清清凉凉的，到了中午的时候，热得如同把手伸进了热水里，这不是近的就感觉热，而远的就觉得凉吗？"

孔子不能判断谁是谁非，便虚心承认自己不会。

还有一次，孔子周游列国时，在去晋国的路上，遇到了一个七岁的孩子拦路，要他回答两个问题才让路。

第一个问题是：鹅的叫声为什么大？孔子答道：鹅的脖子长，所以叫声大。

孩子说：青蛙的脖子很短，为什么叫声也很大呢？

孔子无言以对，他感叹地对孩子说：我不如你，你可以做我的老师啊！直到晚年，孔子仍在勤奋学习，坚持不懈。

（二）广泛性

广泛性是终身学习的又一个特征。信息化时代背景下，知识的更新速度加快，获取知识的渠道增多，教师在知识拥有量方面的优势逐渐弱化，严重威胁教师的知识权威地位。而要化解这一威胁，需要教师立足当下、着眼长远，广泛学习多方面的知识，为学生提供有宽度的学习指导。习近平总书记曾说过："学生往往可以原谅老师严厉刻板，但不能原谅老师学识浅薄。'水之积也不厚，则其负大舟也无力。'知识储备不足、视野不够，教学中必然捉襟见肘，更谈不上游刃有余。"《中国教育现代化2035》关于教师学习内容广泛性的论述也多处出现。终身学习能扩大学习的天地，扩展教育的视野。

孔子以好学著称，对于各种知识都表现出浓厚的兴趣，唯恐学不会，学不精，学习起来甚至达到入迷的程度。他在齐国学音乐，达到"三月不知肉味"的程度。

他说："吾尝终日不食，终夜不寝，以思，无益，不如学也。"

像孔子这样博学之人，我们身边也有，他们风雨兼程，博学多思，在多个领域有突出贡献，是我们学习的榜样。

下面，是我身边的例子。

杨老师，1982年生，毕业于甘肃天水师范学院。毕业后，自愿到河南省濮阳县黄河滩区当了一名特岗教师。初到单位，工作环境差得让人无法想象：老师严重缺编，教师老龄化严重，校舍年久失修……杨老师坚持了下来，他尽自己的全力广泛学习各种知识，哪个岗位需要就到哪个岗位去，终于从学生诵读作切入口，将一个只有79名学生、被家长嫌弃的学校，办成了一所拥有329名学生的标准化农村学校。被命名为校长后，他又来到黄河滩区移民安置点社区小学，虽兼任校长，但每周仍然担着27节课，他总说，知识之间是相互贯通不分家的，数理化、文史哲、理论、实践知识都该学，这样用的时候就信手拈来了。

（三）灵活性

终身学习具有灵活性，表现在任何内容的学习可以随时随地以任何形式开展。只要愿意学，学习的时间、地点、方式均由学习者个人决定。人们可以根据自己的学习特点和需要选择最适合自己的学习架构。

习近平总书记当年到梁家河插队时，除了自己简单的生活用品外，他带去的满满一箱书成了最宝贵的精神财富。白天务工的间隙、晚上闲下来时，就开始看书。他说："上山放羊，我揣着书，把羊圈在山坡上，就开始看书。锄地到田头，开始休息一会儿时，我就拿出《新华字典》记一个字的多种含义，一点一滴积累。"2013年5月4日，习近平同各界优秀青年代表座谈时说："我到农村插队后，给自己定了一个座右铭，先从修身开始。一物不知，深以为耻，便求知若渴。"

习近平总书记能抓住边角时间，随时随地采用灵活的方式进行学习，为青年一代树立了榜样。

孔子被当成无所不知的圣人。孔子说："圣则吾不能，我学不厌，而教不倦也。"孔子学无常师，走到哪里，学到哪里，"每事问"，随处拜师，谁有知识，谁那里有他所不知道的东西，他就拜谁为师，"不耻下问"。孔子有一句著名的学习名言："三人行，必有我师焉。"

二、终身学习的意义

终身学习不仅能充实我们的精神生活，满足我们的生存需要，有效克服工作中的困难，解决工作中的新问题，还能提供给我们更大的发展空间，更好地实现自身价值，不断提高生活的品质。

（一）终身学习是教师转变教育观念的需要

教师不断学习，能及时了解国家政策及教育前沿信息，把握教育方向，迅速转变教学观念，在教学中尊重学生，重视学生能力的发展，提高学生的综合素质。教师在教学当中要改变满堂灌的教学方式，注重培养学生自主探究的能力，调动学生学习的主观能动性，促进学生的全面发展，培养适应社会发展的创新型人才。

（二）终身学习是提高教师综合素质的需要

现代教育观念认为，教师应该具备三方面的知识：基础科学文化知识、专业知识和教育教学能力。教师只有利用多种形式不断学习，提高自己的基础文化知识，才更有利于专业知识的传授；在专业知识方面只有通过不断地研究与探索，才能更了解所教授知识的结构及发展方向，才能思考利用各种新型教学方法进行教学；为了提高自己的教学能力，教师只有深入研究教育学、心理学等多种和学生有关的科学，牢固掌握学生的发展特点，根据学生的年龄特征选择合适的教学方法，才能迅速提高学生的综合素质。

（三）终身学习是教师掌握先进教学手段的需要

随着当前科学技术的发展，各种新型教育技术也呈现在教师面前，要求教师必须与时俱进，适应教育形势的发展，学习新型教育技术，如上网搜集处理信息的技术、利用多媒体教学的技术、处理评价学习效果的技术等；教师假如不具备现代化的教育技术，不会应用各种现代化的教育设备，就跟不上教育发展潮流。

(四)终身学习是教师研究的需要

教育研究伴随教学的全过程,教育形势要求教师是一个研究者,教师在教学活动中要以研究者的身份和研究者的角色出现,和学生一起对所学知识进行研究,对学习过程中出现的各种问题进行研究,思考自己的教学行为,不断总结教学经验,逐步形成自己的教学特色。要想达到这一目标,教师只有把自身的学习、研究和教学活动综合在一起,才能不断提高自己的教学能力。

丁桃红老师是河南省濮阳市第五中学的一位数学教师,任教34年,从一名青涩的年轻教师到如今的特级教师、正高级教师。她走过了怎样的成长之路,我们来看看她的自述。

中原名师丁桃红自述

1986年至1988年,我在许昌师范专科学校求学两年。两年求学时光,我在班长、学生会主席的管理岗位上得到了历练,提升了处理随机事件的能力。这为我参加工作后担任班主任工作积累了最基本的经验。

1988年9月,我大学毕业,被分配到濮阳市华龙区孟轲乡一中工作。因为学校急缺英语老师,学校就安排我教了两个班的英语课兼一个班的班主任。

对我个人来讲,最初认为只是把数学课本换成英语课本而已。但是,真正到了课堂上,我才感觉到自己几乎是英语专业的门外汉。语音、语调、基本语法不成体系,需要从头学起。我的英语口语不标准,为了不误人子弟,我每天上课之前都要让英语老师看看我发音的口形是否正确,我还把当天要讲的内容先讲给我的同事听一听,确保没有错误才登台讲课。这个习惯一直保留到现在,我觉得严谨治学应该成为每位老师的工作习惯。

一个人在工作中只有不断学习,对自己提要求、树标准,才能不断进步,否则谈不上成长自己。对年轻老师来说,参加工作之初向周围人学习、严于律己的心态很重要,工作中所谓的"好活"、"匠心"都是功夫磨出来的。

农村孩子英语基础几乎等于零,他们记不住英语字母和英语生词的读音。为了解决这个难题,我苦思冥想自创了一种识记"土"方法,让学生把与字母、生词相近读音的汉字标注在英语字母的旁边,比如生词 morning,旁边就写成"猫宁",采用这种方法,学生很快就记住了。当我正为自己的"独创"洋洋得意的时候,我们的业务校长发现了这种情况。他严肃地对我说:"丁老师,这种做法是错误的,马上停止。学科教学有它自身的规律,你要潜心去寻找和发现学科教学的规律,而不是只顾眼前,解决一时之需,用不科学的方法走捷径。"。

这件事对我触动很大,它让我明白了一个道理:教学工作不是单凭热情随心所欲,想怎么做就怎么做的。教育教学的规律隐藏在看似平凡的教育事件中,需要下苦功夫,用真心、恒心去学习、探寻才能找到。

这段工作经历暴露出了我明显不懂教育技巧和艺术,严重缺乏思考能力,工作没有长远的规划。我每天使的都是蛮力，我把自己"种"在教室里，从早晨一睁眼到晚上上床闭眼，所有的精力和心思都在工作上。这样一个学期下来，我也并不是没有一点收获。我感到自己渐渐熟悉了教学常规，了解了学生的心理。我对学校、学生产生了一种特殊的感情，这份特殊的感情让我对学生有了一种牵挂，成了我潜心教学、静心教研的动力。

当时，农村学校学生住校，两周休息一次。晨昏间，我与学生步调一致，陪伴学生度过了一天又一天，很多孩子在我的守护中养成了良好的学习生活习惯，受益终生。

辛勤地付出获得了家长、领导、同事和学生们的一致认可，我从工作中获得了足够的尊严。这份尊严在那个物欲横流、转行相对容易的年代，坚定了我扎根教育的决心，这段经历成了我一生的财富。

1993年暑假，我向学校提出申请，想转回我的数学专业，学校同意了。恰好当年学校引进竞争机制，实行末位淘汰制。每一个老师的一份工作量都被分成了两个二分之一。学校分配给我一个初二年级的班、一个初三年级的班。

初二年级的教学我不害怕，但对于初三年级毕业班的教学我有点儿发怵，毕竟我五年没有教数学了，对数学内容的框架还很陌生，我害怕因为自己业务不过关影响孩子的成长。

于是，我把初三的课压后一节，每一天听初三同课老师一节课，然后自己二次备课，第二天再上这节课。这样顺延下去，我每天需要多听一节课，那个学期我异常忙碌。

一个学期之后，我发现这样做的教学效果挺好。我教得认真，学情把握精准，知识解读到位，练习剂量适度，学生学得扎实，教学效果自然就好。同时，我意外获得了参加工作以来的第一张荣誉证书，我的学生参加河南省数学竞赛获得了三等奖。一霎时，领导夸赞，同事羡慕，家长欢喜。不少的同事向我取经，我对自己数学教学的未来充满了信心。

1995年，我代表学校到濮阳市华龙区参加数学优质课比赛，课题是《平行线的性质》。比赛前我先后11次更改教案，精心设计每一处细节，精致雕琢每一句话，这节课获得了大家的一致认同。当时，华龙区的数学教研员李延龄老师把这节课作为了一个样板课，因为我在上课过程中不经意的一段话："不管生活中还是学习时，一定要做到步步有据，不能捕风捉影。"李老师也把它当作思品教育在课堂落地生根的正面案例。我的公开课为大家树立了标杆。

1996年，在李延龄老师的推荐下，市数学教研员逯福堂老师先后三次到学校听我的课。其中一节课讲的是《直线与圆的位置关系》，我在投影机上把直线与圆的相对运动以动态的形式展现给了学生，教学中每个环节在老师启发引导下，学生以小组为单位合作互动，解决了一个又一个问题。这种以生为本的教学理念，在当时让听课者耳目一新。最终市教育局决定让我代表濮阳市参加河南省第十届优质课大赛。

1997年，我代表濮阳市到平顶山参加省优质课大赛。我当时抽签抽到的是下午

第二节课，时间段并不是太好。课前几分钟才与学生接触，但那节课赢得了满堂的喝彩。什么原因？我觉得有三个比较突出的特色。第一个特色，我采用了以疑激趣的引课方法。我把一个三角形的模具分成了两部分，其中一部分保留了两个角以及它们的夹边三个完整的元素，而另一个三角形只保留了一个完整的元素角。保留三个完整元素的那一块小一些，保留一个完整元素的那一块大一些。我问同学们，拿哪一块儿能够复制一个三角形与原三角形全等？有的同学凭感觉回答应该是拿面积大的那一块；有的同学一开课就陷入思考。在这样情境中进入教学，学生和听课老师的注意力一下就被集中起来了。第二个特色，是我的一个小创意。当时，没有现在上课用的即时贴，如果在众目睽睽下抄写数学几何例题，既浪费时间，又枯燥无味。我就动了一番脑筋，把皱巴巴的包装牛皮纸用熨衣服的熨斗把它熨平，然后用墨汁把熨平后的牛皮纸染成黑色，再用粉笔打成暗格，再把例题抄写上。课前把牛皮纸的背面粘上双面胶，该出示例题时揭掉双面胶粘上牛皮纸即可。我记得当时我把例题粘贴到黑板上时，下面听课的老师眼睛一亮："哇，那是什么呀？"小创意显示出了大智慧，废物利用，为教学实际赢得了时间。第三个特色，是数学课教学的本质——学科思维的培养。我在例题的处理上改变了常规，只提供给了学生例题的题干，没有任务。我领着学生阅读题干，读一遍，探索在已知条件下能够推理出什么结论，然后再读题干，再探索有什么样的结论产生，这样学生在多次阅读的前提下，反复琢磨题意，最后竟在给出的一个题干下得出了 11 个结论。学生通过反复阅读得来的这 11 个结论，显然比完成课本上给出的一个任务成就感要大。课堂在学生一遍又一遍专心阅读题干的过程中出现一次又一次的思维高潮。学生不知不觉走向深度思维，学习新知识就像行云流水般自然。台上台下师生真正走进了课堂，走近了知识，得到了思维的拓展。

　　这三个突出的特色，赢得了听课老师和省市教研员的认可。我也在准备课的过程中得到了真提升和真历练，获得了省优质课特等奖。讲完课回到学校，我就被学校任命为教务主任，我觉得这是学校对我工作的一种认可。

　　要想讲好一节课，就得十遍八遍地磨，对知识的剖析、对课堂的驾驭、对学情的了解，都是建立在对教材一遍一遍地研读、对课堂一次一次地演习、对学生一轮一轮地互动中加深理解的，学生也一样。

　　现代社会生活节奏太快，很多东西一晃而过，人们还没有来得及品味就滑过去了，教师的教学和学生的学习就是这样，每一天师生都昏天黑地地忙着教、赶着学，但过快的教学节奏造成了师生对所学的知识有太多的似是而非、模棱两可。比如备课，有相当一部分老师自己对教学内容就没有吃透，就走上了讲台，这势必会造成搭了力气不出成效的结果。

　　我上了 34 年课，对教材可以说不陌生，但每带一个班，课前我都会坐下来仔细品读教材，我感觉读一遍有一遍感受，读两遍就比读一遍理解得深、体会得透、考虑得全面。于漪老师说：我上了一辈子的课，一辈子都在学上课。这是多么诚恳的学习态度啊！

当前，有很多老师教学离不了教辅，喜欢用大量的参考资料做后盾。我不那么认为，我感觉研读教材、深度思考、大胆尝试是一个老师最起码的一项基本功，并且是最能提高自身专业水准的基本功。我认为静心研读教材、开动脑筋思考才是备课，才是教师真正的专业学习，而不是生搬硬套兜售别人的想法和观点，浮光掠影、人云亦云浅表化地推送死知识。

入职初期，学校为了让青年教师少走弯路，把每一位老教师与一位年轻教师结成师徒对子。老教师对青年教师的备课、上课、作业设计、自习辅导等教学环节进行有针对性的指导。年轻教师刚开始很兴奋，跟着自己的师傅走了一个学期后，一些人认为师父的讲课风格自己已经了解了，没有新内容可学了，就慢慢懈怠了。我没有这样，第二学期，我把其他年轻老师逐渐冷落的师傅都请到我的课堂上给我做指导，不定期地我也挤时间逐一走进他们的课堂，这样一来我得到了不同风格老教师的悉心指点，也吸纳了这些老教师们倾其所有给我的成长建议。我感觉这种学习方式更对路，我很珍惜，专业上成长很快。

1999年，经过公开招聘，我调入了濮阳市第八中学（当时全名叫濮阳市第二师范附属学校），成了一名城市教师。

二师附校有着很好的教研氛围，每周一个教研专题，或者教学技能提升，或者教学技能比赛，或者新技能学习，周周有具体安排。比如，数学学科有教材分析、徒手绘制数学图形、限时做课件、即兴讲授试题、小专题讲座等等，一个星期一个主题，主题鲜明，安排得非常精致，在二师附校我业务方面的一些细碎之处得到了很好弥补和提升。

2001年，我参与课题《个别心理辅导与后进生的转化》研究。做课题需要大量地读书，于是，学校图书室成了我沉淀思想的地方，我一头扎进去，痴心地汲取，真是过瘾。自此，我走上了课题研究的道路。

2003年，我走上培训舞台。迄今，以工作单位为圆心，我参与教师培训的半径越来越大，全国各地的培训舞台上，我边实践边学习，边学习边提升，一步一个台阶，废寝忘食、乐此不疲，每一次培训对我来讲都是一次挑战，因为你不知道培训过程中会有什么随机事件发生，所以多读书、多学习是以不变应万变的策略。

2014年到2019年期间，我的工作室团队发展得很好，一大批年轻教师脱颖而出。我也在团队中得到持续成长。在这个思维、学术言论、实践探索开放的平台上，只要你有能量，你尽可以驰骋。遇到了困难不怕，身边都是同路人，帮人就是提升自己。成员之间相互鼓励、互相学习，构建了一个强强联手的学习共同体。工作室成员看书就像吃书，仿佛能听到"沙沙沙"进步的脚步声。置身这样的团队中，人的心中只有正向、正念、正能，面前只有成长之路。

年轻的老师们，我的成长虽然是个个案，但也有一定的规律：

一是，人的成长只有起点没有终点，每个阶段都不要任性随意，要有明确的目标，不断学习提升，不断反思调整，不停地"走"，才能达到目标。

二是，任何人的成长，都是由小成到大成的过程，量的积累达到一定程度才能引起质变，积累阶段得能坐得住冷板凳、耐得住寂寞、守得住初心、持得住恒心、护得住真心。真想成长，办法总比困难多。

三是，教师个人顽强的生命力和持续的学习力是成长的主因，主因动力不足，一切皆是浮云。

老师们，请记住，世上无难事，一切因学习而简单。

第二节 终身学习与职业倦怠

当你对工作环境产生逃离心理，不愿上班；当你身边的同事感到厌烦，什么话题都无法舒展紧锁的双眉；当你对学生的事情感觉麻烦，常常产生"这点事情也来烦我"的抱怨；当你不想备课，随便在书本上稍作圈点甚至是只瞄一眼便心安理得走上讲台……你可能已经患上了职业倦怠症。

一、教师职业倦怠的含义

由于教师长期处于工作竞争压力大、持续疲劳、与家长和同事各种矛盾冲突不断的工作环境中，往往导致情绪、认知、行为等方面精疲力竭、精神高度疲惫。当一个人长期处在社会及个体内在的高期望值状态，而客观实际又达不到预期目的的情况下就会产生失望情绪。教师职业倦怠是一种对现实的消极反抗而求得心理平衡的心理反应。

二、教师职业倦怠的症状

（一）心理方面

教师职业倦怠的症状表现为故意躲避集体活动，没有竞争热情，逐渐失去工作的乐趣，对办公场所有强烈排斥感，长期处于挫折、焦虑、沮丧状态，情绪波动很大，对工作任务产生本能的厌倦、疲累感，缺乏工作动力，对新异事物敏感度降低等。

（二）生理方面

教师职业倦怠的症状表现为身体长期处于亚健康状态，食欲不振，睡眠质量下降，活动力缺乏。严重的还会出现嗜睡或者失眠、吃不下饭，甚至是呕吐的情况。行动迟缓、注意力分散、记忆力下降、精神恍惚，甚至出现技能性工作障碍、内分泌功能失调等现象。

（三）行为方面

教师职业倦怠的症状表现为对工作敷衍了事，人际关系敏感，抱怨与玩世不恭，家庭不和谐，情绪波动大，对工作缺乏进取心等。

三、教师职业倦怠的不良影响

（一）工作效率低

教师对职业的倦怠导致对学生的观察教育能力降低，对学生的心理援助、管理指导等能力变低。随之而来的是教育教学方法的不灵活或者出现失常现象。在工作上变得机械，工作效率低，工作能力下降，最终导致教学质量降低。

（二）人际关系紧张

职业倦怠造成人际关系疏离，摩擦增多，情绪充满了犹豫和攻击性。有些教师甚至用粗暴的体罚、急躁的情绪行为对待学生，有时会给学生带来难以弥补的伤害。这背后的原因是教师的身心疲惫、压力增大所产生的危险信号。

（三）自我身心伤害

教师的职业倦怠会造成教师的心理障碍和心理疾病，轻则是教师的消极态度和情绪表现明显，重则会因不良心理状态而引起神经衰弱，或者因不堪压力而导致精神崩溃，最终直接影响自己的身心健康。对同事不愿理睬，对学生冷漠，经常觉得自己孤立无援。

四、应对教师职业倦怠的策略

（一）关注自我，提升能力

很多一线的老师在长期从事教育工作的同时失去了自我，沦为教育的一种"习惯化"的工具：为生存而教育，为教育而教育，为工作而教育，为功利而教育……当教师成为一种教育"工具"时，他的精神世界就变得狭小，长期在狭小的精神空间里，倦怠心理自然形成，教育就成了教师身上难以摆脱的"阴暗"的宿命，成了教师心灵上的枷锁和镣铐。冲破这个枷锁，需要寻找新的自我认知。

一位农村青年在家里无力供他继续上学的情况下，为生计所迫来到一座远离城镇的山村学校教书。在品尝了环境的恶劣、放弃学业的怅惘和形单影只的寂寞之后，他对教学产生了深深的倦怠感，无法认真教书，一连三个月没有备过课，对学生只有敷衍。有一次他受校长的派遣，去看望一位因上山采黄姜换钱交考卷费摔下山崖的学生，看到学生苍老的母亲以及学生家里贫寒的困境，在悲哀之余，他在心里产生了深深的自责和内疚，觉得作为老师，自己对工作的敷衍是一种犯罪。面对山里孩子求学的艰辛，他没有半点理由不努力工作，从此他像变了一个人，对教学产生了极大的兴趣，全身心投入工作中，成了最受学生欢迎的老师。

在教育的路上，不同的老师有着不同的行走姿态，有的自己只顾埋头赶路，不择方向、不辩路况，一味向前，像预言《游到唐古拉山的虾》一样，虽说很勤奋、很卖力、很执着，最终也游出了很远的路程，但却在到达雪山的一刹那冻成了冰块儿。有的人迷信权威，唯书唯上，把自己的脑袋变成了别人思想的跑马场。还有的人模仿名师，虽模仿到了形，也难以模仿到神。所以，要经常审视自己，寻找适合自己的行走姿态。

王老师，1968年生，中师文凭，毕业后到一所农村中学从事英语教学工作，工作积极主动，在班主任、年级主任、教务主任的岗位上，一步一个台阶走得很扎实。学科教学方面，他带领老师从研究教材入手，进而研究学生、研究教法学法、研究信息化环境下的英语教学，提炼出不少教研成果。他是个教坛上的活跃人物，2009年被提拔为一所中学的校长。

担任校长后，他不知疲倦，把每一周的例会当成培训课堂，自己做讲师。刚开始，老师们不认同，说他的语言太生硬，所讲内容都是生搬别人的东西。他知道后，虚心改进。然后再讲，再调整。一轮一轮历练，几年后，他做到了出口成章，佳句不断。2020年，他因工作中的突出表现受到了一致好评，被再次提拔。

关注自我就是把眼光放在自己的身上，寻找适合自己的成长方式，然后制定目标、计划和措施，分时段分步骤瞄准目标逐项落实。关注自我就是在繁忙的工作之余忙里偷闲，参与一些有益身心的活动，把自己当人对待，劳逸结合，培养自己的业余爱好，在多彩的生活中增强自己的生活情趣。关注自我就是要关注自己的能力是否有提升，自己的思考判断能力是否有长进，教室外面的天空是否还湛蓝，教育的诗和远方是否还在那儿。

（二）加强学习，充实自己

不少教师出现倦怠心理，是由于不适应课程改革的新理念以及学生发展的新特点，换句话说就是不能很好地接受并适应社会的新变化。改变这种状况的方法是通过不断学习更新教师自己固有的认知结构，开阔自己的职业眼界。

1. 主动学习

传统的教学理论认为，教师按教材教好课就行，课程设置、资源构建等其他的事情无需过问，专家怎么说，学校怎么要求，教师执行就可以了。

刘老师，1987年毕业于师范专科学校。工作中是个听话的老师，领导安排什么她就干什么，能少干就尽量少干。工作中从不主动做事，推一推就动一动。生活中四平八稳、不紧不慢、无所追求。平时上课照书"讲"，书上有什么就讲什么。学校检查教案，她就挑灯夜战补教案，教学成绩一塌糊涂。2016年，她50岁的时候终于评上了高级职称，这一年，她的很多同事高级职称已经评过十几年了。她说："我要歇歇了，不能活得太累了，年龄大了学啥都没有用。"

像刘老师这样的老师，现实生活中并不少见，人们把这类教师称作"佛系教师"。他们不评先不评优，不与人争任何荣誉。对待工作中的这类事没有兴趣。这些教师的专业成长速度很慢。这是不利于教师专业发展的。

有一些学校，会考虑不同年龄段教师的发展需求，为老师的相互学习搭建恰当的平台。

河北省新集中学在年轻教师的一致要求下，把新老教师结成"师徒"关系。学校在每个学科中选出两三名经验丰富、教学水平较高的骨干教师作为带班教师，安排一定数量的青年教师跟班听课。听课之前，带班教师组织同一学科的教师共同备课，做到六个统一，即教材内容、目的要求、教学进度、练习题目、演示实验、复习考试等方面基本统一。在集体备好课的基础上，青年教师坚持随堂听老教师授课，并对比自己的教学实践，发现老教师教学的妙处，找到自己的不足。之后，年轻教师上课，老教师听年轻教师的课，并给予指导。一年之后，通过调查问卷反馈，年轻教师的教学效果明显好于其他学校，老教师工作状态都很好，没有一位对工作倦怠的。

从上面的两个例子不难看出，主动学习对消除职业倦怠有很好的疗效，一个人如果没有主动学习的意识，他的认知结构就是单一的，认知水平就会长时间停留在某个水平线上，遇到新问题就可能解决不了而产生不良情绪，时间长了，人的生活状态就可能出现问题，心理问题也就自然出现。

2. 自主学习

自主学习是教师自己确定恰当的学习目标，制定详尽的学习计划和措施，运用多种手段收集学习资料，采取多种方式对学习效果进行评价，最终使个人的综合能力得到改善和升华的行为方式。

目前，我国一线教师的自主学习处于什么样的状态呢？据调查显示，很多的老师在专业发展领域是推动，拨拨转转，处于应付状态，这是教师专业发展最大的障碍。当然，这与目前基础教育领域各种检查多、教学任务之外的事情繁杂有一定关系，老师们经常感觉筋疲力尽，杂事太多，没有精力再看书学习提升。

张老师，1964年生，师范专科学校毕业，毕业之后分到了农村一所高中任教。个人素质好，教学成绩突出，是一个响当当的语文老师。1993年，她随爱人调入一个比较好的中央企业，企业内部子弟学校只有小学，没有初高中，张老师无奈做了一名小学语文教师。工作上的压力一下减轻了很多，张老师渐渐把精力放在了伺候老公、孩子和打理家务上，放松了自我学习提高的要求，推掉了培训进修的很多机会。中央企业的工资待遇不错，张老师的日子过得滋润。

2005年，企业改制，企业内部的学校移交地方管理，张老师这才发现，她的同龄人早已评上高级职称，有些甚至是特级教师了，而她仅是初级职称。有心申评，但什么材料都没有。于是，她托关系到一所高中听课，走进教室才发现黑板上老师讲的都那么陌生，她感觉自己已经远远被时代抛在了后边。2019年，张老师带着遗憾办理了退休手续。

自主学习靠教师个人的主观意识，更靠教师的恒心、毅力和主动性。

北师大实验中学特级生物教师吕灿良，在数十年的中学生物教学和研究的生涯中，深感当好一名称职的、优秀的中学生物教师不容易。除了对教育事业有一片忠心、对学生有一片爱心外，还必须坚持不懈地做到自主学，用心学才行。他认为只有像生物体那样，不断地进行"新陈代谢"，实现知识的自我更新，才有可能力争成为生物专业知识的"博学家"。他认为生物教师要学习点生物专业新进展的知识。比如说，1953年美国生物学家沃森和英国生物物理学家克里克提出了脱氧核糖核酸（DNA）双螺旋结构模型，轰动了生物学界，这一模型被认为是千真万确的生命科学新成果了。而事隔三十余年，就在1990年，我国科研人员白春礼等利用STM观察发现了DNA三链状的新结构。自此，DNA的双螺旋结构已宣告不再代表生命科学最新研究成果。

又比如说，自20世纪20年代以来，人们一直认为决定婴儿性别的是性染色体，凡是性染色体为XX者为女性，XY者为男性。而1990年美国研究人员发现，男女性别是由"睾丸决定因子(简称TDF)"决定的，并确认受精卵发育到第七周才会出现TDF。如出现了TDF，是男婴；如到第七周时还不出现TDF，便是女婴……这些直接关系到中学生物课本知识，如果生物老师一点也不了解，学生问起来，你就给不了学生科学、准确的答案。

由于中学生物课本知识很广泛，涉及方方面面，因此吕灿良认为学习生物专业知识要建立长远计划，主动广泛些，用心关注些，要当个"杂"家，懂得多一些，还要经常主动学习点生物专业的科普知识。比如，为什么花有五彩缤纷的颜色？为什么一碰含羞草的叶子它会马上合拢？为什么向日葵的花盘总是朝向太阳转？为什么小白兔的眼睛是红的？为什么炎热的夏天狗的舌头总伸出口外？为什么波斯猫的眼睛一只蓝色一只黄色？为什么驴和马杂交能生出骡子，而骡子不能生骡子呢？……诸如此类的问题，教师只要注意收集，久而久之，教师在学生心目中的"博学"形象就定型了。

自主学习的内容往往不在教材、教参中，而是随时、随地、随情景出现的，需要教师有一份静心和恒心，抱着做学问的理想信念，长期坚持才能有所积累。

3.创造学习

德国著名心理学家戈特费里德·海纳特曾指出："倘若把创造力作为教育的目标，那么实现的前提就是要有创造型的老师。"由此可见，只有老师发挥了创造性，才会有理想的教育效果。

崔老师，2009年毕业于河南师范大学，毕业后应聘到一所城市初中任教道德法制学科。入职第一年，他就强烈要求担任班主任，担任班主任期间，他制定了很多班级管理方面的创新举措，在学校班级管理领域刮起了一阵旋风，班级管理工作做得有声有色，很多班主任说："崔老师，你的创意、点子那么多，叫我们怎么做班主任呢？"业余时间，他跟着信息技术老师从做美篇学起，又晋级学习动画制作技能，五年后，他开办了自己的微信公众号，很快就拥有微粉近十万多。目前，他的信息技术水平远远超过了信息技术老师，成了全校的技术通。他把技术应用在课堂上，节节课都出彩，他说："我是技术比较好的道法老师，又是道法意识比较强的信息技术老师。"

很多老师认为创造是深奥的，创造学习是高不可攀的，从崔老师的专业成长经历可以看出，崔老师一直以积极、主动的态度从实践中学、跨学科学、向未知领域学，他的思维方式是复合的、融通的。这样的老师在教育的环境中生机勃发，创意无限，获得感满满，怎么能有职业倦怠？

第三节　终身学习应如何做

教师职业是一种综合性很高并且需要高度创造性的工作。教师的专业也是一种特殊的复合型专业。教师要想成为人师，绝不止于职前的师范专业教育，还需要不断进行学习和提高，以备将来给学生提供及时的帮助，终身学习不仅是时代的呼唤、教育发展的要求，更是教师教学的需要。2008年修订的《中小学教师职业道德规范》（简称新师德六条）中把"终身学习"列为师德的范畴，作为未来的教育工作者，终身学习更应该成为最为突出的优秀生活习惯。那么，我们该如何做到终身学习呢？

终身学习贵在找对方法。

两千年前的孔子是个活到老学到老的典范，他晚年很爱读《周易》，读到韦编三绝的程度。荀子、孟子等古代先贤也有很多关于恒久学习的论述，他们的做法值得我们借鉴。纵观古今中外的成功案例，终身学习应该做到七个完美结合。

一、学与习相结合

读书学习与社会实践相结合，也可以说是间接经验的获取与直接经验的体悟相结合。

学的主要行为是模仿。学习的方式和途径很多，空杯心态主动学，解决的是学习的态度；求学阶段广泛学，寻求的是知识的宽度；专业提升系统学，挖掘的是区域知识的深度；同伴联手交流学，彰显的是学习团队的温度；关键时刻突击学，凸显的是学习阶段的强度；终身发展持续学，呈现的是学习的韧度。

相对而言，大学阶段是一生中最美好的一段时光，精力充沛又有丰富的学习资源。第一，高校图书馆里图书储备充足，各领域的图书种类繁多，能满足学生各方面学习的需求。只要你喜欢阅读，就能博览古今，成为无所不知的智者。第二，高校网络平台资源丰富，全世界的资源冲破时空局限，任你一键获取。互联网把图书馆真正变成了可以携带的一本书，无论你身在何处、志在何方，只要你有所求，文字资料任你调遣，随时感受一呼百应的得意便不在话下。第三，大学是优秀人才的聚集地，才思敏捷的聪明人比比皆是，三人行必有我师，你能从他们身上收获很多智慧和能量。

平台不小，资源不少，学习的主动权完全掌握在每一位学生自己的手里。

只"学"不"习"，知识发挥不了应有的价值，学习者可能渐渐心生厌倦情绪。"习"是实践、应用，把学到的知识放到实际中去，会有新的思考，新思考又会激发学习新知识的欲望。对于教师职业来说，尤其要把学习和教学工作结合起来。

师范生小姜初到工作岗位时，豪情满满，工作热情非常高。一年之后，他陷入了郁闷中，工作激情开始滑坡，他感觉：实际工作与理论中学到的差别太大了，完全不是想象中的样子，明明在课堂上把例题讲得清清楚楚，可学生硬说他没听懂。每天备课、上课、辅导、催交学生作业、处理日常杂事，忙得恨不能一分钟掰成几份。但是，教学效果让人大失所望，超常的付出与教学效果根本不对等。

经过两个学年的持续教学反思，小姜的情绪曲线渐渐趋于平稳，工作热情和教学成绩明显有所提升。他说：刚参加工作时，过度依赖书上理论对教学的指导作用，吃不准学情，把握不准教学的重难点，教学中走了一些弯路，做了很多无用功。之后，做了调整，跟身边的老教师学习，学他们如何管理班级，看他们如何备课、上课、批改作业，如何处理难缠的学生，慢慢就发现，工作也不是那么难了。

《学记》中有："学然后知不足，教然后知困。知不足，然后能自反也；知困，然后能自强也。故曰：教学相长也。"意思是说：只有经过学习才知道学问的渊博，感到自己知识不足，能力有限；经过实践才知道问题的关键。知不足才能增强学习的意志，以弥补原来知识的不足。体会到教学的困难，督促自己用心备课，教学质量的提高便水到渠成。所以，教与学、学与习是相辅相成的。

二、博与约相结合

孟子主张学习既要有广博的知识，又要有精专的知识。他说："博学而详说之，将以反说约也。""守约而施博者，善道也。"所谓"博"，就是全面地学习；所谓"约"，就是抓住问题的关键、事物的精华。这句话是说，全面学习是为了掌握精华，要掌握精华也必须全面学习。这里道出了"由约而博、由博返约、融会贯通"的学习真谛。

为什么要博学？

第一，面对更多选择，好有的放矢。

据2019年11月教育部发布的2020年新增9大专业消息显示，新增的专业有氢能技术应用、人工智慧技术服务、跨境电子商务、研学旅行管理与服务、冰雪设施运维与管理等，都是当前需求最旺盛的专业，5年前，这些需求根本不存在。其实年初的时候，教育部就已经进行过一次本科专业大调整，撤销了416个老专业，增加了241个新专业。一年两次专业调整，这在以前是不可想象的。据统计，从2015年到现在，仅仅4年时间里，我们国家实际撤销的专业高达924个，新增专业将近8000个。

过去，我们都知道新行业诞生、新岗位更迭的速度在加快，但肯定感觉不到会这么快，快到学校里前几年学到的知识，到工作中没用了，职场急需的东西学校又没教，于是，为了适应未来社会，求学期间，就需要广泛学习，多维度猎取知识，以备将来之需。

第二，应对突发事件，能游刃有余。

要想工作出色，仅掌握单一的课堂教学知识是远远不够的。比如，同学们将来通过应聘做了一名光荣的人民教师。你最起码得具备教育学、心理学和相关学科的专业知识。当老师少不了与家长打交道，为了实现与家长高效沟通，你得具备一点社会学知识。带学生到综合活动实践基地参加活动，学生磕着碰着了，你得具备基本的医护知识。学生住校，为了身体健康，询问你一日三餐该怎样搭配才科学，你得具备相关的营养学的知识。男孩子淘气，话不投机拳头出手，群架打起来了，参与的人多，伤者要索赔，你得具备一点法律基础知识。

因此，多学总有益，应对挑战更从容，步入社会更自信。

当然，我们不仅要推崇博学，还要追求专业领域的学习深度，才能创造属于自己的巅峰，实现别人不可替代的人生价值。韩愈有"闻道有先后，术业有专攻"之说。

2020年春，突发新型冠状病毒性肺炎，因疫情来势凶猛，传染速度太快，人们一时手足无措，举国皆惊。关键时刻，84岁高龄的中国工程院院士钟南山在接受央视直播采访时直言不讳：基于武汉和广东案例，确认新型冠状病毒可以人传人……几乎同时，73岁的李兰娟院士也向武汉提出封城的建议。两位院士的言论令国人信服，因为他们背后是毋庸置疑的专业水平。关键时刻的国士担当为全国人民万众一心阻击疫情指明了方向、坚定了信念。

2020年1月27日，浙江省疾控中心疾病预防控制中心微生物检验所所长张严峻接受媒体采访时说：浙江省疾控中心生物安全三级实验室于2020年1月22日首批获得国家卫健委新型冠状病毒分离培养资质。1月24日成功分离到了新型冠状病毒毒株。

为什么在这么短的时间内，能够分离到病毒？

因为浙江省疾控中心实验团队是从当年SARS时走过来的，他们当年是最早分离到SARS病毒的单位，所以有很好的病毒分离经验。

人所共知，病毒要在细胞里生长，他们首先取得病人的痰液标本，经过前期处理以后把它接种到细胞里，到了第3天，发现这个病毒已经在细胞里生长，而且生长速度比较快，通过鉴定以后就获得了病毒的分离毒株。

病毒的分离，对之后疫苗的研制、药物的研发，还有诊断试剂的开发，做好了重要的基础工作。

可见，现代高阶技术的发展离开精深的专业知识寸步难行。

从2020年春天这场冠状病毒疫情防控战来看，我们中国在多个领域的专业技术水平已经处于世界领先地位，我们正在以一个大国的担当构筑世界发展共同体，与世界各国一道共同发展。

三、序与恒相结合

序，指的是循序渐进。

孟子认为学习必须按部就班，依次序进行，先易后难，先少后多，先低后高。他说："流水之为物也，不盈科不行；君子之志于道也，不成章不达。"意思是说流水这个东西，不把坑坑洼洼填满是不会向前流的；君子立志于道，不到一定的程度不能通达。他以流水为喻说明，学习必须脚踏实地，一步一个脚印地进行，学习必须打好基础，练好基本功。

齐老师是位在职的小学语文教师，十几年的教学经历丰富了她的职业历程，但也让她有了一种知识储备被掏空的感觉，她决心考研以充实自己。备考期间，面对繁杂的备考内容，她摸索数日，最终按自己的理解把需要准备的知识由浅入深、由表及里画出了一棵"知识树"，然后"由枝到干再到根"进行逆向有序复习，效果很好，最终如愿，再次用实力敲开了大学的门。

在高校研修期间，她学以致用，静心反思日常教学的细枝末节，结合所教学生的认知特点，按年级有序把诵读引进课堂。到了小学四、五年级，学生掌握了诵读的技能后，她适时筛选"诗经"中的部分篇目充实于教学中，在润物无声中，把传统文化的传承做得恰到好处。

恒，是指学习要持之以恒。

孟子认为，要把学习搞好，必须有坚强的意志，有持之以恒的精神。他说："源泉混混，不舍昼夜，盈科而后进，放乎四海。"意思是说，学习要像流水一样不舍昼夜，自强不息，勇往直前。他还说："有为者辟若掘井，掘井九轫而不及泉，犹为弃井也。"意思是，学习要像掘井一样，必须坚持到底，切不可有始无终，功亏一篑。学习中，要做到持之以恒，就必须树立信心，培养意志，切不可遇难而退，更不可自暴自弃。

荀子更强调学贵有恒。他说："骐骥一跃，不能十步；驽马十驾，功在不舍。锲而舍之，朽木不折；锲而不舍，金石可镂。蚓无爪牙之利，筋骨之强，上食埃土，下饮黄泉，用心一也；蟹六跪而二螯，非蛇、鳝之穴无可寄托者，用心躁也。"这段话中，荀子用良马与劣马在行程上付出的努力相对比，用人雕刻朽木和金石所下的功夫相对比，用蚯蚓与螃蟹的行为方式相对比，形象地论述了有无恒心造成的截然不同的结果。

现代人学习，普遍缺乏恒心。一是工作生活节奏太快，从早到晚不停地奔波，少有停闲的时候，体力支出速度远远快于灵魂思维速度，很少有人把精力专注在一个目标的实现上。二是世界发展速度太快，新生事物不断涌现，带给人的诱惑太多。为了追逐事物表面的浮华和短期内的价值呈现，很少有人定力于把一件事情长久做下去。与先贤相比，现代人关注物质层面的东西多于精神层面的东西，关注短期的成效多于长期的效益。

李明是大三学生，三年前，他以不错的高考成绩考入了上海一所大学。大一学的是土木工程，一年时间，他被复杂的计算弄得几近崩溃。他决定转专业，脱离枯燥的计算魔掌。暑假，他如愿转到了心仪的应用心理学专业。学了两年，他发现这个专业也不讨人喜欢。临近毕业,他又感觉电子音乐制作比较适合他。

心理学研究表明,学习者在学习各种新的知识和技能过程中,其能力和水平的发展并不是直线上升的,一般要经历以下四个阶段:

第一是开始学习阶段。这个阶段由于要了解、摸索新规律,所以提高较慢。

第二是迅速提高阶段。学习者初步掌握了学习规律,成绩明显提高,信心十足。

第三是学习高原期。学习者这个时候已经掌握了一定的知识,水平也提高了,剩下的多是疑点、难点,加上心理等因素的影响,进步速度比较缓慢甚至停滞。

第四是克服高原阶段。学习者坚持学习,不断探索、改进学习方法,学习成绩又开始逐步上升,能力水平达到新的高度。其如图2所示。

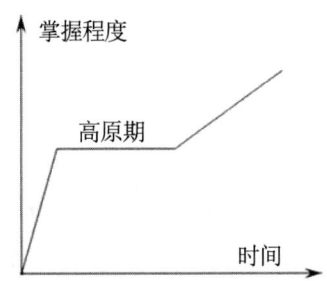

图2 学习过程中的"高原现象"

一般来说,"高原现象"是学习过程中迟早都要面临的,当进入高原阶段,如果能坚持,有恒心,就能更上一层楼,反之则徘徊不前,难以超越自我、突破瓶颈。

其实,任何专业都有学科难点,作为年轻人,应该培养攻坚克难的决心和持久坚持的恒心,学一行爱一行钻研一行,而不是浅尝辄止,遇到困难就拐弯。持之以恒是成功不可或缺的条件。

恒心的确立主要在两点:一是要抵制不符合行动目的的主观因素的干扰;二是要持久地维护已经开始的符合目的的行动。对终身学习者来说,维护恒心很重要。即使一个很有自信心的人,如果长时间经历困难和失败,其自信心也会受到严重干扰。此时,若没有恒心做支持,他只会半途而废,一事无成。

维护恒心要注意两点:第一,要充分估计到要做的事情的困难。遇到困难前,如果你有充分的思想准备,碰到它时就不至于束手无策、惊慌失措,要做的事就能坚持下去。第二,要在困境中看到光明,不断坚持。事实证明,很多时候,我们在前行中已经战胜了大部分困难,可是最终多数人并没有达到成功的彼岸,源于缺少坚持。1902年物理学诺贝尔奖获得者德塞纳曾经说过:"科学上的每一个难点都要一鼓作气,研究到一个阶段才能释手。半途而废,以后再来,就会浪费很多的时间,你我一生没有多少时间能够支配。"这一席话振聋发聩,不仅警醒了每一个科研工作者,更让每一个有志者矢志不渝。

四、求与得相结合

求，指追求、寻求、探求。"求"表现在学习的主动性、专心程度和勤奋程度上。主动、积极是一种做事的根本态度，是发自内心的愿意，对于一个人成功与否起着决定性的作用。试想，如果你主动了，就不再需要别人强迫你、监督你，你会为自己制定科学合理的学习规划，就能事半功倍地达成自己的目标，何乐而不为？

孟子非常重视学习的主动性和积极性，他说："君子深造之以道，欲其自得之也，自得之，则居之安；居之安，则资之深；资之深，则取之左右逢其源，故君子欲其自得之也。"意思是，一个人在学习上依循正确的方法来得到高深的造诣，就是要求他积极主动地有所得；积极主动地有所得，就是巩固掌握所学的东西；能够巩固掌握所学的东西，就能逐步积累丰富的知识；能逐步积累丰富的知识，在应用的时候，就能得心应手、左右皆宜，就能追本穷源、透彻理解。

宋代的程颢、程颐也主张学习要自求自得。他们一再指出："学莫贵于自得，得非外也，故曰自得。""自得者所守固，而自信者所行不疑。""义有至精，理有至奥，能自得之，可谓善学矣。"

现代某生物研究所曾经进行了一个很有意思的实验，实验人员用很多铁圈将一个小南瓜整体箍住，以观察测试南瓜逐渐长大时对这个铁圈产生的压力，实验者估计南瓜最多能够承受大约500磅的压力。第一个月，南瓜承受了500磅的压力；实验到第二个月时，这个南瓜承受了1000磅的压力；让它承受到2000磅压力时，研究人员必须对铁圈加固，以免南瓜将铁圈撑开；当研究结束时，整个南瓜承受超过了5000磅的压力后，瓜皮才开始破裂。

人们打开南瓜后，发现他已经无法食用，因为里边充满了坚韧牢固的纤维，试图要突破包围它的铁圈。为了吸收充分的养分，以便于突破限制它成长的铁圈，南瓜的根部甚至延伸到超过2.4万米，所有的根往不同的方向全方位的伸展；最后，这个南瓜独自控住了整个花园的土壤与资源。可见，主动生长的力量远远超出了人们的想象。

"求"得专注，才可能有所"得"。

明代王守仁要求学生："讽诵之际，务令专心一志，口诵心惟，字字句句，细绎反复，抑扬其音节，宽虚（舒）其心意，久则义礼浃洽，聪明日开矣。"这段话是说，读书时必须注意力集中，一面诵读，一面积极思考，每字每句，都反复阐述其含义。在朗读时，要抑扬顿挫，音节和谐，使人心情舒畅，久之便能使学生受到感染，于潜移默化中使他们在礼义道德和智慧方面得到发展。

我们诸多向学之人，若能做到如先贤所说，求之必得矣。当然，"得"要比"求"之少。毕竟，只有历经大浪淘沙般"求"的艰辛，才能"得"到令人若狂的真金。

"求"是预案、是设想,"得"才是经过"炼丹炉"后的收获。

五、存与思相结合

存,积也。

荀子主张学习贵在积累。他以生动的事例阐述积累在学习中的重要作用:"积土成山,风雨兴焉;积水成渊,蛟龙生焉;积善成德,而神明自得,圣心备焉。故不积跬步,无以至千里;不积小流,无以成江海。"积累是实现"学不可以已",从而丰富知识、增长才智的重要途径。人的渊博知识和良好品德都是在长期的学习积累和实践中逐渐形成的。

现代人也深知"存"的重要性,"厚积薄发"、"腹有诗书气自华"是最精辟的注解,它提醒我们,只有平日注重"存",用时才有可"取"之处。有"存"大脑不空,但只"存"不思,所存内容并无实际价值。

孔子曰:"学而不思则罔,思而不学则殆。"孟子说:"心之官则思,思则得之,不思则不得也。"意思很明确,学习必须用心,积极思考;积极思维,就能获得知识,否则就一无所得。宋代程颢、程颐著述:"为学之道,必本于思,思则得之,不思则不得也。""不深思则不能造于道,不深思而得者,其得易失。"他们把思维看成是学习成功的关键,是记忆的前提。

"熟读精思"是朱熹推崇的读书方法之一,他主张读书要熟读成诵,然后反复玩味才更有实效。

小刘大学学的是图书管理专业,毕业后被分到某市新华书店工作,他常常自嘲说自己是个"卖书"的。就这么一个"商人",近五年内出版了四本书。

小刘的微信昵称叫"边走边读",他不仅每日雷打不动,早上5点30分起床晨读,常以"边走边读者曰"发一些短文,短文的内容有些是看到的名人名言,有些是睹物后的感思,有些是能启人心智的故事,有些是对某本新书的简介。所发文字字数不多,但信息量和冲击力很强,每每看到,确能催人思考。

每过一段时间,他就会利用一个周末,把这些短文和晨读时的阅读笔录汇集在一起,将碎片化的资料归类整理。进入下一个阶段的"边走边读者曰"。用他的话说:"出书不难,难的是积累和思考的过程,以及长久地坚持。"

所以,"存"和"思"是一对孪生姐妹,在积累的基础上深入思考,才能活学活用,最大程度发挥积累和思考完美结合的价值,成就人生道路上有独特生命体验的自己。

六、知与行相结合

王阳明提出：行是知之始，知是行之成。

孔子主张学以致用，知行统一。荀子也主张学以致用，身体力行。这里所说的"知"，不是知道，而是良知，是每个人内心与生俱来的道德感和判断力。找到并遵循内心的良知，复杂的外部世界就将变得格外清晰，制胜决断，聊然于心。一位教师，只有具备为师的良知，才能在思想上树立热爱学生、尊重学生、严于律己、敬畏职业的意识，才能对教育教学工作充满责任感。

教育工作者必须具有一种深沉崇高的"教育爱"，它是教师职业道德的基础。大量事实表明：只有处于亲近、爱护、关心、信赖和愉悦情感状态的学生，才能主动地敞开自己的心扉，体验成长的乐趣，使教育获得好的效果。传统教育没有把学生真正摆到"人的教育"的主体地位，没有唤醒并发展学生的主体意识，最终造成教师苦教、困教和强行教与学生苦学、困学、厌学甚至拒学之间的恶性循环。只有尊重学生，把"人"当人，才能突围教育的这种窘境。

教师职业的特殊性还要求每位为师者身正为范、严于律己。言教的真理性与实践的可能性首先应表现在教师的行动中。一个教师言行不一致就必然会使学生对教师产生怀疑，对道理可以转化为实践的可能性产生动摇。这种情况一旦出现，就可能使教师的梦想化为乌有，甚至可能产生负效应。

青少年正处在社会化的过程中，他们的可塑性大、模仿性强，有理想、有追求。这些都是他们愿意学习教师、甚至模仿教师的原因。尤其是小学生对教师十分尊重、信赖，常把教师当作自己的偶像。教师的言行随时随地潜移默化地影响着学生。教师强烈的责任感，能帮助学生端正学习态度；教师对学问精益求精的探求精神，会熏陶学生对待学业一丝不苟；教师对同事的友善亲近，会促进学生团结互助；教师的兴趣爱好，会使学生着色丰富的学习生活……当然，教师的不良品德也会对学生有消极影响。所以，教师要加强自身思想、品德及文化知识等各方面素质的培养，严以律己，遵守各种规章制度，养成良好的生活习惯，做好学生的榜样。

姚老师，2000年毕业于某市教育学院。毕业后应聘到一所市级初中就职。与同行相比，刚到单位的他文凭不高，课不出色，成绩平平，工作中常常处于被动。不服输的姚老师决心改变现状，当他得知很多名师都是通过读书迅速成长起来的之后，便给自己定了一个目标：每年阅读40本以上的以教育教学类为主的书籍。

自此，痴迷于阅读就成了姚老师茶余饭后的生活常态，一年下来，才疏学浅的他自信心大增。几年之后，他发现自己每年的阅读量都在60本以上，于是又调整计划，要求自己每年读书70本以上。平常日子里，他充分利用所有的边角时间，课余间隙里书不离手，餐厅里、出差路上都留下了他醉心读书的身影。

"阅读是积累，写作是沉淀"，姚老师不忘及时整理自己的读书笔记，随时把读到的教育教学类的感悟用文字记录下来，逐渐形成了自己独特的教育思想体系。他的这个习惯坚持了将近20年，如今的姚老师不仅是学科教学的专家，还是同行写作的典范。他的成长大家都看得见，他在分享自己的成功经验时，多次谈道："是知行合一成就了我。每个人都知道读书能使人进步，但少有人静下心来去践行，我只不过把自己知道的道理变成了行动而已。"

七、劳与逸相结合

劳逸结合是指学习与休息、娱乐相结合。《学记》很重视劳逸结合，如："君子之于学也，藏焉，修焉，息焉，游焉。"其大意是，君子的学习，在已经掌握知识的基础上，进修更高深的学问，既需要安静休息，也需要外出游览，以便劳逸结合，开阔眼界，增强学习效果，巩固学习兴趣。这样心情舒畅，不感到学习的压力，就能安心学习。

列宁也曾说过：休息是为了更好地工作。不会休息的人就不会工作。前面关于"劳"的话题谈的不少了，下面就"逸"略作表述。

说到休息，首先想到睡觉。科学研究表明，睡眠对人体极为重要，睡眠充足，人体细胞的各项功能能够得到修复，人的精力很快就会恢复，更利于下一阶段的学习工作。

于娟是复旦大学一名优秀青年教师，一个两岁孩子的母亲。2009年12月被确诊患上了乳腺癌，2010年1月2日于娟被进一步确诊乳腺癌晚期，2011年4月19日凌晨三时许，于娟辞世。

于娟在生死临界点的时候，反思自己以前的生活，写出了肺腑之言：在生死临界点的时候，你会发现，任何的加班，给自己太多的压力，买房买车的需求，这些都是浮云。客观科学、不带任何感情色彩地去分析总结一下，为啥是我得癌症。做这件事对我并无任何意义，但是对周围的人可能会起到防微杜渐的作用。

于娟认为，长期熬夜和突击作业可能是她罹患癌症的罪魁祸首。

熬夜直接危害肝脏。熬夜时，人体中的血液都供给了脑部，内脏供血就会相应减少，导致肝脏乏氧，长此以往，就会对肝脏造成损害。所以，"长期熬夜等于慢性自杀"的说法并不夸张。因此，医生建议人们从23时左右开始上床睡觉，次日1至3时进入深睡眠状态，好好地养足肝血。

于娟说："我是自控力不强的人，即便在开学伊始我就清楚明确地知道自己应该好好读书，否则可能哪门考试就挂了，但我仍然不能把自己钉死在书桌前。每当我想起来好好学习的时候，差不多就离考试也就两个星期了。然后我开始突击作业，为的是求一个连聪明人日日努力才能期盼到的好结果好成绩。所以，每当我埋头苦学的时候，我会下死本地折腾自己，从来不去考虑身体、健康之类的词，我只是把自己当牲口一样，快马加鞭、马不停蹄，日夜兼程、废寝忘食，呕心沥血、苦不堪言。最高纪录一天看21个小时的书，看了两天半去考试。得病后我反思之前的种种错误，认为我从来做事不细水长流，而惯常地如男人一样，大力抡大斧地高强度突击作业是伤害我身体免疫机能的首犯。"

还有一种休息是转换学习内容。比如，学习理科知识的间隙可以穿插文科内容的学习，阅读文字的间隙可以看看画报的页面；学习一周了，周末可以看场球赛或电影。据有关资料显示，大脑皮质的一百多亿神经细胞，功能都不一样，它们以不同的方式排列组合成各不相同的联合功能区，一个区域活动，另一个区域就休息。所以，转换学习内容也是一种休息。

对于脑力劳动者来讲，运动也是一种很好地让大脑彻底放松的方式。人体运动时，大脑会分泌一种叫内啡肽的物质，可以帮助合成体内的血清和多巴胺，多巴胺能让人感到快乐。所以，保持运动是个好习惯。

读万卷书，行万里路。有人感觉，旅行能让人身心彻底放松。所以，有机会的话可以来一场说走就走的旅行，到心仪的地方走一走，呼吸一下新鲜的空气，浏览一下苍穹下的美景，对身心都是一种休息。

休息过后，再投入学习状态，精力会更集中，效率会更高，心情会更愉快。

以上七个结合，只是终身学习主题下几种方法的粗浅提炼，而更全面、更深刻的交流还有赖于在实践中继续探索。习近平总书记曾指出："努力发展全民教育、终身教育，建设学习型社会……"这是对全体国民的希望，更是对教育人的鞭策，未来学习型社会建设需要我们加倍努力。

本章小结

教师职业是一个特别需要学习的职业，教师应充分意识到终身学习的必要性，并根据具体情况，利用一切可以利用的资源，通过不断学习提升自身各方面的素质，以有效促进教师职业生涯的发展，不断进行生命优化，真正实现职业和自身的双重发展。

思考题

1. 孔子的博学首先表现在有一个好学的态度，其次是"终日不食，终夜不寝"的真学行为，但反思我们自身，需要做怎样的改变？

2. 平时我们有很多边角时间，都是怎么安排的，科学与否？能否梳理一下，用在学习上的有多少？能不能做一个调整？

3. 作为未来的教师，认识到了终身学习的意义，你对自己的职业有什么规划？

4. 了解了丁桃红老师的成长经历，你有什么感想？你对终身学习有新的认识吗？请与大家分享。

5. 王老师的成长经历对你有什么启发？你了解自己吗？适合你的行走姿态是什么？

6. 张老师的经历给你带来了什么启发？为什么教师要坚持学习？终身学习的目的是什么？

7. "学"与"习"不可分离，你是如何践行"学"后"习"的？

8. 你是如何处理"博"与"约"的关系的？

9. "序"与"恒"看似不在一个维度，实则不可分离，你怎么理解？

10. 对"求"与"得"的关系你怎么梳理？

11. 你对"积累"和"思考"之间的关系是如何定位的？结合自己的学习经历谈一谈。

12. 你对"知""行"合一有什么见解？请分享。

13. 你对教师的终身学习有什么看法？请表述出来。

参考文献

[1] 张奇.教育：学习理论 [M].武汉：湖北教育出版社，1998.

[2] 尚阳.心理健康：你在为谁读书 [M].武汉：长江文艺出版社，2012.

[3] 度阴山.传记：知行合一王阳明 [M].北京：北京联合出版公司，2015.

[4] 卢盈，刘文穗.终身学习——教师职业能力的源泉 [J].职业，2012(03)：24-25.

[5] 丁辉，任建华.香港终身学习政策发展探析 [J].职业技术教育，2012-33(01)：81-84.

[6] 王永红.终身学习理念下社区教育体系的构建 [J].中国成人教育，2012(01)：41-43.

[7] 杨旭浩.习近平教师终身学习思想及其战略意义 [J].高等继续教育学报，2019-32(04)：34-39.

[8] 孔德生，张玉杰.新时代教师的职业修养 [M].长春：吉林出版集团，2012.

第十章　职业实践：教师专业发展的方法

〔名人名言〕

未来的教师在职培训，将不被看作是"造就"教师，而是帮助、支持和鼓励每个教师发展他自己所看重、所希望增加的教学能力。占指导地位的、被普遍认可的精神，将是把学习本身放在最重要的地位。

——泰勒

〔学习目标〕

1. 了解学校师徒制的由来；理解师徒制在学校中的运行和实施方式。
2. 了解课例研究的内涵；清楚国际课例研究的典型模式；掌握运用课例展开研究的方法。
3. 了解教师反思的定义与类型；了解教学反思的过程；掌握教学反思的主要方法，并能够在实践中运用。

〔知识导图〕

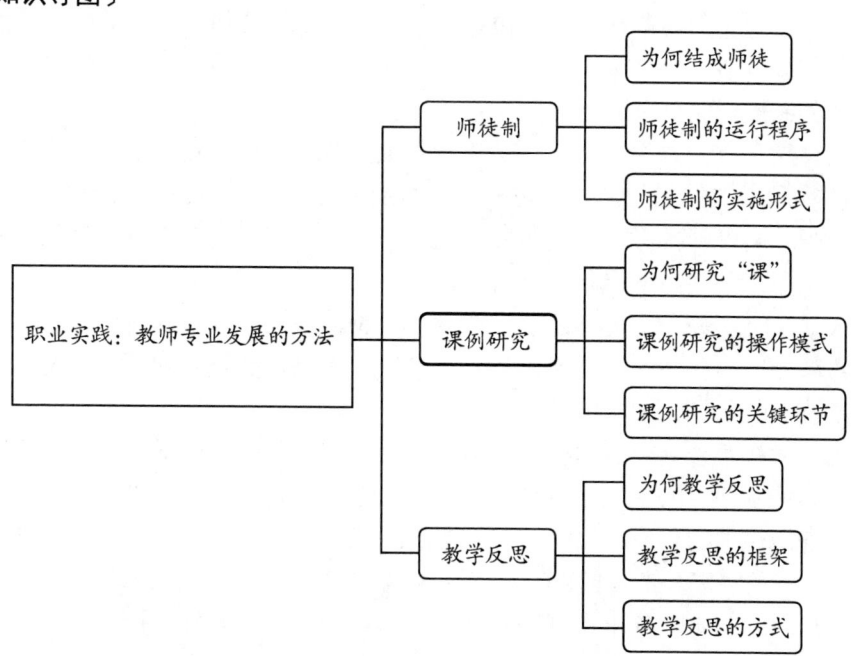

对于教师这一职业，学会教学、改进教学、走向卓越是极富智力和情感挑战的任务。在这个进程中，教师应秉持在情境中学习、实践中研究、对话中反思的理念。掌握知识与技能、参与学习社群、开展合作研究被视为教师学习的三种路径。各种教师专业发展方式并不是各自孤立的，相互间都蕴含着教师专业发展的要素。

第一节 师徒制

G.H. 米德（George Herbert Mead）认为，社会角色和行为的掌握是由于模仿他人的角色言行而获得的，因而模仿在人们的个体社会化中起着重要作用。在师徒制中，一名教师成长过程中应向师傅"模仿"什么以及如何去"模仿"？

一、为何结成师徒

师徒制起源于技艺学习的经验，是最早的教育形式之一。它是职业新手在有经验职业人员或专业人员指导下，依靠具体实践的学习而获得职业或专业技能的教育方式。这种教育方式在许多行业都不同程度地存在着，并为职业新手逐步适应、承担起某一行业的工作发挥积极作用。

（一）学校师徒制源起

学徒制的最初形式是为了生存，父辈通过口耳相传的方式将生产和生活经验传授给自己的后代，而晚辈则通过模仿在边干边学中习得这些生存技能。11世纪，欧洲行会兴起并发展，学徒制成为中世纪手工业行会的显著特点之一，师徒制逐渐从私人性质的制度过渡到公共性质的制度。中世纪学徒制不仅促进了手工工业的持续发展，而且还具有一定教育意义。从行会师徒制数千年的发展历史看，师徒制是一种有效的传承手工技艺的途径和方式，主要有几个特点：首先，由于学徒人数少、学习期限长，不仅师傅可以全面照顾学徒的学习，还有助于学徒的技艺真正提高到工艺师的水平。其次，学徒制是在公共监督下的一种教育形式。从师徒合同到学徒期限、人数、时间等一系列问题确立，为学徒制的效果提供了保证。在此，技术教育、品德教育同时并举。师傅不仅要传授技艺，而且还要进行包括读写算、道德品质和宗教教育在内的广泛教育。

现代教师教育领域中的师徒制借鉴了行会师徒制的一些思想和做法，但两者又存在很大的区别，因为手工业传授的是根植于个体动作系统的技艺，而教育传授的则是具有普适性的文化知识。现代教师教育是义务教育制度发展的产物，古代由于社会发展水平的局限和专业的教育理论尚未成形，并没有提出专门师资培训的要求，无论官学还是私学中，基本上都不存在近代学校中的教师群体，因此也就无所谓教师中的师徒关系。而正如一般职业训练中现代学徒制的建立是基于对职业教育和学徒制的重新审视一样，现代学校在职培训中师徒制的形成也是对以往的教师职前教育和传统教师在职培训反思后的结果。

所谓学校师徒制就是由学校挑选经验丰富的老教师与师范生或新教师结成具有师徒关系的"对子"，通过作为师傅的老教师来带领徒弟适应教学生活。西方社会中这种关系多表述为指导（Mentoring）或辅导（Coaching），多用于新教师的入职教育中。这种制度的优势在于基于教学实际情境帮助新教师解决实际的教育教学问题，在同一实践场域中的交流指导更加快捷，指导也更有指向性。通过带教关系能更精准地发现新教师的问题和需求，也就能够更有针对性地提供指导，帮助新教师快速习得教学相关知识、技能，理解和认同学校价值观念，促进新教师快速成长。

（二）学校师徒制类型

学校师徒制中师傅与徒弟的关系可以分为三类：（1）行政层面的师徒关系。这种师徒关系的发生完全依赖于学校行政组织上的安排，诸如学校教导处、年级组的统一活动，师徒将带教活动视为学校统一安排的一种行政任务。师徒分属不同的教师层级，上下等级分明，各自分工明确。（2）专业范围的师徒关系。这种师徒关系更多地依赖于专业组织和专业活动，如教研组、青年教师专业发展小组和公开课等。师徒关系的维系除了学校行政方面的约束外，更多的是师徒双方处于共同的或不同层次的专业发展需求，注重师徒的共同改进、共同提高。（3）私人领域中的师徒关系。学校中除了教导处、教研组、年级组这些正式组织之外，实际上还存在着一些或公开或隐蔽、或紧密或松散、规模大小不一的非正式组织。由于这种非正式组织的存在，带教过程中形成的师徒关系往往会在双方的私人领域得以延伸，这种私人关系在一定程度上会有利于巩固师徒关系，交往从最初的工作领域逐渐延伸至生活领域。这时师徒两人在改善教学、同事关系、师生关系的同时获得了更多的自信，发展了支持同事发展、学校改善以及促进学生发展的责任心。

师徒制可以在教师教育中各个阶段实施：师范生在实习阶段与实习学校的教师结成对子；新教师在入职初期与所在学校有经验的教师结成对子，形成师徒关系；为帮助已具有一定工作经验的教师成长为骨干教师，校内经验丰富的骨干教师或校外知名教师与校内教师结成师徒关系。不管是哪种层面或哪个阶段的师徒关系都应建立在平等、互惠的基础之上，唯有如此，师徒制的效果才能得以最大限度发挥。

二、师徒制的运行程式

（一）带教关系的建立

师范生进入实习场域，新教师入职后，所在学校通常都会为他们指定一位指导教师，此时，工作意义上的带教关系也就确立了。西方学校中带教关系建立，从人员配置角度讲，除要求师徒最好在同一年级或学科，最好配备多个指导教师，还认为师徒双方要有相似的个性或教育哲学，理念与教学风格最好接近。从关系建立角度，认为带教关系是师徒间激发思想和创造伙伴关系的过程；带教过程是结构性的对话过程和师徒共创的过程；对于师傅来说，也是自我反思、自我认知、自我调整和自我成长的过程。[①]

我国师徒制较通行的方式是由学校从备课组中挑选经验丰富的老教师与新教师结成具有师徒关系的"对子"，通过作为师傅的老教师来带领作为徒弟的新教师或师范生适应教学生活。常见措施有：第一，以学校的名义聘任老教师为师傅，并颁发聘书。期限通常为一年，即涵盖新教师的整个见习期或师范生的实习期。第二，要求徒弟备课时应与师傅商量，上课之前教案应该经由师傅检查通过。第三，要求新教师或师范生和老教师互相听课，并达到一定的次数。徒弟通常要写听课笔记和体会，师傅听课后应进行评课，并撰写一定数量的书面报告。第四，要求师傅对徒弟的教学进行若干次书面评估，并上报学校，作为新教师见习成绩或师范生实习成绩的重要评价依据。

（二）带教责任的确立

师傅是带教活动的重要主体，师傅的素质是影响带教效果的重要因素。在带教过程中，师傅要承担两类角色，一类是职业功能，包括给予新教师机会、指导并支持他们、保护同时挑战他们；另一类是社会心理功能，包括角色模范、咨询、接受、认可、成为朋友。具体而言，定期地与徒弟会面，包括正式的和非正式的；在学校的日常运作中对徒弟进行指导；为徒弟观摩其他老师的课提供机会；为徒弟上示范课；听徒弟教师的课，并提供反馈等。其具体情况见表1。

---

① Knight, J. Better conversations: Coaching ourselves and each other to be more credible, caring, and connected[M].Thousand Oaks, CA: Corwin, 2016: 78.

表 1　约翰逊关于师傅带教活动责任的规定

约翰逊（Kathleen Feeney Jonson）认为，带教任务主要有：直接帮助；示范教学；观察并反馈；非正式接触；帮助制订职业成长的行动计划；树立职业榜样。具体来讲，这六类又可细分为二十条。	
1. 与新教师分享学校的礼仪和传统； 2. 引领新教师熟悉学校的日常运作； 3. 解释学校的办事流程和规定； 4. 与新教师一起做头脑风暴、开发教学方案； 5. 间或提供自己的教案； 6. 提供课堂管理技巧方面的建议； 7. 扮演家长模拟演练家长会议； 8. 一起检查学生作业； 9. 给新教师开示范课； 10. 示范如何做教学记录； 11. 安排新教师去听其他老师的课，然后同他讨论他所观察到的东西；	12. 观察新教师的教学，并提供反馈； 13. 与新教师定期会晤，包括正式与非正式的会面； 14. 支持新教师，提供咨询意见，必要时提供自己的看法； 15. 通过提问帮助新教师找出需要优先考虑的事情； 16. 帮助新教师制订职业成长的行动计划； 17. 分享资源，包括教学资料、专业文献等； 18. 一起参加工作坊； 19. 在职业的方方面面做出榜样； 20. 鼓励新教师进行反思。

各国对师傅的责任都有明确和详细的规定。我国一般是选择知识渊博、经验丰富、教育教学能力强、在教师中有威信的骨干教师，责任主要是承担教学辅导。在国外，对带教者责任要求除了指导教学，还要担负沟通合作的领导责任，这就对带教者的心理素质、指导技巧等方面有要求。例如，澳大利亚要求带教者要有接受新教师对自己提出批评意见的心理承受能力，要把对新教师的指导当成自己专业成长的一种方式。美国提出指导老师不仅要善于为新教师提供教学方面的支持，通过听课及课后的讨论与新教师分享教育理念，还要能够接受各种类型的新教师，包括业务基础差的、过于自信的、不老练的、戒备心理强烈的等；能够用新教师可接受的人际关系方式来调节自己的指导行为；并善于向新教师传递希望和乐观主义精神。

教育部关于加强和改进基础教育工作的要求

2019 年 11 月，教育部发布《关于加强和改进新时代基础教育教研工作的意见》，提出了教研员专业标准。首次提出了教研员应具备的基本条件，主要包括政治素质过硬、事业心责任感强、教育观念正确、教研能力较强、职业道德良好等五个方面，其中，教研能力较强主要包括教育理论功底扎实、教学经验丰富，原则上应有六年以上的教学工作经历，具有中级以上专业技术职称等要求。同时，要求各地严格按照专业标准和准入条件完善教研员遴选配备办法，配齐所有学科教研员，并建立教研员定期到中小学任教的制度。

想一想：教研员角色与学校师傅的角色区别和联系？

（三）带教计划的制定

带教目标的确立是制订计划的首要一步。下面，以一所中学带教方案中的目标为例，我们看一看带教计划的关注点。

上海市P区Y中学在带教方案中提出的三个关键目标[①]

1. 发现和纠正学科教学知识上的问题，厘清学科组织结构，认同学科价值，全面优化和更新知识结构及内容，满足学科教学需要。
2. 理解和认同新课程理念，学会学情分析和教学设计，掌握新课程理念下的学科教学方法与策略，提升教学专业技能。
3. 学会学习与反思，实践中不断更新教育理念，坚定教育信念；形成爱岗敬业、爱生乐教的职业情怀和良好的职业道德。

这个目标反映出其计划关注两方面：一是关注学科知识基础和教学专业技能的培训，它涵盖课程标准学习以及基于教材分析和学情分析的备课、说课、作业设计、学生评价等过程；二是关注批判反思能力、教育信念等策略性知识的传习，教育理念的传习渗透在班组活动、学科教研等学校各类工作和活动中。

西方带教计划的制订更为关注指导教师素质和配套措施。例如，带教教师要精心准备并足以胜任，具备积极聆听、有力提问和有效反馈等核心能力；指导的重点主要以实际的教学技能（课堂教学、班级管理等）的提高为主，同时辅以心理素质、人际交往等心理社会支持（如何学会面对压力、如何与同行交往等）；同时，学校要保证充足的带教时间，用在建立起信任关系、设定聚焦而具体的目标、进行基于学生和专业学习的循证对话等方面。

三、师徒制的实施形式

运用师徒制，教师职前阶段的学徒观察对师范生起到潜移默化的作用；对新教师进行入职教育，指导教师发挥着引领角色；职后教师间建立的学习共同体拓展师徒作用的发挥。

（一）学徒观察

在教师职前教育阶段，学习教学作为教育活动的一种重要形式，也是经验的修正和增长过程，无论是典型的学术课程还是实习过程中的实地经验，都是构成师范生学习教学的经验的集合，成为学生获得正式教师资格的必备基础。师范生在立志成为教师、接受教师教育之前，已经带有丰富的经验体认。对这一现象做出敏锐觉

---

① 陈群波.基于师徒制的教师知识转移研究[D].上海：华东师范大学，2016：72-73.

察并明确提出的便是丹·罗蒂（Dan C. Lortie），他于 1975 年在其《学校教师：社会学的研究》(*Schoolteacher: A Sociological Study*) 学术论著中提出一个核心概念：观察学徒（apprenticeship of observation）。几乎每位职前教师在学习教师教育课程前就已经有了十几年的课堂学习经验，已经形成有关学习、教学和课程的个人观念，这也称为"学徒观察"。

学徒观察的问题在于往往只能了解和模仿教师的外显行为，因为他们无法了解并参与事前准备和事后分析，仅通过学徒观察无法体会教学的复杂性，无法获得系统的专业知识与能力。因此，要学会教学，首先就要成为一名参与者去观看幕后所发生的一切，帮助师范生摆脱学生时代对教学的成见，从而以教师的身份重新认识教学。"学徒观察"难题不仅会阻碍师范生学会教学，也可能成为在职教师改进教学的绊脚石。教学经验会成为教师观察、解释教学现象的过滤器，但过滤掉的仅仅是老师认为不重要的现象，这可能会导致教师对新颖教学处理的教育价值的错误判断。例如，提出"以儿童发展为本"的教育价值观，这句话教师可以从字面上记住它。但是，记住它并不等于教学中实践了，在教学实践中慢慢形成这种观念，教师要理解它，并要用行为反映它才最终实现。那些可以行为化的、可以观察模仿的次之，那些既说不太清楚又没法示范模仿的最难转移。这样师徒之间的交流，需要新教师在"说"和"听"的基础上，更要多去"看"、"问"、"悟"。

（二）指导教师引领

学会教学方面有一些独特的、持续的挑战。有三点特别突出：第一，学会教学需要新教师以不同于自己做学生的经验思维来理解教学。第二，学会教学不仅要求新教师学会"像教师一样思考"，而且要"像教师一样行动"。第三，学会教学需要新教师理解并对高密度、多面性的课堂做出反应，教育学术和社会等多重目标，每时每刻都要权衡决策。新手教师通常通过模仿或不断尝试和试错的过程来理解教学。因为，处于高阶段的教师对于处于低阶段的新手教师在知识、技能、观念等方面能起到很好的引导和促进作用，而这些恰恰是构成教师专业素养的核心内容。而且，新教师在面对"现实的冲击"时，采取的态度有两种，一种是被动适应和顺从现实，另一种是主动应对和促进变革。而好的指导过程可以引导新教师从前者转向后者。

著名特级教师于漪的教学感悟

著名特级教师于漪曾经说过："刚入职的新教师上语文课，是从模仿开始的，突出特点是几乎没有教学上的创造；从语文教材的处理，教学环节的设计，教学方法的运用，甚至教学语言和体态都是一招一式的模仿，套用，或是直接移植别人的成功经验。从我带教的徒弟，现在有的已成为语文特级教师的成长历程来看，这样的积极模仿是必不可少的。它就像学生写字从描红开始，先入格才能出格。"

想一想：在师徒制中，一名教师成长过程中应向师傅"模仿"什么以及如何去"模仿"？

指导过程促进新教师的成长，也对指导教师有着重要的作用。例如，分享经验的同时加强了教学反思；为指导教师自身的再学习提供机会。两者的互动过程是一个主动的学习过程，是徒弟迅速实现新手成长的必经之路，也是师傅迈向反思型、专家型教师的一条途径。师徒双方在互帮互学的过程中实现教学相长。

（三）专业学习共同体

教师学习中的师徒制以"一对一"的形式将老教师与新教师结成"对子"，从而使师徒关系具有合法性。但是，这种对于合法性的保障内隐一个假设，即"师徒制"中徒弟学习的对象只有师傅一个。超出"师徒结对"局限的，是当前十分普及的"名师工作室"、"名师基地"等形式，这些形式不仅把"一带一"变成"一带多"，更重要的是基地、工作室这些形式带动了区域内、学科中、学校间的专业互动研讨，辐射面和影响力更大。在这种新的"师徒制"关系中，指导教师和新手教师不再是"一一对应"的关系，而是形成了一个由众多指导教师和许多新手教师组成的"师徒群体"。因此，指导教师不再是单一的，而是有一个群体力量在支撑，也就避免了因为某个指导教师的不良品质，而影响新手教师在专业方面的成长情况的发生。新教师可以同时向多位指导教师学习，有利于新教师"博采众长"，更有利于营造一种合作共享的氛围。从组织性质上来看，这种"师徒群体"逐渐形成一种研究型学习组织，开创了一种既能促进新手教师的快速成长，又能利于指导教师专业发展的双赢新局面。专业学习共同体视师徒群体的专业发展为一个有机的整体。师徒之间是一种协同发展、陪伴成长、相互滋养的关系，而不是专家－新手式的强弱关系。师徒群体构成的专业学习共同体强调集体意识，即师徒拥有共同的教学观念，关注内在对话，促进师徒针对专业目标和个人感受对话。

本节小结

师徒制从产生起就经历了不断地变化发展，最终在现代学校中形成师徒制，其内涵和定位也在不断变化发展。师徒制从注重新手教师个体知能的获得转向师徒专业发展，再到作为完整的人的教师群体学习成长。师徒制是中国各行各业工匠精神的传递，通过师傅的言传身教、率先垂范实现对新教师和师范生职业素养的养成；通过双方的情感沟通，在动态实践中进行心灵的实时沟通；通过师徒群体的构建，构建专业学习共同体的协作文化。

第二节 课例研究

> 课堂像是一条湍流不息的河流。当你在教学时,你必须立即做出判断。当你在研究课堂时,你的同事记下你的话语和学生的语言。你作为老师最真实的画像第一次呈现于你的面前。
>
> ——一位日本教师对课例研究的思考

一、为何研究"课"

（一）课例研究的源起

Lesson study 一词是直接取自日本字"jugyokenkyu"而来,是由两个字所组成:"jugyo"是教学（instruction or lesson）的意思;而"kenkyu"是指"研究"（study or research）的意思。课例研究自 19 世纪 70 年代起源于日本,是以学生学习和发展中出现的问题为研究对象,以教师为主导,通过集体合作确立主题、设计教案、上课和观课、评价与反思以及分享成果等促进教师专业发展,继而促进学生学习和发展的循环过程。世界范围内对于课例研究的关注始于 1999 年美国学者施蒂格勒（James W.Stigler）和希伯特（James Hiebart）合著的《教学的差距:世界各国的教师改进课堂教学的最好的观点》（*The Teaching Gap*: *Best Ideas from the World's Teachers for Improving Education in the Classroom*）一书的出版。该书基于第三届国际数学与科学 TIMSS（Trends in Internation Mathematics and Science Study）研究中美国、日本和德国八年级数学课堂录像的对比分析,结合对三国教育改革推进方式的考察,认为在日本中小学广泛开展的课例研究是推进其教育改革、提升教师专业能力的有效途径。

教学是一个高度复杂和深奥的职业,如果没有足够的机会仔细思考课堂教学工作,教师是很难提高教学水平的。课例研究是一种教师专业发展方式,指向如何改进课堂教学、提高教师专业水平。Stigler 把课例研究作为日本教师寻求提升课堂中教与学质量的一种校本的、合作的专业发展过程。Lewis 认为课例研究是一种有效的专业发展途径:"其中教师共同工作,制定学生学习目标和长期发展计划;合作设计研究课程;实施课堂教学,相互观察;讨论课堂中证据,运用改进教学。"[①] 随着 2006 年世界课例研究协会（World Association of Lesson Studies,WALS）的正式成立、2012 年专业期刊《国际课例研究与学习研究》（*International Journal for Lesson*

---

① Lewis, C. & Hurd, J. (2011). *Lesson study step by step*: *How teacher learning communities improve instruction*. Portsmouth: Heinemann.

and Learning Studies）的创办，越来越多国家和地区把课例研究视为教师专业发展的重要途径。

（二）课例研究的特点

一般意义上，课例研究的内涵包括：（1）不是普通的听课，而是对教师教学过程中呈现的实际问题的研究；（2）对真实的课堂教学展开相关的研究；（3）是集体性研究，参与人员呈现多元化，可以有专家学者的专业引领、外校教师的合作参与，但主要还是以本校教师参与为主要群体；（4）是以一节课为例，试图围绕一个研究主题探讨一类课的改进过程。

课例研究具有三个突出特点：

首先，从课例研究与教学研究相比较。课例研究对教学过程的干预是非常复杂的，它至少通过三条路径加以实现：一是在课例研究中发展教师有关学科、教学、学生等的个体知识；二是提升教师改进教学的责任感；三是为教师的学习提供资源支持。[①] 由此可见，课例研究是通过教师从课堂的事实和工作的具体经验中学习，而不是简单运用现成的原理与技术来实现教学改进的。课例研究强调从教师教学实践中的问题出发，通过教师群体的研究活动解决教学难题，改进教学实践。所以"课"在课例研究中仅仅是问题解决的载体。

其次，课例研究是围绕一堂课或一节课所开展的一系列教学活动的总称，它是对教学的全景实录，呈现着完整、真实的课堂教学过程。案例教学虽说也是对教学论题的生动再现，但它却不同于教学实录。它以故事或事件的方式呈现，按照一定的结构展开，其中蕴含着对问题的解决方法和研究者所信守的理论。因此，教学案例来源于教学生活但同时高于教学生活，这样案例才更具有代表性和典型性。可以这样说，课例是课堂教学案例的来源，而教学案例则是对课例的加工和提炼。

最后，课例研究又不仅仅是教师专业发展的形式之一，而且也是一个融合教学实践、知识、心智模式、人际关系、支持合作性研究的结构与工具等要素的复杂的教师学习体系。一方面是由于课堂观察的专业性在于改善课堂教学效果、追求课堂内在价值，在观察的整个过程中进行平等对话、思想碰撞，探讨课堂学习的专业问题。另一方面是由于课堂观察即教师参与研究：课堂作为教师教学的主阵地，是教师从事研究的宝贵资源；课堂观察促使教师由观察他人课堂而反思自己的教学理念和教学行为，感悟和提升自己的教育教学能力；无论是观察者还是被观察者，无论是处于哪个阶段的教师，都可以根据自己的实际需要，有针对性地进行课堂观察，从而获得实践知识，获得改进自己教学的技能，提升自己的专业素养。

---

① 安桂清. 课例研究 [M]. 上海：华东师范大学，2019：19-20.

二、课例研究的操作模式

课例研究在不同国家和地区呈现出多元化的面貌,在操作模式上,各自强调的重点不同。在我国,与课例研究相类似的专业发展形式被称为"教研"(Teaching Study)。自 1952 年设置教研组开展教研活动以来,中国的教学研究活动已持续 60 余年,并且一直是教师专业发展的重要途径。还有中国香港特别行政区香港教育学院学习研究中心于 2000 年启动的课堂学习研究(Learning Study)项目,课堂学习研究是参考日本的授业研究,并以变易学习理论(The Theory of Variation)为基础的一种校本课程发展及教师专业发展模式。

(一)日本课例研究

日本的课例研究是通过教师一起评课来改进教学,为教师自我反思提供了一个最有效的机制,同时也是推动教师不断改进的一个有用工具。日本师范生在入学后,要学习课例研究的基础科目"教育实践基础研究",一共有 15 次。第一次学习课堂研究中课堂实录的意义;第二次学习课堂实录的阅读方法和课堂实录的应用方法;第三次是进入真实的课堂进行观察并学习课堂实录方法;第四、五次做课堂观察和课堂实录的练习;第六次是学生交流、对比彼此所记录的内容,修改、补充、完善各自的记录。接下来连续 8 次进行课堂实录分析。先是每个学生单独对课堂实录进行解读、分析,随后在小组内发表自己的分析报告并展开讨论,然后撰写小组的课堂实录分析报告。再是全班学生用两整天时间交流各组的分析报告,开展全班研讨。教师则对每组的分析报告进行点评。最后,每个学生回顾小组研讨到全班研讨的整个过程,反思自己对课堂教学的视角是否加深拓宽,将反思写成报告再作一次全班交流。[1]

在教师入职后的日常教学中,日本课例研究通常涉及的操作步骤是:(1)界定课例研究需要解决的问题。该问题可以说是教师自己实践中的问题,也可以是自上而下由教育行政部门提出的期望教师优先解决的普遍性问题。(2)执行"合作设计教案—教学、观课—集体反思"的教学研究循环过程。通常这一循环会进行两轮,教师因而有机会将改进的教案再一次付诸实施。(3)分享课例研究的结果。大多数的课例研究小组通过撰写报告分享自己的工作,另一种分享的方式是邀请其他学校的教师参观后一次课的教学。[2]

日本的课例研究目标以长期性目标为主,选择教学上的难点问题。在选择学科时,一般侧重于学生的弱势学科,或者是研究教师认为难以施教的部分,或者是研

---

[1] 沈晓敏.聚焦高水准专业实践力的教师教育改革:日本教育学者市川博教授访谈[J].全球教育展望,2011(3):11-16.

[2] 安桂清.课例研究[M].上海:华东师范大学,2019:3.

究新的内容或新的教学方法如何更好地运用于教学。教师注重对学生的观察,以学生为中心,因此教师以现场观察为主,把录像带、文本案例、教学计划、照片和学生作业等材料视为一种补充,作为参考的研究材料信息。

(二)中国教研制

自 1952 年设置教研组开展教研活动以来,中国的教学研究活动已持续 60 余年,并且一直是教师专业发展的一个重要途径。教师开展教研的程式通常为如下四步:(1)教师小组共同设计教案;(2)一位教师授课,其他教师观课;(3)教师小组课后集体反思;(4)改进教案,再次上课。如此循环往复,直至满意为止。这种"听一说一评课"活动通常的程式是先由一位教师上课,其他教师或校外人员随堂观察教师的教学实践(听课),教学过程结束后,上课教师就所上课的设计意图、教学方案和实施效果等进行说明(说课),然后听课教师对教学实践和教学观念进行评点、讨论,提出建议(评课)。对于教研组来说,听评课活动主要就是通过组织同学科教师观摩学科中某一位教师上课的整个过程,且在课后对授课教师的教学设计等进行集体研讨评议的方式,来有效地促进教研组成员教学水平的互相提高。

教研组是一个探究共同体,它使教师实现自己、同事和研究团队的动态和多重定位,每个人都同时是专家和学习者。在这种定位下,小组成员的观点不断被审视、挑战和反思,从而可以产生超乎寻常的学习机会。教研组的活动过程应关注以下活动环节[①]:(1)教育教学实践所存在的问题是什么?教育教学实践中会存在各种问题,但对中小学教师来说,应当更多关注自己在实践中所遇到的问题。这些问题可能是存在的不足,可能是让人不安的现象,也可能是值得关注的(重要的)事实。(2)如何解决这一问题?在确认了问题之后,在教研组活动中,可以组织教师进行探讨:产生这一问题的原因是什么?解决这一问题的方法有哪些?在此基础上,我们再设计一个或几个值得试一试的行动方案。(3)在日常教育教学实践中应当如何落实方案?这一阶段我们不仅需要行动,还需要对行动本身进行观察、实录、讨论、小结等,通常教研组活动中所进行的听课评课、教案或小结交流都包括在内。(4)解决了哪些问题?还有哪些方面有待改进?在这一阶段,教研组活动值得考虑的问题有:是否按计划执行?哪些方面没有按计划执行?为什么?是否达到了预期的效果?程度如何?哪些方面没有达到预期效果?为什么?有待进一步改进的问题是什么?有没有引发新的问题?

(三)中国香港课堂学习

香港的课堂学习这一模式起源于瑞典哥德堡大学马飞龙(Ference Marton)教授基于变易理论在中国香港地区指导的"优化课堂学习"项目。根据变易理论(Change Theory),学习是一种看待事物的新方式,这是识别的一种功能,识别是变

---

① 胡惠闵. 如何在教研组活动中运用教师反思机制[J]. 全球教育展望 2003(8):60-62.

化的一种功能。在课堂教学中，教师必须意识到学习对象的关键特征，并帮助学生关注和辨别这些关键特征。变易指导学习研究的整个过程，即学生对学习对象的理解的变化、教师理解和处理这个学习对象方式的变化，以及变异成为指导原则用于教学设计。

香港课堂学习实施前先成立一个研究小组，其成员包括在学校任教同级同科的多名教师以及两位或两位以上的研究员。每次课堂学习研究都要经历数个步骤。[①] 这些步骤不一定以固定的顺序出现，大致包括五个环节：

（1）选取课题并初步拟定学习内容。研究小组通过衡量课题的研究价值及其研究条件，选取一个既有价值又可行的研究课题，并初拟学习内容。学习内容除学科知识外，也可能是通过学习要培养的一种能力或态度。

（2）确认学习内容。基于对学生的前测与访谈，确定学习内容和阻碍学生学习的难点（关键属性）。确认学习内容的方法包括分享教师的经验、收集研究文献中的相关资料、对学生进行前测等。

（3）教学设计及课堂实践。小组成员在变易学习理论的指导下，进行一系列的教学设计及实践工作。教师先以学生的已有知识、处理学习内容的经验以及相关研究成果为基础，创设可行的变易图式；接着运用变易图式设计教学；然后，几位教师会分几轮进行课堂实施。每一轮的教学都会进行同行观课及课后会议反思，以便在下一轮的教学中改善研究课。每堂课均会录像以做进一步的分析。

（4）实施教学评价。所有参与研究课的学生都会接受后测，并抽样对学生进行访谈，以了解学生是否达到了学习目标的要求。根据这些学习成果，再从客体上寻找相对应的教学情境，做出分析及提出改善教学的建议。

（5）撰写报告及分享成果。撰写的报告内容包括研究目标、步骤、成果等的记录，并与其他教师及公众分享，所得反馈将成为下一循环研究的重要参考资料。

三、课例研究的关键环节

以上三种课例研究的主流模式已呈现出一些共同特征：强调教师的群体合作性，强调行动中的过程性实践反思，强调持续性的教与学改进。课例研究在不同国家和地区的实践中，并不存在一套普遍适用的操作模式，但在课例研究作为教师专业发展路径的行动过程中却面临一系列共同的课题。课例研究行动中的关键环节是主题确立、教学设计、课堂观察、课例研究报告撰写等。

（一）研究主题的确立

围绕某个主题所开展的课例研究不仅有利于提高其成效和品质，而且共同的研

[①] 吴本韩，廖梁，李子建.课堂学习研究：香港的一种校本课程发展及教师专业发展模式[J].课程研究，2010（08）：51-68.

究目标和研究意愿更有利于课例研究小组结成研究共同体。

第一，主题的特征。课例研究以教师真实的课堂教学过程作为研究对象，旨在通过研究，化解教学难题，改进教学方式，提高教学质量和重建教学范式。研究的主题具有下述特征：一是源于现实。课例研究是教师对真实的教学所开展的合作性研究，它专注于教学实践问题的解决，因此其研究的主题来源于教学的实践，而不是来自某些现成的理论。具体来看，主题源于教师日常教学中的言行举止，源于教师具体教学场景中的切身体会，源于教师与同伴对教学疑难问题的真诚讨论。二是始于反思。主题的选取必须唤起教师的反思精神和问题意识。问题可以是共性也可以是个性的，但无论如何都是教师基于教学反思所发现的自己的问题。三是具体可行的。主题的选取必须紧密结合课堂教学的实际，从小处、细处、实处捕捉问题，选取具有较强的可操作性、具备研究条件的主题，小题大做，等全面、彻底地解决后，再研究其他问题。只有问题的聚焦、研究的可行性、所能达到的深度和实际价值才会大大增加。

第二，主题的类型。课例研究主题的类型与教师教学知识的划分是相互印证的。主题选取的重点主要表现在几个方面：一是与学科内容知识有关的主题。理解学科并抓住学科的本质是课例研究的重点之一，这类研究对学科教学而言具有统领性的意义。二是与学习者及其特点有关的主题。教学的最终目的是指向学生的学习与发展，课例研究重视对学习者的研究，如学生学习方式的差异、学习者的个性和水平差异、转化学生前理解的策略等。三是与课程知识有关的主题。有关课程知识的实践课题，从对课程标准的理解和落实到教材内容的调整、充实、改造和创生，再到教学中技术知识和其他教学资源的合理利用，这些都成为课例研究的重要内容。四是与教学法知识有关的主题。面对具体内容的教学时，是否具有在不同教学方法之间转换的能力是问题的关键。这一点教师只能通过教学研究在实践中获得积累。因此，有关教学法方面的议题就成为课例研究的重要内容。

（二）观察工具的开发

课堂观察是课例研究的中心环节，该环节提供反映教学效果的证据，是对教学进行反思和重新规划的基础。课堂观察的重点需要根据课例研究的研究主题来确立，观察重点一旦确立，就需要选取或开发适当的观察工具用于课堂观察。

目前，国际上有几种类型的观察工具可以借鉴，有注重整体教学观察的，如美国的丹尼尔森教学框架。在这个框架中，复杂的教学活动被分为22个组成部分，这些组成部分又分别被纳入以下四大教学职责板块。澳大利亚的研究人员针对新手教师通用教学能力的鉴别与评估，开发了一种新的不同于传统"检核表法"的教学行为评鉴法。新的方法充分考虑教师工作的综合性、丰富性与复杂性，关注新教师专业成长中的典型案例或关键事件，主张对教师工作的关键要素、核心要素进行个案式的叙事描述，而不是简单地列出有效教师的属性与特点。为此，研究人员将新手教师的胜任力分为 5 个维度、23 个核心要素、60 个绩效标准。接下来，研究人员为每一个核心要素撰写了一个真实的教学案例或教学故事，用来解释说明各种核心的、关键的教学技能和能力。采用个案叙事进行评鉴的好处在于，由于采用故事语言而不是专业行话传达有效教学的标准，因此，它很容易被带教的师傅、实习生或见习教师所理解。[①] 其具体情况见表 2。

表 2　美国丹尼尔森教学框架的板块、组成部分及要素

板块 1：计划和准备	板块 2：课堂环境
1a：掌握学科内容和教学方法 1b：了解学生 1c：确立教学目标 1d：了解教学资源 1e：设计前后连贯的教学 1f：设计学生评价体系	2a：创造相互尊重、和谐融洽的课堂环境 2b：建立学习文化 2c：管理课堂教学秩序 2d：管理学生行为 2e：创设课堂物理环境
板块 3：课堂教学	板块 4：专业职责
3a：与学生交流 3b：运用提问和讨论技巧 3c：让学生参与学习 3d：在教学中运用评价 3e：灵活处理，积极应对	4a：反思教学 4b：保持准确的记录 4c：与学生家庭沟通 4d：参与专业社群 4e：专业成长与发展 4f：体现专业素质

还有关注教学的某一主题的观察工具。例如，如弗兰德斯互动分析系统（Flanders Interaction Analysis System，FIAS）是一个对课堂教学进行量化分析的工具，关注的是课堂上师生双方的对话，具体是利用一套编码系统把师生语言互动的情形记录下来，并据此予以分析，以描述课堂上师生言语的比率变化情况，进而诊断课堂互动质量。这些数据可以描绘出：一堂课的基本轮廓和总体特征；课堂的动力、总的课堂气氛以及学生的参与程度；是以指导性教学为主，还是以非指导性教学为主；学生的学习是被动的还是主动。这种量化数据与描述性课堂观察所得到有关课堂教学的质性资料结合起来，对课堂教学有一个全面的认识和分析，实现对真实课堂教学的回溯。

当前，课例研究中提倡每位教师根据个体的关注点设计观察记录表，运用技术手段发掘课堂里的定量和定性数据。每个技术提供了不同于经验式观察的独特的理解课堂的视角，观察分析的结果可能与经验一致，也可能产生冲突，而这正是激发教师跳出经验式思考、换个角度重新理解课堂的机会。

---

① 夏正江. 师徒制有效运作的关键要素解析 [J]. 外国中小学教育，2018（2）：54-62+37.

（三）研究报告的撰写

撰写课例研究报告对执教者而言是一个对自身教学加以系统反思的历程，有助于促进执教者的教学研究能力和教学实践能力的提升。还有一个重要的原因是，它有助于总结课例研究小组这一研究共同体所秉持的共同的专业信念和专业知识。课例研究报告需要包含几个要素，如所选择的研究主题是什么、教学方案是如何规划的、教学实践是怎样展开的等。

一是明确主题。课例研究小组需要确定选择哪节课作为课例，需要阐述这节课的教学主题与所选择的研究课题的关系，明确通过对这节课的研究意图解决的具体问题有哪些。问题既可能是教学实践中遇到的现实困惑问题，也可能是教师所共同关注的理念性问题，例如，如何创设有效的问题情境等。无论是执教还是观课教师，带着这样一个研究角度的主题开展教学研讨，追求"小"而"深"的教研，淡化以往的"大"而"全"。

二是教案规划。这个部分涉及三方面的问题：（1）学情分析的情况。教师针对某一教学主题是如何开展课前测试的？学情分析是方案设计的基础，报告中对学情分析的展现有助于读者明晰方案设计的依据，同时也有助于他们从中借鉴研究学生学习情况的方法。（2）方案设计的情况。方案设计不是把教案照搬到研究报告中，而是重在阐明具体的教学流程，描述具体的教学方式，以便将课堂教学的实况与之进行比较，确定方案中需要改进的环节和做法。（3）课堂观察的重点与工具。这部分内容是课例研究在规划教学方案时所独有的，它意味着教学规划不仅是针对执教者而言，同时也针对观察者进行规划，以便明确观察的重点和需要采用的工具。

三是报告写作。写作不是再现课堂教学的实录，而是应围绕教学的问题来展开，比如在该轮教学实践中出现了哪些问题，需要对教案做出的修改有哪些。在写作中要注意将问题与反映教学的真实材料交织在一起，让读者参与分析。

四是研究推进。在教学成果的检讨中，分别从学生和教师两个方面去考察。从学生的角度检讨教学成效，一方面可以考察他们的课堂表现，根据观察记录说明他们在课堂上的参与程度和具体表现；另一方面也可以对学生实施教学后测，根据学生教学后测中的表现以及与学生课前测试情况的比较，推断课堂是否有效地帮助学生掌握了学习内容。

本节小结

课例研究已经成为国际教师专业发展的有效途径。在操作模式上，虽然受所在国家和地区本土教研理念与传统的影响而不同，但都体现出群体性合作、过程性反思和持续性改进的共同特征。近年来，中国上海在 OECD 国际学业测试 PISA 上有优异表现，不少学者都把这一优异表现归功于上海学校普遍开展的教研活动。2018 年"世界课例研究学会"年会又首次在中国北京召开，基于中国教研制度的独特的"中式课例研究"已广泛引起国际同行的热切关注。我们需要在国际上确立"中国模式"课例研究的地位并发出中国声音,以期更多的研究者能够讲好中国课例研究的故事脉络。

第三节 教学反思

我国著名教育家叶澜认为:一名教师写一辈子教案不一定成为名师,如果一位教师写三年反思有可能成为名师。我国心理学家林崇德提出"优秀教师=教学过程+反思"的成长模式。美国著名心理学家波斯纳(Posner)在1989年曾提出教师成长的公式:成长=经验+反思。众多理论和实践都证明:反思是促进教师专业成长的一个决定性因素,教学反思是提高教学水平以及促进教师专业化发展的有效途径。

一、为何教学反思

每一个人可能都会照镜子,通过照镜子我们可以审视自己的仪表,得以发现自己可能存在的问题,并在条件许可的范围内及时加以修正。反思犹如照镜子,所不同的是此"镜子"非彼"镜子",我们所要"照"的也不是自己的"仪表",但发现问题并加以改进却是共同的目标。教师只有经常审视和反思自己的教学,才能不断从经验中学习,建构个人的教学专业知识,提升教学实践智慧,进而促进其自身的专业成长。

(一)什么是反思

"反思"一词来源于拉丁语"Reflectere",意思是指反省、思考和判断。关于反思,我国早在春秋战国时期,孔子就提出了"内自省",其弟子曾子也提出"日三省"的主张,强调要通过反省来提高自身素质。1933年,约翰·杜威(John Dewey)在《我们如何思维》(*How We Think*)一书中提出反省思维(Reflective Thinking)是对某个问题进行反复的、严肃的、持续不断的深思。

尽管反思概念由来已久,但人们对教学反思的关注却是始于美国学者舍恩(D.A.Schon)的工作。在舍恩的概念中,教学是一个复杂的、尖端的过程,在这个过程中教师是积极投入的,是塑造、解释和改变形式的重要部分。他认为包括教师在内的专业实践者应该是行动中反映,用行动中的认识和行动反思,这种实践智慧的视角才能重新获得实践者的专业信心。教师作为专业的实践者不能停留在"技术熟练者"的层次上,而是要通过行动研究+反思的方式,成为"反思性实践者"(Reflective Practitioner)。

这种观念运用于实践场景之中,成为反思性实践。我们对反思性实践有几点认识:首先,反思性实践既是一个能动的认知加工过程,也是一个与情感和认知都密切相关并相互作用的过程,其中,不仅有智力加工,而且需要情感、态度等动力系统的支持。其次,反思性实践既强调对实践的反思,又强调对实践赖以发生的社会和制度背景的分析。它要对发生在实践场景内外的事件及其社会背景进行反思。反思性实践对个人、群体乃至整个社会的信念、经验、态度、知识和价值的意义及其他社会条件承担了认知、检查和反馈的责任。最后,反思性实践旨在消解理论与实践的二元分离,恢复实践者在"理论—实践"中的地位,突出实践者的个人经验和自主反思在沟通公共知识与个人知识方面的功能。

我国《教师专业标准》提出:"把学科知识、教育理论与教育实践有机结合,突出教书育人实践能力。坚持实践、反思、再实践、再反思,不断提高专业能力。"《教师教育课程标准》则进一步提出:"教师是反思性实践者,在研究自身经验和改进教育教学行为的过程中实现专业发展。"明确将教师界定为"反思性实践者"。日本教育学家佐藤学指出,反思性实践者多角度地、综合地检讨教师的教学设计及其同儿童的关联与沟通,追求的是提高教师在实践情境中所生成的洞察、省思和判断力,也就是提高"实践性学识"。教师基于日常教学基础上的反思会促进教学智慧的不断提升,这是教师走向卓越的催化剂,也是教师成长的必经之路。

(二)教学反思内涵

教学反思对教师专业发展的意义最根本的就在于通过对教学实践的关注,经过教师探究式的思考与行动,在教师主动地建构中获得成长。教学反思表现出以下特征:一是实践性。教师的教学反思是在具体的教育教学活动中进行的一种行动性反思,立足于具体的实践过程中,反思的起点在于教育教学实践中所产生的问题。二是主体性。教师的教学反思是教师自主、自律、自发的行动,是教师的自我反思,是教师充分发挥自身主动性的过程。三是验证性。教学反思是教师对自己教学行为重新审视的过程,这就必然包含对反思的内容进行验证。四是过程性。教学反思的过程性,一方面指反思是一个过程,要经过几个阶段;另一方面指教师在整个职业成长过程中要经过长期不懈的自我修炼。

教学反思是指教师为了实现有效的教育、教学,在教师教学反思倾向的支持下,对已经发生或正在发生的教育、教学活动以及这些活动背后的理论、假设进行积极、持续、周密、深入、自我调节性的思考,而且在思考过程中,能够发现、清晰表征所遇到的教育、教学问题,并积极寻求多种方法来解决问题的过程。教学反思是一个能动的、审慎的认知加工过程,也是一个与情感和认知密切相关并相互作用的过程,在此过程中,不仅有智力加工,而且需要有情感、态度等动力系统的支持。[①] 具体而言,教学反思是教师以自己的教学活动过程和课堂教学实践作为思考对象而进行全面、深入、冷静的思考和总结,对自己在教学活动过程和课堂教学实践中所做出的行为决策以及由此产生的结果进行审视和分析的过程,是教师专业发展和自我

---

① 申继亮,刘加霞.论教师的教学反思[J].华东师范大学学报(教育科学版),2004(9):44-45.

成长的核心因素,是一个优秀教师在成长过程中不可缺少的重要环节。

二、教学反思的框架

教学反思的实施框架建立在对象、实施和效果三个维度之上。下面具体分析教学反思的反思内容、反思过程和反思水平。

(一)反思的内容

第一,教学反思以时间为线索,可以分为行动前的反思、行动中反思和对行动的反思。行动前反思,这种反思可以帮助教师设想教学实践中会涉及哪些重要问题(如如何融入班级教学、了解和鼓励学生、充分准备教学计划、创设积极的学习氛围)以及如何具体成功地做这些事情,这就在很大程度上避免了"真实的震撼"情况的出现。行动中反思发生在行动过程之中,当教师在教学过程中,会与情境进行反思性对话,换言之,教师试图对问题情境进行框定,并提出解决问题的途径。对行动的反思,即对行动的反思发生在做完一件事情以后,或者课后对课堂所发生的一切的思考。教师在教学之后,对整个课堂教学过程进行思考性回忆,包括对教师的教学观念、教学行为和学生的表现以及教学的成功与失败进行理性的分析等。

第二,教学反思以教学实践为维度,分为五个方面:(1)课堂教学。主要分析、评价教学活动本身的利与弊以及影响教学活动的因素,包括教学内容重点、难点的分析,教学方法、策略,教学技巧的运用等。(2)学生发展。分析、考虑与学生发展、能力培养相关的一些因素。具体而言,关注学生的学习成绩和各种能力的培养,关注学生学习兴趣以及学习方法的培养,关注学生健全的心理人格发展。(3)教师发展。分析、考虑与教师自身发展、素质提高相关的一些因素。例如,关注教师自身的专业知识和专业能力,关注教师的人格魅力与自我形象以及教师的待遇。(4)教育改革。关注考试制度的改革以及当今进行的课程改革,关注宏观教育体制的改革以及教育改革的实效性。(5)人际关系。包括教师如何与学生形成和谐的人际关系,以及如何与学生家长相处,共同教育、培养好学生,也包括同事之间的和平相处。

第三,教学反思以职业发展阶段为线索。不同发展阶段教师应根据不同的教学情境进行反思。例如,刚刚入职的教师要不断审视自己的教学设计是否符合课程的呈现方式;当教学技能日趋成熟、教学风格逐渐形成的时候,教师要更多地考虑为什么,即从伦理和道德的高度来考虑公平、平等问题,考虑教学设计和组织是否符合学生发展的需要,是否有利于实现教学目标。

(二)反思的过程

教学反思过程可以有广义和狭义之分。狭义的教学反思是指从觉察、分析教学活动开始到获取直接、个人化的教学经验的认知过程，即个体自我经验总结回顾的过程。广义的教学反思不仅包括狭义的反思，还包括对自身教学经验的理论升华、迁移，也包括教师主动探究教学问题进而监控、调节、修正教学实践的过程。

教学反思按照教学进程，有教学前反思、教学中反思、教学后反思三个阶段。教学前的反思具有前瞻性，能有效地提高教师的教学分析能力。它主要包括对教材、教学目标、教学重点和难点、教学方法、教学过程、教学对象等的反思。通过反思，教师应明确本课教学将使学生和教师各得到哪些发展和提高，要解决哪些具体问题。教学中的反思具有监控性，能有助于提高教师的教学调控和应变能力。教学中的反思应当与及时的调控同步，它主要包括：及时调控教学的进度和步骤，以免课堂出现松散现象；反思学生注意力是否集中，适当调整教学手段，集中学生的注意力；根据教学变化，调整教学要求，如重点、难点的确定等。教学后的反思具有批判性，能有助于提高教师的教学总结能力和评价能力。教学后的反思主要包括教学目标是否科学，教学安排是否紧凑，教学方法是否贴切，教学媒体运用是否合理，学生参与是否积极，教学评价是否公正，教学组织是否有效等。

（三）反思的水平

对教学反思水平进行界定的著名研究者主要有马克斯·范梅南（V.Manen）、斯巴克斯·兰格（Sparks-Langer）和科萨根（Fred Korthagen）。

范梅南提出教师反思水平的三个层次理论[①]：（1）技术合理性水平（Technical Rationality），反思课堂情境中各种技能与技术的有效性。在这个层次，教师根据自己的经验或观察，看不到教育及教学事件是存在疑问的。在这个层次的教师是基于技术层面的思考，主要是主体考察自己是否遵循了既定的方法、规范和有效地实现了既定的目标。（2）实践行动水平（Practical Action），针对课堂实践中的问题，把教育理论应用于教育实践，以便做出独立决策。在这一层次，教师能通过结合自己已学或内化的理论，超越技术、表面合理性的层面，能看到教育教学事件中存在的问题，同时表现出教师个人对问题的偏见；处于这一层次或阶段上的教师开始注意区分教育目标背后的假设和原因，注意评价特定的教师行为所导致的教育后果；教师通过分析自己和学生的行为，以检查教育教学所面临的目标、任务。（3）批判反思水平（Critical Reflection），针对课堂中的道德和伦理问题，反省和检查有关行动的规范化。这一阶段，教师以开放的意识，将道德和伦理标准整合在他们关于实践行为的论述中，教育教学活动目标、手段、环境、背景均被看作是不确定的，是众多可能性中进行的价值主导性选择，教师不带个人偏见地关注对学生发展有益的知识和社会环境的价值。

兰格根据教师对教学事件的描述方式以及对事件作解释的方法和原则将教师反

---

① [加]马克斯·范梅南.教学机智：教育智慧的意蕴[M].李树英，译.北京：教育科学出版社，2001：133.

思分为七种反思水平[①]：(1) 没有描述性的语言，对教育教学事件不会解释；(2) 会用简单的对话对教育教学事件进行描述；(3) 会用教育学的术语给教育教学中的事件贴上标签；(4) 会用传统的、具有个人偏好的语言对教育教学进行解释；(5) 用似乎合理的教育规律或理论对教育教学事件进行解释；(6) 对教育教学事件解释时考虑到了各种背景因素；(7) 在进行教育教学事件解释时考虑到了道德、伦理、政治等方面的因素。

荷兰学者科萨根注意到以往教学反思都过于强调教师对实践经验与教学能力的反思，忽视了教师情感体验、职业使命与专业认同等隐性内容对教师专业发展的价值。科萨根建构了"核心反思模型"（Core Reflection Model）。模型由内向外依次展开了六层：(1) 环境。最外层是教师所处的环境：学生个体、班级、同事、家长、学校及其规章制度、规范和价值观，还有教育和整个社会，包括社会政治影响和社会发展。(2) 行为。在处理环境问题时，教师的行为通常是多种多样的，但反复出现的模式可能对一个人的行为起到积极或消极的作用。(3) 能力。教师所做的事受他们能力（或技能）的影响。(4) 信仰。接下来就到了信仰这一层。(5)（专业）身份。第五层是身份层，涉及人们对自己的信念。(6) 使命。使命层与更深层次的动机、价值观和理想有关。因此，这一层是关于意义赋予、灵感来源或一个人的工作热情的。科萨根等将模型中教师改变的六个水平作为反思的内容水平，并认为其是促进教师专业发展的一种核心反思手段。

三、教学反思的方式

教师的反思活动不是随意而为，是系统化、结构化的过程。那么对教师个体而言，教学的反思可以采用多种方式，如日记、教学报告、视频记录、自我观察、同伴观察、档案袋、关键事件分析等。

（一）教学日记

教学日记（Teaching Journals）是教师撰写的对教学实践的反映，是对教育教学工作的总结与分析，它既包括教师自己的工作总结与体会，也包括对教学工作甚至自身教育理念中出现的问题进行的深入分析，并积极寻求解决的对策。教学日志有利于分析、认识、改变和超越自我，是一种促进自己专业发展的强有力的工具。

苏霍姆林斯基说："我建议每一位教师都来写教育日记。教育日记并不是什么对它提出某些格式要求的官方文献，而是一种个人的随笔记录，在日常工作中就可以记。这些记录是思考和创造的源泉。那种连续记了10年、20年甚至30年的教师日

[①] Sparks-Langer, Georgea M.etc. Reflective Pedagogical Thinking: How Can We Promote It and Measure It? [J]Journal of Teacher Education, 41 (5), 23-32.

记，是一笔巨大的财富。"① 教师自觉地把自己和其他教师每天的教学实践作为认知对象，进行全面深入的审视、思考和分析总结，用日记的形式把教学过程中所得到的经验、碰到的问题、解决问题的思路和智慧以及各种教学心得体会记录下来。写的过程是教师思考、感悟教学生活的方式，是教师的一种教育生活状态。

教学日记应记录的内容不是预先预设的，而是经过教学实践后在回顾、总结、反思中生成的。一般而言，教学日记可涉及以下方面：一是教学理论。包括对教学理论和信念的认识以及对教学的影响，还包括对学生背景知识以及学校环境的认识。二是教学内容。例如，教师教了什么，如何教的，教学计划是否与教学实际情况相符，教学计划是否完成等。三是自我意识。包括教师对自己长处和局限性的认识，通过了解自己的教学风格、语言熟练程度，从而制定个人发展目标。四是学生情况。例如，学生学到了什么，学生在课堂上的反应如何，学生对本次课程内容的理解度、学习本课的积极性和主动性如何，学生在课堂上的见解怎样，学生课堂纪律情况怎样，教学过程中学生的迷惑点、学习的场景、行为的描述、突发的事件怎样等。五是教学方法。包括教师对自己教学方法的反思，也包括对学生学习方法的指导。六是教学评价。包括对课堂教学正面和反面的评价、师生互动情况、师生双边交际活动进行情况以及对学生、教师课堂交流中的问题诊断及改进计划等等。

（二）同伴观察

反思不只是自己对自己行为的思考，还包括反思别人的行为和借助别人的思考和判断来反思自己的行为。教师不仅通过教学反思和研究促进专业成长，而且更需要与同伴相互切磋，在群体中获得成长。教师通过同伴观察获得新的视角改善教学，因为它提供教师机会了解自身难以观察到的问题。同伴观察可以作为一面批判的镜子，反射出我们行动的影像，检查、重构和扩展我们自己的实践理论。

在同伴观察反思方面，主要包括集体备课、合作研修和答疑解惑，主要流程是确定研修主题、个人备课、集体议课、观点整合、反思修改和教学实践。（1）明确问题。教师们首先自己找到工作中遇到的最紧迫的问题，然后大家聚在一起，确定一两个最重要的问题，这些问题是整个小组认同的、具有足够共性的问题。（2）个人和集体的经历分析。这一阶段小组成员阐述他们搜集到的、认为最需要帮助的问题。然后回忆自己作为学习者和作为教师以及观察同事的"最坏的"和"最好的"经历，给出处理这些问题的线索；个人分析完成后再组成小组，研究他们写下的每一类问题，这时共同的主题会出现，一个人的经历可能会唤醒别人的记忆并激发他们的问题，进而开辟询问的新途径。（3）整理关于实践的建议。此时，小组成员总结第二个阶段出现的洞察结果、观点、窍门、回答和方法等，用多种形式整理出来，以能够与那些陷入同样问题而需要帮助的人们共享。教师同伴之间的互相学习是指成员间的合作学习活动，其主要途径是通过成员之间的平等和谐对话，来进行沟通

---

① [苏]苏霍姆林斯基.给教师的建议（修订版）.杜殿坤，编译.北京：教育科学出版社，1984.

交流,分享彼此的教学观念和认识。相对于其他群体学习,这种同伴互助合作的学习是建立在成员有着共同的愿景并且自愿在平等友好的氛围里进行交流分享基础上的,是成员为了自己的成长而发自内心的真正合作。

(三)视频记录

信息技术在教师教育领域的引入正在变革着教师专业发展与教师成长的方式和手段,对教师教学反思的支持是技术支持教师专业发展不断深化的结果。视频记录(Video Recording)是一个重要工具,帮助教师评价和反思自身课堂。

视频作为数据源的优势是多方面的:第一,能够捕获与学习相关的各种因素,不仅仅是谈话,还包括身体姿势、手势、面部表情、情绪、物理环境和时空环境等因素。第二,能够从课堂的任何时间点开始,倍速或者慢动作回看,并允许以分钟为单位分析在复杂的教学环境中可能未被注意到的瞬间事件。"教学的视频记录能够提供非常有用的反思资源。教师可以在课堂中做许多事情,但是并不能意识到许多事情。课堂录像可以真实地描绘出整个教学过程,它可以促进教师的反思性思维。"[1]第三,基于视频案例,促使教师思考自身成长中面临的挑战:养成把教学视为一个复杂事件的灵活的思维和探究的态度;确认对理论和实践的理解是如何影响课程、教学和评价决策的;获得分析教室环境中复杂的互动作用的技能。

视频记录作为反思方式运用需要注意三点:(1)教师观看自己的教学录像时,需要有一个逐步适应的过程。教师观看自己的教学录像是一种旁观者的行为,但对象却是自己,在这个过程中,内心的感受很复杂,需要教师慢慢地习惯。最初可以让教师观察他人的教学录像,学会录像评价的基本方法;第二步由教师独立观察自己的教学录像进行自评,等到教师基本接受这一反思方式后再与同事一起评价,效果会更好。(2)观看自己或他人的教学录像时,要学会选择"感点"。在观看自己或他人的教学录像时,应该采取"不限反思点,自由反思"的原则,让教师抓取印象最深的一点进行反思。(3)运用教学录像反思,边反思边实践,在行动中改善教学。教学录像反思的目的是为了改善教学,因此,反思之后必须要把反思运用于教学实践。

本节小结

我国的优秀传统文化如孔子、曾子的思想中蕴含的"学而不思则罔,思而不学则殆"和"慎思"等思维观以及"日三省"等反思观对我国广大教师有潜移化的积极影响。作为一名教师,反思需要个体认识到自身的认知发展是有价值的,需要具

---

[1] Mathew, P., Mathew, P., &Peechattu, P.J.(2017). Reflective practice: A means to teacher development. Asia Pacific of Contemporary Education and Communication Technology, 3(1), 126-131.

备反思的态度、态度倾向或意愿。只有认识到反思的重要性，才能将外部控制转化为内部意愿，才能在今后的学习和工作中将其持久坚持下去，进而将其成为一种思维习惯、一种对待专业生活的态度、一种基本的生活方式。

思考题

1. 学校中的师徒制与企业中的师徒制有什么不同？

2. 观看一段教学录像或者去中学旁听一节教学活动，采用课例研究的程式进行分析。

3. 与日本相比，美国在引进日本的课例研究时却面临大量的挑战：缺乏可供分享的统一课程；缺乏特定主题的好课的样本；怎样观察、讨论和修改教学还需要知道；在有偿的工作时间缺乏分享规划和进行观察的时间等等。我们可以看出，有些问题可随教师研究经验的积累予以解决，有的缺失则是结构性的，这在一定程度上造成了美国课例研究推广的艰难。

请结合两国所处的教学传统与文化环境分析，学校内课例研究实施的支持系统应有哪些？

4. 大家在谈到对反思的理解时，存在着将"反思"与"思考"、"审视"、"回想"、"转化"这些词汇混用或互换使用的现象。请结合自身教学反思实例，谈一谈对反思的理解。

5. 请结合自己的成长经历反思具体教学情境，主要围绕以下问题：

我对课堂的基本理解是什么？这些视角是如何形成的？我是如何回应在教师教育职前培养阶段学到的关于教育教学的知识的？教师教育职前培养阶段的体验是如何形塑我的专业发展的？在我的成长经历中，有哪些因素、人物或事件形塑了我对教育教学的理解？

参考文献

[1] Knight, J. Better conversations: Coaching ourselves and each other to be more credible, caring, and connected[M].Thousand Oaks, CA: Corwin, 2016: 78.

[2] 陈群波. 基于师徒制的教师知识转移研究 [D]. 上海：华东师范大学，2016：72-73.

[3] 董蓓菲，陈江月等：言说名师的专业历程 [J]，全球教育展望，2008（4）：30.

[4] Lewis, C. & Hurd, J. (2011). Lesson study step by step: How teacher learning communities improve instruction. Portsmouth: Heinemann.

[5] 安桂清. 课例研究 [M]. 上海：华东师范大学，2019：19-20.

[6] 沈晓敏. 聚焦高水准专业实践力的教师教育改革：日本教育学者市川博教授

访谈[J].全球教育展望,2011(3):11-16.

[7] 安桂清.课例研究[M].上海:华东师范大学,2019:3.

[8] 胡惠闵.如何在教研组活动中运用教师反思机制[J].全球教育展望,2003(08):60-62.

[9] 吴本韩,廖梁,李子建.课堂学习研究:香港的一种校本课程发展及教师专业发展模式[J].课程研究,2010(8):51-68.

[10] 夏正江.师徒制有效运作的关键要素解析[J].外国中小学教育2018(02):54-62+37.

[11] 申继亮,刘加霞.论教师的教学反思[J].华东师范大学学报(教育科学版),2004(9):44-45.

[12] [加]马克斯·范梅南.教学机智:教育智慧的意蕴[M].李树英,译.教育科学出版社,2001:133.

[13] Sparks-Langer,Georgea M.etc. Reflective Pedagogical Thinking: How Can We Promote It and Measure It? [J]Journal of Teacher Education.

[14] [苏]苏霍姆林斯基.给教师的建议(修订版)[M].杜殿坤,编译.北京:教育科学出版社,1984.

[15] Mathew,P.,Mathew,P.,&Peechattu,P.J.(2017). Reflective practice: A means to teacher development. Asia Pacific of Contemporary Education and Communication Technology,3(1),126-131.

附　　录

一、《中小学教师职业道德规范》

（一）1984年版《中小学教师职业道德要求（试行）》

1. 热爱祖国，热爱中国共产党，热爱社会主义，热爱人民教育事业。
2. 执行教育方针，遵循教育规律，面向全体学生，教书育人，培养学生德、智、体全面发展。
3. 认真学习马列主义、毛泽东思想，学习科学文化知识和教育理论，钻研业务，精益求精，勇于创新。
4. 热爱学生，了解学生，循循善诱，诲人不倦，不歧视、讽刺、体罚学生，建立民主、平等、亲密的师生关系。
5. 奉公守法，遵守纪律；
   热爱学校，关心集体；
   谦虚谨慎，团结协作；
   与家长、社会紧密配合，共同教育学生。
6. 衣着整洁，举止端庄，语言文明，礼貌待人，以身作则，为人师表。

（二）1991年版《中小学教师职业道德规范》

1. 热爱社会主义组祖国，拥护中国共产党的领导，学习和宣传马克思主义、毛泽东思想，热爱教育事业，发扬奉献精神。
2. 执行教育方针，遵循教育规律，尽职尽责，教书育人。
3. 不断提高科学文化和教育理论水平，钻研业务，精益求精，实事求是，勇于探索。
4. 面向全体学生，热爱、尊重、了解和严格要求学生，循循善诱，诲人不倦，保护学生身心健康。
5. 热爱学校，关心集体，谦虚谨慎，团结协作，遵纪守法，作风正派。
6. 衣着整洁、大方，举止端庄，语言文明，礼貌待人，以身作则，为人师表。

（三）1997年版《中小学教师职业道德规范》

1. 依法治教。学习和宣传马列主义、毛泽东思想和邓小平同志建设有中国特色的社会主义理论，拥护党的基本路线，全面贯彻国家教育方针，自觉遵守《教师法》等法律法规，在教育教学中同党和国家的方针政策保持一致，不得有违背党和国家方针、政策的言行。

2. 爱岗敬业。热爱教育、热爱学校，尽职尽责、教书育人，注意培养学生具有良好的思想品德。认真备课上课，认真批改作业，不敷衍塞责，不传播有害学生身心健康的思想。

3. 热爱学生。关心爱护全体学生，尊重学生的人格，平等、公正对待学生。对学生严格要求，耐心教导，不讽刺、挖苦、歧视学生，不体罚或变相体罚学生，保护学生合法权益，促进学生全面、主动、健康发展。

4. 严谨治学。树立优良学风，刻苦钻研业务，不断学习新知识，探索教育教学规律，改进教育教学方法，提高教育、教学和科研水平。

5. 团结协作。谦虚谨慎、尊重同志，相互学习、相互帮助，维护其他教师在学生中的威信，关心集体，维护学校荣誉，共创文明校风。

6. 尊重家长。主动与学生家长联系，认真听取意见和建议，取得支持与配合。积极宣传科学的教育思想和方法，不训斥、指责学生家长。

7. 廉洁从教。坚守高尚情操，发扬奉献精神，自觉抵制社会不良风气影响。不利用职责之便谋求私利。

8. 为人师表。模范遵守社会公德，衣着整洁得体，语言规范健康，举止文明礼貌，严于律己，作风正派，以身作则，注重身教。

（四）2008年版《中小学教师职业道德规范》

1. 爱国守法。热爱祖国，热爱人民，拥护中国共产党领导，拥护社会主义。全面贯彻国家教育方针，自觉遵守教育法律法规，依法履行教师职责权利。不得有违背党和国家方针政策的言行。

2. 爱岗敬业。忠诚于人民教育事业，志存高远，勤恳敬业，甘为人梯，乐于奉献。对工作高度负责，认真备课上课，认真批改作业，认真辅导学生。不得敷衍塞责。

3. 关爱学生。关心爱护全体学生，尊重学生人格，平等公正对待学生。对学生严慈相济，做学生良师益友。保护学生安全，关心学生健康，维护学生权益。不讽刺、挖苦、歧视学生，不体罚或变相体罚学生。

4. 教书育人。遵循教育规律，实施素质教育。循循善诱，诲人不倦，因材施教。培养学生良好品行，激发学生创新精神，促进学生全面发展。不以分数作为评价学生的唯一标准。

5. 为人师表。坚守高尚情操，知荣明耻，严于律己，以身作则。衣着得体，语言规范，举止文明。关心集体，团结协作，尊重同事，尊重家长。作风正派，廉洁奉公。自觉抵制有偿家教，不利用职务之便谋取私利。

6. 终身学习。崇尚科学精神，树立终身学习理念，拓宽知识视野，更新知识结构。潜心钻研业务，勇于探索创新，不断提高专业素养和教育教学水平。

二、《中小学教师违反职业道德行为处理办法》（节选）

第一条　为规范教师职业行为，保障教师、学生的合法权益，根据《中华人民共和国教育法》、《中华人民共和国未成年人保护法》、《中华人民共和国教师法》、《教师资格条例》和《新时代中小学教师职业行为十项准则》等法律法规和制度规范，制定本办法。

第二条　本办法所称中小学教师是指普通中小学、中等职业学校（含技工学校）、特殊教育机构、少年宫以及地方教研室、电化教育等机构的教师。前款所称中小学教师包括民办学校教师。

第三条　本办法所称处理包括处分和其他处理。处分包括警告、记过、降低岗位等级或撤职、开除。警告期限为6个月，记过期限为12个月，降低岗位等级或撤职期限为24个月。是中共党员的，同时给予党纪处分。

其他处理包括给予批评教育、诫勉谈话、责令检查、通报批评，以及取消在评奖评优、职务晋升、职称评定、岗位聘用、工资晋级、申报人才计划等方面的资格。取消相关资格的处理执行期限不得少于24个月。教师涉嫌违法犯罪的，及时移送司法机关依法处理。

第四条　应予处理的教师违反职业道德行为如下：

（一）在教育教学活动中及其他场合有损害党中央权威、违背党的路线方针政策的言行。

（二）损害国家利益、社会公共利益，或者违背社会公序良俗。

（三）通过课堂、论坛、讲座、信息网络及其他渠道发表、转发错误观点，或者编造散布虚假信息、不良信息。

三、《中学教师专业标准》（节选）

（一）基本理念

1. 学生为本

尊重中学生权益，以中学生为主体，充分调动和发挥中学生的主动性；遵循中学生身心发展特点和教育教学规律，提供适合的教育，促进中学生生动活泼学习、健康快乐成长，全面而有个性地发展。

2. 师德为先

热爱中学教育事业，具有职业理想，践行社会主义核心价值体系，履行教师职业道德规范，依法执教。关爱中学生，尊重中学生人格，富有爱心、责任心、耐心和细心；为人师表，教书育人，自尊自律，以人格魅力和学识魅力教育感染中学生，做中学生健康成长的指导者和引路人。

3. 能力为重

把学科知识、教育理论与教育实践有机结合，突出教书育人实践能力；研究中学生，遵循中学生成长规律，提升教育教学专业化水平；坚持实践、反思、再实践、再反思，不断提高专业能力。

4. 终身学习

学习先进中学教育理论，了解国内外中学教育改革与发展的经验和做法；优化知识结构，提高文化素养；具有终身学习与持续发展的意识和能力，做终身学习的典范。

（二）基本内容

维度	领　域	基本要求
专业理念与师德	（一）职业理解与认识	1. 贯彻党和国家教育方针政策，遵守教育法律法规。 2. 理解中学教育工作的意义，热爱中学教育事业，具有职业理想和敬业精神。 3. 认同中学教师的专业性和独特性，注重自身专业发展。 4. 具有良好职业道德修养，为人师表。 5. 具有团队合作精神，积极开展协作与交流。
专业理念与师德	（二）对学生的态度与行为	6. 关爱中学生，重视中学生身心健康发展，保护中学生生命安全。 7. 尊重中学生独立人格，维护中学生合法权益，平等对待每一位中学生。不讽刺、挖苦、歧视中学生，不体罚或变相体罚中学生。 8. 尊重个体差异，主动了解和满足中学生的不同需要。 9. 信任中学生，积极创造条件，促进中学生的自主发展。
专业理念与师德	（三）教育教学的态度与行为	10. 树立育人为本、德育为先的理念，将中学生的知识学习、能力发展与品德养成相结合，重视中学生的全面发展。 11. 尊重教育规律和中学生身心发展规律，为每一位中学生提供适合的教育。 12. 激发中学生的求知欲和好奇心，培养中学生学习兴趣和爱好，营造自由探索、勇于创新的氛围。 13. 引导中学生自主学习、自强自立，培养良好的思维习惯和适应社会的能力。 14. 尊重和发挥好共青团、少先队组织的教育引导作用。

续表

维度	领 域	基本要求
	（四） 个人修养 与行为	15. 富有爱心、责任心、耐心和细心。 16. 乐观向上、热情开朗、有亲和力。 17. 善于自我调节情绪，保持平和心态。 18. 勤于学习，不断进取。 19. 衣着整洁得体，语言规范健康，举止文明礼貌。
专业 知识	（五） 教育知识	20. 掌握中学教育的基本原理和主要方法。 21. 掌握班级、共青团、少先队建设与管理的原则与方法。 22. 掌握教育心理学的基本原理和方法，了解中学生身心发展的一般规律与特点。 23. 了解中学生世界观、人生观、价值观形成的过程及其教育方法。 24. 了解中学生思维能力、创新能力和实践能力发展的过程与特点。 25. 了解中学生群体文化特点与行为方式。
	（六） 学科知识	26. 理解所教学科的知识体系、基本思想与方法。 27. 掌握所教学科内容的基本知识、基本原理与技能。 28. 了解所教学科与其他学科的联系。 29. 了解所教学科与社会实践及共青团、少先队活动的联系。
	（七） 学科教学 知识	30. 掌握所教学科课程标准。 31. 掌握所教学科课程资源开发与校本课程开发的主要方法与策略。 32. 了解中学生在学习具体学科内容时的认知特点。 33. 掌握针对具体学科内容进行教学和研究性学习的方法与策略。
	（八） 通识性 知识	34. 具有相应的自然科学和人文社会科学知识。 35. 了解中国教育基本情况。 36. 具有相应的艺术欣赏与表现知识。 37. 具有适应教育内容、教学手段和方法现代化的信息技术知识。
专业 能力	（九） 教学设计	38. 科学设计教学目标和教学计划。 39. 合理利用教学资源和方法设计教学过程。 40. 引导和帮助中学生设计个性化的学习计划。
	（十） 教学实施	41. 营造良好的学习环境与氛围，激发与保护中学生的学习兴趣。 42. 通过启发式、探究式、讨论式、参与式等多种方式，有效实施教学。 43. 有效调控教学过程，合理处理课堂偶发事件。 44. 引发中学生独立思考和主动探究，发展学生创新能力。 45. 发挥好共青团、少先队组织生活、集体活动、信息传播等教育功能。 46. 将现代教育技术手段整合应用到教学中。

续表

维度	领域	基本要求
专业能力	（十一）班级管理与教育活动	47. 建立良好的师生关系，帮助中学生建立良好的同伴关系。 48. 注重结合学科教学进行育人活动。 49. 根据中学生世界观、人生观、价值观形成的特点，有针对性地组织开展德育活动。 50. 针对中学生青春期生理和心理发展特点，有针对性地组织开展有益身心健康发展的教育活动。 51. 指导学生理想、心理、学业等多方面发展。 52. 有效管理和开展班级、共青团、少先队活动。 53. 妥善应对突发事件。
	（十二）教育教学评价	54. 利用评价工具，掌握多元评价方法，多视角、全过程评价学生发展。 55. 引导学生进行自我评价。 56. 自我评价教育教学效果，及时调整和改进教育教学工作。
	（十三）沟通与合作	57. 了解中学生，平等地与中学生进行沟通交流。 58. 与同事合作交流，分享经验和资源，共同发展。 59. 与家长进行有效沟通合作，共同促进中学生发展。 60. 协助中学与社区建立合作互助的良好关系。
	（十四）反思与发展	61. 主动收集分析相关信息，不断进行反思，改进教育教学工作。 62. 针对教育教学工作中的现实需要与问题，进行探索和研究。 63. 制定专业发展规划，积极参加专业培训，不断提高自身专业素质。

（三）实施建议

（1）各级教育行政部门要将《专业标准》作为中学教师队伍建设的基本依据。根据中学教育改革发展的需要，充分发挥《专业标准》引领和导向作用，深化教师教育改革，建立教师教育质量保障体系，不断提高中学教师培养培训质量。制定中学教师准入标准，严把中学教师入口关；制定中学教师聘任（聘用）、考核、退出等管理制度，保障教师合法权益，形成科学有效的中学教师队伍管理和督导机制。

（2）开展中学教师教育的院校要将《专业标准》作为中学教师培养培训的主要依据。重视中学教师职业特点，加强中学教育学科和专业建设。完善中学教师培养培训方案，科学设置教师教育课程，改革教育教学方式；重视中学教师职业道德教育，重视社会实践和教育实习；加强从事中学教师教育的师资队伍建设，建立科学的质量评价制度。

（3）中学要将《专业标准》作为教师管理的重要依据。制定中学教师专业发展规划，注重教师职业理想与职业道德教育，增强教师育人的责任感与使命感；开展校本研修，促进教师专业发展；完善教师岗位职责和考核评价制度，健全中学教师绩效管理机制。中等职业学校教师参照执行。

（4）中学教师要将《专业标准》作为自身专业发展的基本依据。制定自我专业发展规划，爱岗敬业，增强专业发展自觉性；大胆开展教育教学实践，不断创新；积极进行自我评价，主动参加教师培训和自主研修，逐步提升专业发展水平。

四、相关法律

（一）《中华人民共和国教师法》

第一章　总则

第一条　为了保障教师的合法权益，建设具有良好思想品德修养和业务素质的教师队伍，促进社会主义教育事业的发展，制定本法。

第二条　本法适用于在各级各类学校和其他教育机构中专门从事教育教学工作的教师。

第三条　教师是履行教育教学职责的专业人员，承担教书育人、培养社会主义事业建设者和接班人、提高民族素质的使命。教师应当忠诚于人民的教育事业。

第四条　各级人民政府应当采取措施，加强教师的思想政治教育和业务培训，改善教师的工作条件和生活条件，保障教师的合法权益，提高教师的社会地位。全社会都应当尊重教师。

第五条　国务院教育行政部门主管全国的教师工作。国务院有关部门在各自职权范围内负责有关的教师工作。学校和其他教育机构根据国家规定，自主进行教师管理工作。

第六条　每年九月十日为教师节。

第二章　权利和义务

第七条　教师享有下列权利：

（一）进行教育教学活动，开展教育教学改革和实验；

（二）从事科学研究、学术交流，参加专业的学术团体，在学术活动中充分发表意见；

（三）指导学生的学习和发展，评定学生的品行和学业成绩；

（四）按时获取工资报酬，享受国家规定的福利待遇以及寒暑假期的带薪休假；

（五）对学校教育教学、管理工作和教育行政部门的工作提出意见和建议，通过教职工代表大会或者其他形式，参与学校的民主管理；

（六）参加进修或者其他方式的培训。

第八条　教师应当履行下列义务：

（一）遵守宪法、法律和职业道德，为人师表；

（二）贯彻国家的教育方针，遵守规章制度，执行学校的教学计划，履行教师聘约，完成教育教学工作任务；

（三）对学生进行宪法所确定的基本原则的教育和爱国主义、民族团结的教育，法制教育以及思想品德、文化、科学技术教育，组织、带领学生开展有益的社会活动；

（四）关心、爱护全体学生，尊重学生人格，促进学生在品德、智力、体质等方面全面发展；

（五）制止有害于学生的行为或者其他侵犯学生合法权益的行为，批评和抵制有害于学生健康成长的现象；

（六）不断提高思想政治觉悟和教育教学业务水平。

第九条　为保障教师完成教育教学任务，各级人民政府、教育行政部门、有关部门、学校和其他教育机构应当履行下列职责：

（一）提供符合国家安全标准的教育教学设施和设备；

（二）提供必需的图书、资料及其他教育教学用品；

（三）对教师在教育教学、科学研究中的创造性工作给以鼓励和帮助；

（四）支持教师制止有害于学生的行为或者其他侵犯学生合法权益的行为。

第三章　资格和任用

第十条　国家实行教师资格制度。中国公民凡遵守宪法和法律，热爱教育事业，具有良好的思想品德，具备本法规定的学历或者经国家教师资格考试合格，有教育教学能力，经认定合格的，可以取得教师资格。

第十一条　取得教师资格应当具备的相应学历是：

（一）取得幼儿园教师资格，应当具备幼儿师范学校毕业及其以上学历；

（二）取得小学教师资格，应当具备中等师范学校毕业及其以上学历；

（三）取得初级中学教师、初级职业学校文化和专业课教师资格，应当具备高等师范专科学校或者其他大学专科毕业及其以上学历；

（四）取得高级中学教师资格和中等专业学校、技工学校、职业高中文化课、专业课教师资格，应当具备高等师范院校本科或者其他大学本科毕业及其以上学历；取得中等专业学校、技工学校和职业高中学生实习指导教师资格应当具备的学历，由国务院教育行政部门规定；

（五）取得高等学校教师资格，应当具备研究生或者大学本科毕业学历；

（六）取得成人教育教师资格，应当按照成人教育的层次、类别，分别具备高等、中等学校毕业及其以上学历。

不具备本法规定的教师资格学历的公民，申请获取教师资格，必须通过国家教师资格考试。国家教师资格考试制度由国务院规定。

第十二条　本法实施前已经在学校或者其他教育机构中任教的教师，未具备本法规定学历的，由国务院教育行政部门规定教师资格过渡办法。

第十三条　中小学教师资格由县级以上地方人民政府教育行政部门认定。中等专业学校、技工学校的教师资格由县级以上地方人民政府教育行政部门组织有关主管部门认定。普通高等学校的教师资格由国务院或者省、自治区、直辖市教育行政部门或者由其委托的学校认定。

具备本法规定的学历或者经国家教师资格考试合格的公民，要求有关部门认定其教师资格的，有关部门应当依照本法规定的条件予以认定。

取得教师资格的人员首次任教时，应当有试用期。

第十四条　受到剥夺政治权利或者故意犯罪受到有期徒刑以上刑事处罚的，不能取得教师资格；已经取得教师资格的，丧失教师资格。

第十五条　各级师范学校毕业生，应当按照国家有关规定从事教育教学工作。国家鼓励非师范高等学校毕业生到中小学或者职业学校任教。

第十六条　国家实行教师职务制度，具体办法由国务院规定。

第十七条　学校和其他教育机构应当逐步实行教师聘任制。教师的聘任应当遵循双方地位平等的原则，由学校和教师签订聘任合同，明确规定双方的权利、义务和责任。实施教师聘任制的步骤、办法由国务院教育行政部门规定。

第四章　培养和培训

第十八条　各级人民政府和有关部门应当办好师范教育，并采取措施，鼓励优秀青年进入各级师范学校学习。各级教师进修学校承担培训中小学教师的任务。非师范学校应当承担培养和培训中小学教师的任务。各级师范学校学生享受专业奖学金。

第十九条　各级人民政府教育行政部门、学校主管部门和学校应当制定教师培训规划，对教师进行多种形式的思想政治、业务培训。

第二十条　国家机关、企业事业单位和其他社会组织应当为教师的社会调查和社会实践提供方便，给予协助。

第二十一条　各级人民政府应当采取措施，为少数民族地区和边远贫困地区培养、培训教师。

第五章　考核

第二十二条　学校或者其他教育机构应当对教师的政治思想、业务水平、工作态度和工作成绩进行考核。教育行政部门对教师的考核工作进行指导、监督。

第二十三条　考核应当客观、公正、准确，充分听取教师本人、其他教师以及学生的意见。

第二十四条　教师考核结果是受聘任教、晋升工资、实施奖惩的依据。

第六章　待遇

第二十五条　教师的平均工资水平应当不低于或者高于国家公务员的平均工资水平，并逐步提高。建立正常晋级增薪制度，具体办法由国务院规定。

第二十六条　中小学教师和职业学校教师享受教龄津贴和其他津贴，具体办法由国务院教育行政部门会同有关部门制定。

第二十七条　地方各级人民政府对教师以及具有中专以上学历的毕业生到少数民族地区和边远贫困地区从事教育教学工作的，应当予以补贴。

第二十八条　地方各级人民政府和国务院有关部门，对城市教师住房的建设、租赁、出售实行优先、优惠。县、乡两级人民政府应当为农村中小学教师解决住房提供方便。

第二十九条　教师的医疗同当地国家公务员享受同等的待遇；定期对教师进行身体健康检查，并因地制宜安排教师进行休养。医疗机构应当对当地教师的医疗提供方便。

第三十条　教师退休或者退职后，享受国家规定的退休或者退职待遇。县级以上地方人民政府可以适当提高长期从事教育教学工作的中小学退休教师的退休金比例。

第三十一条　各级人民政府应当采取措施，改善国家补助、集体支付工资的中小学教师的待遇，逐步做到在工资收入上与国家支付工资的教师同工同酬，具体办法由地方各级人民政府根据本地区的实际情况规定。

第三十二条　社会力量所办学校的教师的待遇，由举办者自行确定并予以保障。

第七章　奖励

第三十三条　教师在教育教学、培养人才、科学研究、教学改革、学校建设、社会服务、勤工俭学等方面成绩优异的，由所在学校予以表彰、奖励。国务院和地方各级人民政府及其有关部门对有突出贡献的教师，应当予以表彰、奖励。对有重大贡献的教师，依照国家有关规定授予荣誉称号。

第三十四条　国家支持和鼓励社会组织或者个人向依法成立的奖励教师的基金组织捐助资金，对教师进行奖励。

第八章　法律责任

第三十五条　侮辱、殴打教师的，根据不同情况，分别给予行政处分或者行政处罚；造成损害的，责令赔偿损失；情节严重，构成犯罪的，依法追究刑事责任。

第三十六条　对依法提出申诉、控告、检举的教师进行打击报复的，由其所在单位或者上级机关责令改正；情节严重的，可以根据具体情况给予行政处分。国家工作人员对教师打击报复构成犯罪的，依照刑法第一百四十六条的规定追究刑事责任。

第三十七条　教师有下列情形之一的，由所在学校、其他教育机构或者教育行政部门给予行政处分或者解聘：

（一）故意不完成教育教学任务给教育教学工作造成损失的；

（二）体罚学生，经教育不改的；

（三）品行不良、侮辱学生，影响恶劣的。

教师有前款第（二）项、第（三）项所列情形之一，情节严重，构成犯罪的，依法追究刑事责任。

第三十八条　地方人民政府对违反本法规定，拖欠教师工资或者侵犯教师其他合法权益的，应当责令其限期改正。

违反国家财政制度、财务制度，挪用国家财政用于教育的经费，严重妨碍教育教学工作，拖欠教师工资，损害教师合法权益的，由上级机关责令限期归还被挪用的经费，并对直接责任人员给予行政处分；情节严重，构成犯罪的，依法追究刑事责任。

第三十九条 教师对学校或者其他教育机构侵犯其合法权益的，或者对学校或者其他教育机构作出的处理不服的，可以向教育行政部门提出申诉，教育行政部门应当在接到申诉的三十日内，作出处理。教师认为当地人民政府有关行政部门侵犯其根据本法规定享有的权利的，可以向同级人民政府或者上一级人民政府有关部门提出申诉，同级人民政府或者上一级人民政府有关部门应当作出处理。

第九章 附则

第四十条 本法下列用语的含义是：

（一）各级各类学校，是指实施学前教育、普通初等教育、普通中等教育、职业教育、普通高等教育以及特殊教育、成人教育的学校。

（二）其他教育机构，是指少年宫以及地方教研室、电化教育机构等。

（三）中小学教师，是指幼儿园、特殊教育机构、普通中小学、成人初等中等教育机构、职业中学以及其他教育机构的教师。

第四十一条 学校和其他教育机构中的教育教学辅助人员，其他类型的学校的教师和教育教学辅助人员，可以根据实际情况参照本法的有关规定执行。军队所属院校的教师和教育教学辅助人员，由中央军事委员会依照本法制定有关规定。

第四十二条 外籍教师的聘任办法由国务院教育行政部门规定。

第四十三条 本法自1994年1月1日起施行。

（二）《中华人民共和国未成年人保护法》（节选）

第三章 学校保护

第二十五条 学校应当全面贯彻国家教育方针，坚持立德树人，实施素质教育，提高教育质量，注重培养未成年学生认知能力、合作能力、创新能力和实践能力，促进未成年学生全面发展。学校应当建立未成年学生保护工作制度，健全学生行为规范，培养未成年学生遵纪守法的良好行为习惯。

第二十六条 幼儿园应当做好保育、教育工作，遵循幼儿身心发展规律，实施启蒙教育，促进幼儿在体质、智力、品德等方面和谐发展。

第二十七条 学校、幼儿园的教职员工应当尊重未成年人人格尊严，不得对未成年人实施体罚、变相体罚或者其他侮辱人格尊严的行为。

第二十八条 学校应当保障未成年学生受教育的权利，不得违反国家规定开除、变相开除未成年学生。学校应当对尚未完成义务教育的辍学未成年学生进行登记并劝返复学；劝返无效的，应当及时向教育行政部门书面报告

第二十九条 学校应当关心、爱护未成年学生，不得因家庭、身体、心理、学习能力等情况歧视学生。对家庭困难、身心有障碍的学生，应当提供关爱；对行为异常、学习有困难的学生，应当耐心帮助。学校应当配合政府有关部门建立留守未成年学生、困境未成年学生的信息档案，开展关爱帮扶工作。

第三十条 学校应当根据未成年学生身心发展特点,进行社会生活指导、心理健康辅导、青春期教育和生命教育。

第三十一条 学校应当组织未成年学生参加与其年龄相适应的日常生活劳动、生产劳动和服务性劳动,帮助未成年学生掌握必要的劳动知识和技能,养成良好的劳动习惯。

第三十二条 学校、幼儿园应当开展勤俭节约、反对浪费、珍惜粮食、文明饮食等宣传教育活动,帮助未成年人树立浪费可耻、节约为荣的意识,养成文明健康、绿色环保的生活习惯。

第三十三条 学校应当与未成年学生的父母或者其他监护人互相配合,合理安排未成年学生的学习时间,保障其休息、娱乐和体育锻炼的时间。学校不得占用国家法定节假日、休息日及寒暑假期,组织义务教育阶段的未成年学生集体补课,加重其学习负担。幼儿园、校外培训机构不得对学龄前未成年人进行小学课程教育。

第三十四条 学校、幼儿园应当提供必要的卫生保健条件,协助卫生健康部门做好在校、在园未成年人的卫生保健工作。

第三十五条 学校、幼儿园应当建立安全管理制度,对未成年人进行安全教育,完善安保设施、配备安保人员,保障未成年人在校、在园期间的人身和财产安全。学校、幼儿园不得在危及未成年人人身安全、身心健康的校舍和其他设施、场所中进行教育教学活动。学校、幼儿园安排未成年人参加文化娱乐、社会实践等集体活动,应当保护未成年人的身心健康,防止发生人身伤害事故。

第三十六条 使用校车的学校、幼儿园应当建立健全校车安全管理制度,配备安全管理人员,定期对校车进行安全检查,对校车驾驶人进行安全教育,并向未成年人讲解校车安全乘坐知识,培养未成年人校车安全事故应急处理技能。

第三十七条 学校、幼儿园应当根据需要,制定应对自然灾害、事故灾难、公共卫生事件等突发事件和意外伤害的预案,配备相应设施并定期进行必要的演练。未成年人在校内、园内或者本校、本园组织的校外、园外活动中发生人身伤害事故的,学校、幼儿园应当立即救护,妥善处理,及时通知未成年人的父母或者其他监护人,并向有关部门报告。

第三十八条 学校、幼儿园不得安排未成年人参加商业性活动,不得向未成年人及其父母或者其他监护人推销或者要求其购买指定的商品和服务。学校、幼儿园不得与校外培训机构合作为未成年人提供有偿课程辅导。

第三十九条 学校应当建立学生欺凌防控工作制度,对教职员工、学生等开展防治学生欺凌的教育和培训。学校对学生欺凌行为应当立即制止,通知实施欺凌和被欺凌未成年学生的父母或者其他监护人参与欺凌行为的认定和处理;对相关未成年学生及时给予心理辅导、教育和引导;对相关未成年学生的父母或者其他监护人给予必要的家庭教育指导。对实施欺凌的未成年学生,学校应当根据欺凌行为的性质和程度,依法加强管教。对严重的欺凌行为,学校不得隐瞒,应当及时向公安机关、教育行政部门报告,并配合相关部门依法处理。

第四十条 学校、幼儿园应当建立预防性侵害、性骚扰未成年人工作制度。对性侵害、性骚扰未成年人等违法犯罪行为，学校、幼儿园不得隐瞒，应当及时向公安机关、教育行政部门报告，并配合相关部门依法处理。学校、幼儿园应当对未成年人开展适合其年龄的性教育，提高未成年人防范性侵害、性骚扰的自我保护意识和能力。对遭受性侵害、性骚扰的未成年人，学校、幼儿园应当及时采取相关的保护措施。

第四十一条 婴幼儿照护服务机构、早期教育服务机构、校外培训机构、校外托管机构等应当参照本章有关规定，根据不同年龄阶段未成年人的成长特点和规律，做好未成年人保护工作。

第八章 法律责任

第一百一十七条 违反本法第十一条第二款规定，未履行报告义务造成严重后果的，由上级主管部门或者所在单位对直接负责的主管人员和其他直接责任人员依法给予处分。

第一百一十八条 未成年人的父母或者其他监护人不依法履行监护职责或者侵犯未成年人合法权益的，由其居住地的居民委员会、村民委员会予以劝诫、制止；情节严重的，居民委员会、村民委员会应当及时向公安机关报告。公安机关接到报告或者公安机关、人民检察院、人民法院在办理案件过程中发现未成年人的父母或者其他监护人存在上述情形的，应当予以训诫，并可以责令其接受家庭教育指导。

第一百一十九条 学校、幼儿园、婴幼儿照护服务等机构及其教职员工违反本法第二十七条、第二十八条、第三十九条规定的，由公安、教育、卫生健康、市场监督管理等部门按照职责分工责令改正；拒不改正或者情节严重的，对直接负责的主管人员和其他直接责任人员依法给予处分。

第一百二十条 违反本法第四十四条、第四十五条、第四十七条规定，未给予未成年人免费或者优惠待遇的，由市场监督管理、文化和旅游、交通运输等部门按照职责分工责令限期改正，给予警告；拒不改正的，处一万元以上十万元以下罚款。

第一百二十一条 违反本法第五十条、第五十一条规定的，由新闻出版、广播电视、电影、网信等部门按照职责分工责令限期改正，给予警告，没收违法所得，可以并处十万元以下罚款；拒不改正或者情节严重的，责令暂停相关业务、停产停业或者吊销营业执照、吊销相关许可证，违法所得一百万元以上的，并处违法所得一倍以上十倍以下的罚款，没有违法所得或者违法所得不足一百万元的，并处十万元以上一百万元以下罚款。

第一百二十二条 场所运营单位违反本法第五十六条第二款规定、住宿经营者违反本法第五十七条规定的，由市场监督管理、应急管理、公安等部门按照职责分工责令限期改正，给予警告；拒不改正或者造成严重后果的，责令停业整顿或者吊销营业执照、吊销相关许可证，并处一万元以上十万元以下罚款。

第一百二十三条 相关经营者违反本法第五十八条、第五十九条第一款、第六十条规定的，由文化和旅游、市场监督管理、烟草专卖、公安等部门按照职责分工责令限期改正，给予警告，没收违法所得，可以并处五万元以下罚款；拒不改正或者情节严重的，责令停业整顿或者吊销营业执照、吊销相关许可证，可以并处五万元以上五十万元以下罚款。

第一百二十四条　违反本法第五十九条第二款规定，在学校、幼儿园和其他未成年人集中活动的公共场所吸烟、饮酒的，由卫生健康、教育、市场监督管理等部门按照职责分工责令改正，给予警告，可以并处五百元以下罚款；场所管理者未及时制止的，由卫生健康、教育、市场监督管理等部门按照职责分工给予警告，并处一万元以下罚款。

第一百二十五条　违反本法第六十一条规定的，由文化和旅游、人力资源和社会保障、市场监督管理等部门按照职责分工责令限期改正，给予警告，没收违法所得，可以并处十万元以下罚款；拒不改正或者情节严重的，责令停产停业或者吊销营业执照、吊销相关许可证，并处十万元以上一百万元以下罚款。

第一百二十六条　密切接触未成年人的单位违反本法第六十二条规定，未履行查询义务，或者招用、继续聘用具有相关违法犯罪记录人员的，由教育、人力资源和社会保障、市场监督管理等部门按照职责分工责令限期改正，给予警告，并处五万元以下罚款；拒不改正或者造成严重后果的，责令停业整顿或者吊销营业执照、吊销相关许可证，并处五万元以上五十万元以下罚款，对直接负责的主管人员和其他直接责任人员依法给予处分。

第一百二十七条　信息处理者违反本法第七十二条规定，或者网络产品和服务提供者违反本法第七十三条、第七十四条、第七十五条、第七十六条、第七十七条、第八十条规定的，由公安、网信、电信、新闻出版、广播电视、文化和旅游等有关部门按照职责分工责令改正，给予警告，没收违法所得，违法所得一百万元以上的，并处违法所得一倍以上十倍以下罚款，没有违法所得或者违法所得不足一百万元的，并处十万元以上一百万元以下罚款，对直接负责的主管人员和其他责任人员处一万元以上十万元以下罚款；拒不改正或者情节严重的，并可以责令暂停相关业务、停业整顿、关闭网站、吊销营业执照或者吊销相关许可证。

第一百二十八条　国家机关工作人员玩忽职守、滥用职权、徇私舞弊，损害未成年人合法权益的，依法给予处分。

第一百二十九条　违反本法规定，侵犯未成年人合法权益，造成人身、财产或者其他损害的，依法承担民事责任。违反本法规定，构成违反治安管理行为的，依法给予治安管理处罚；构成犯罪的，依法追究刑事责任。

（三）《中华人民共和国义务教育法》（节选）

第四章　教师

第二十八条　教师享有法律规定的权利，履行法律规定的义务，应当为人师表，忠诚于人民的教育事业。全社会应当尊重教师。

第二十九条　教师在教育教学中应当平等对待学生，关注学生的个体差异，因材施教，促进学生的充分发展。教师应当尊重学生的人格，不得歧视学生，不得对学生实施体罚、变相体罚或者其他侮辱人格尊严的行为，不得侵犯学生合法权益。

第三十条　教师应当取得国家规定的教师资格。国家建立统一的义务教育教师职务制度。教师职务分为初级职务、中级职务和高级职务。

第三十一条　各级人民政府保障教师工资福利和社会保险待遇，改善教师工作和生活条件；完善农村教师工资经费保障机制。教师的平均工资水平应当不低于当地公务员的平均工资水平。特殊教育教师享有特殊岗位补助津贴。在民族地区和边远贫困地区工作的教师享有艰苦贫困地区补助津贴。

第三十二条　县级以上人民政府应当加强教师培养工作，采取措施发展教师教育。县级人民政府教育行政部门应当均衡配置本行政区域内学校师资力量，组织校长、教师的培训和流动，加强对薄弱学校的建设。

第三十三条　国务院和地方各级人民政府鼓励和支持城市学校教师和高等学校毕业生到农村地区、民族地区从事义务教育工作。国家鼓励高等学校毕业生以志愿者的方式到农村地区、民族地区缺乏教师的学校任教。县级人民政府教育行政部门依法认定其教师资格，其任教时间计入工龄。

第七章　法律责任

第五十四条　有下列情形之一的，由上级人民政府或者上级人民政府教育行政部门、财政部门、价格行政部门和审计机关根据职责分工责令限期改正；情节严重的，对直接负责的主管人员和其他直接责任人员依法给予处分：

（一）侵占、挪用义务教育经费的；

（二）向学校非法收取或者摊派费用的。

第五十五条　学校或者教师在义务教育工作中违反教育法、教师法规定的，依照教育法、教师法的有关规定处罚。

第五十六条　学校违反国家规定收取费用的，由县级人民政府教育行政部门责令退还所收费用；对直接负责的主管人员和其他直接责任人员依法给予处分。学校以向学生推销或者变相推销商品、服务等方式谋取利益的，由县级人民政府教育行政部门给予通报批评；有违法所得的，没收违法所得；对直接负责的主管人员和其他直接责任人员依法给予处分。国家机关工作人员和教科书审查人员参与或者变相参与教科书编写的，由县级以上人民政府或者其教育行政部门根据职责权限责令限期改正，依法给予行政处分；有违法所得的，没收违法所得。

第五十七条　学校有下列情形之一的，由县级人民政府教育行政部门责令限期改正；情节严重的，对直接负责的主管人员和其他直接责任人员依法给予处分：

（一）拒绝接收具有接受普通教育能力的残疾适龄儿童、少年随班就读的；

（二）分设重点班和非重点班的；

（三）违反本法规定开除学生的；

（四）选用未经审定的教科书的。

第五十八条 适龄儿童、少年的父母或者其他法定监护人无正当理由未依照本法规定送适龄儿童、少年入学接受义务教育的,由当地乡镇人民政府或者县级人民政府教育行政部门给予批评教育,责令限期改正。

第五十九条 有下列情形之一的,依照有关法律、行政法规的规定予以处罚:

(一)胁迫或者诱骗应当接受义务教育的适龄儿童、少年失学、辍学的;

(二)非法招用应当接受义务教育的适龄儿童、少年的;

(三)出版未经依法审定的教科书的。

第六十条 违反本法规定,构成犯罪的,依法追究刑事责任。

(四)《中华人民共和国教育法》(节选)

第四章 教师和其他教育工作者

第三十三条 教师享有法律规定的权利,履行法律规定的义务,忠诚于人民的教育事业。

第三十四条 国家保护教师的合法权益,改善教师的工作条件和生活条件,提高教师的社会地位。教师的工资报酬、福利待遇,依照法律、法规的规定办理。

第三十五条 国家实行教师资格、职务、聘任制度,通过考核、奖励、培养和培训,提高教师素质,加强教师队伍建设。

第三十六条 学校及其他教育机构中的管理人员,实行教育职员制度。学校及其他教育机构中的教学辅助人员和其他专业技术人员,实行专业技术职务聘任制度。

第九章 法律责任

第七十六条 学校或者其他教育机构违反国家有关规定招收学生的,由教育行政部门或者其他有关行政部门责令退回招收的学生,退还所收费用;对学校、其他教育机构给予警告,可以处违法所得五倍以下罚款;情节严重的,责令停止相关招生资格一年以上三年以下,直至撤销招生资格、吊销办学许可证;对直接负责的主管人员和其他直接责任人员,依法给予处分;构成犯罪的,依法追究刑事责任。

第七十七条 在招收学生工作中徇私舞弊的,由教育行政部门或者其他有关行政部门责令退回招收的人员;对直接负责的主管人员和其他直接责任人员,依法给予处分;构成犯罪的,依法追究刑事责任。

第七十八条 学校及其他教育机构违反国家有关规定向受教育者收取费用的,由教育行政部门或者其他有关行政部门责令退还所收费用;对直接负责的主管人员和其他直接责任人员,依法给予处分。

后　　记

"教师职业道德与专业发展"是中学教师职前培养课程，是师范类本科生的教师教育模块课程。本课程认为教师职业道德是教师专业发展的组成部分，同时是教师专业发展的内生动力，教师职业道德与专业发展有着内在的逻辑关系。从这一立场出发，课程紧紧围绕《教师教育课程标准》、《中学教师专业标准》选定教学内容，旨在培养学生树立正确的教师专业发展理念与形成高尚师德；通晓教师职业道德与专业素养的核心内容，提升学生专业自主发展意识，践行积极的教师专业生涯发展规划；熟悉教师专业发展的基本理论，了解影响教师专业发展的主要因素；理解和分享优秀教师的成长经验，实践多样化的教师职业道德提升与专业发展的有效途径与方法，提升专业实践能力；使师范生在教师生涯准备期确立良好的教育价值观念，形成良好的教师职业道德素养，成长为积极反思、主动实践、不断追求自我道德成长的专业化教师。

本书内容分为三部分：第一部分为教师职业道德与专业发展的基本理论，分别介绍教师职业道德基本理论、教师专业发展的基本理论，并在此基础上分析教师职业道德与专业发展的内在逻辑关系；第二部分为教师职业道德与专业发展的现实关照，围绕爱国守法、爱岗敬业、关爱学生、教书育人、为人师表、终身学习等教师职业道德规范的内容，选取正面典型案例和反面典型案例，呈现教师职业道德与专业发展的实践样态及内在关系；第三部分为教师职业道德与专业发展的实践路径，提供师徒制、课例研究、教学反思等具体方法，在案例分析与实践操作中提升学生的知识、能力和情感。

本书如期完成。感谢课程团队成员的共同努力！杜静教授、李桂荣教授为本书框架结构设计提出很多针对性建议；段晓明教授（负责第十章编写）、杨飞云教授（负责第二章编写）、张鹏君教授（负责第四章编写）不仅完成相应章节编写，还从整体上对书稿提出修改建议；时代楷模张玉滚（负责第五章编写，由研究生李瑶瑶协助完成）、中原名师刘中伟（负责第七章编写）、郑美玲（负责第八章编写）、丁桃红（负责第九章编写）等同志认真完成了编写任务。还要感谢我的研究生们，张梦玮、刘林、王彦麟搜集资料并和我一起完成第一章、第三章、第六章的编写，刘林还对书稿进行编辑整理。

后　记

　　本书是课程团队成员边授课边整理反思的结果，有着鲜明的实践特色，但内容的理论性和深度可能有待加强，对于疏漏与不合适之处，敬请读者批评指正！

王　萍

2021 年 11 月 2 日